O CORAÇÃO do LOUVOR e da ADORAÇÃO

Sorge, Bob

O coração do louvor e da adoração / Bob Sorge; [tradução de Simone Lacerda de Almeida e Viviane Andrade]. Curitiba, PR : Editora Atos, 2019.

16 cm x 23 cm – 232 p.

Título original: *Exploring Worship*

ISBN: 978-85-7607-172-3

1. Deus.   2. Cristianismo.   3. Oração.   I. Título.

CDD: 234.2

Copyright© by Bob Sorge
Copyright©2019 por Editora Atos
Todos os direitos reservados

Coordenação editorial
Manoel Menezes

Capa
Leandro Schuques

Primeira edição em português
2019

Nenhuma parte deste livro pode ser reproduzida, arquivada ou transmitida por qualquer meio – eletrônico, mecânico, fotocópias, etc. – sem a devida permissão dos editores, podendo ser usada apenas para citações breves.

Publicado com a devida autorização e com todos os direitos reservados pela EDITORA ATOS LTDA.

www.editoraatos.com.br

Encontre Bob em:
oasishouse.com
twitter.com/BOBSORGE
Facebook.com/BobSorgeMinistry
Blog: bobsorge.com
No Youtube.com, "Bob Sorge Channel"
Instagram: bob.sorge

Prefácio

Eu passei por uma experiência que poucas pessoas têm o privilégio de viver: tive uma conversa com o meu *eu* de 28 anos. Deixe-me explicar.

Eu escrevi *O coração do louvor e da adoração* pela primeira vez com 28 anos de idade e agora escrevi esta Terceira Edição 33 anos depois. Com 61 anos, estou me encontrando com o meu eu de 28. Enquanto reescrevia e refinava este manuscrito, tive uma conversa fascinante comigo na minha juventude.

Você pode perguntar: Sobre o que vocês conversaram? Bom, para começar, fiquei impactado pelo zelo, pela força e pela natureza insistente do meu eu mais jovem. Sou um homem diferente hoje – amaciado pelos anos de um jeito doce, ou pelo menos gosto de pensar assim. Ao mesmo tempo, fico impressionado com a graça do Senhor sobre a minha vida naquele tempo – graça para escrever uma cartilha sobre adoração que tornou-se uma ferramenta de capacitação para ministros de adoração por todo o mundo.

Em 1986, *O coração do louvor e da adoração* foi um livro precursor, que combinava os aspectos práticos e devocionais do louvor e da adoração em um só volume, como nenhum outro livro havia feito. Surpreendentemente, ele mantém a mesma distinção até hoje.

Reescrevi o livro completamente, baseado no cenário da adoração de hoje em dia. Tanta coisa mudou em 33 anos! Ainda assim, os princípios relacionados à liderança da adoração são atemporais.

O objetivo deste livro não é responder a cada pergunta que o ministério de adoração possa encontrar, mas, sim, preparar os ministros de adoração para fazerem as perguntas certas e então chegarem juntos às respostas certas.

Dê uma cópia deste livro para cada membro do ministério de adoração que você conhece. Eis aqui o que os leitores podem esperar receber:
- Colher uma compreensão bíblica do louvor e da adoração.
- Ganhar o coração de um verdadeiro adorador.
- Compreender o propósito da adoração congregacional.
- Aprender a fluir em uma canção profética
- Desenvolver suas habilidades na liderança da adoração
- Construir uma equipe de adoração forte.
- Crescer na habilidade de escrever canções.
- Integrar a adoração com a oração.

O Espírito Santo continuará nos guiando por águas inexploradas. Conforme o retorno de Cristo se aproxima, a glória da igreja crescerá poderosamente. Esteja pronto para outra explosão de adoração que logo surgirá no horizonte. Que seu coração seja capturado pela magnitude de Jesus e que você possa responder ao chamado Dele para dar "glória em seu louvor" (Sl 66.2).

Bob Sorge
Kansas City, Missouri

Quem imaginaria que Bob Sorge pegaria o melhor manual de louvor e adoração de nosso tempo e o deixaria ainda melhor? Foi exatamente isso que ele fez na Terceira Edição de *O coração do louvor e da adoração*. Num mundo onde o movimento da igreja moderna tornou-se tão focado na *canção*, Bob nos lembra que o importante é sempre o *coração*.

David Binion
Pastor, Líder de Adoração, Igreja Dwell, Dallas, Texas.

O coração do Bob, em seu amor pelas pessoas e pela adoração, é totalmente exibido nestas páginas. Para qualquer um que sirva no ministério de adoração, este livro é para você.

Kari Jobe Carnes
Líder de Adoração, Compositora.

Este livro é cheio de coisas práticas e profundas, com referências bíblicas à vontade. Pessoalmente, eu fiz muitas e muitas anotações ao ler este livro. Cada página inspira na perspectiva eterna sobre o que quer dizer adorar ao nosso Deus maravilhoso!

Brian Johnson
Presidente do Selo Bethel Music, Igreja Bethel, Redding, Califórnia.

Nunca esquecerei onde eu estava, há 20 anos atrás, quando ouvi uma voz cujas palavras atravessaram a minha alma. A voz de Bob Sorge é uma voz para todas as gerações. A revelação e a aplicação prática estão combinadas aqui, o que torna este um livro obrigatório para todo líder de adoração e todo adorador que quer ir mais fundo com Deus.

William MdDowell
Líder de Adoração indicado para o Grammy, Autor e Pastor líder da Igreja Deep Fellowship, Orlando, Flórida.

Quando você ler esta Nova Edição, você se sentirá iluminado e convidado para uma compreensão mais profunda do desejo de Deus para nós – o que nos inspira a dar a Ele o mais puro e mais alto louvor que Ele tanto merece!

Steffany Gretzinger
Compositora, Líder de Adoração, Bethel Music, Redding, California.

Bob escreve com incrível precisão de sabedoria – cada livro acerta o seu alvo. Ele tem consigo o entendimento de um verdadeiro levita. Obrigada, Bob, por alimentar nossas mentes, nossos corações e nossa esperança com seu livro!
Rita Springer
Mom to Justice.

Bob Sorge é um dos pais espirituais mais sábios da nossa geração. Este livro é um verdadeiro presente e ajudará muito os líderes de adoração, cantores e músicos.
Jon Thurlow
Líder de adoração, Int'l House of Prayer, Cidade do Kansas, Missouri.

Bob Sorge serve de uma maneira pela qual muitos líderes de adoração e músicos anseiam – um mentor experiente para sustentá-los e guiá-los nesta nobre, porém difícil tarefa.
Grahan Kendrick
Líder de adoração, palestrante, artista.

Temos tanto conhecimento embalado em *O coração do louvor e da adoração*! Da profundidade teológica até a aplicação prática destas verdades, este livro é um guia poderoso para o adorador dos dias modernos. Bob é um professor que tem autoridade e um pai para o movimento de adoração hoje.
Thomas Miller
Pastor Executivo Sênior, Igreja Gateway, Dallas, Texas.

O coração do louvor e da adoração é um livro obrigatório na sua biblioteca.
Klaus
Pure Worship Ministries.

Sumário

Prefácio _____ 3

Parte Um
O Coração do Louvor e da Adoração _____ 9

   Capítulo Um _____ 11
      O Que é Louvor? _____ 11

   Capítulo Dois _____ 27
      Entrar Na Presença De Deus _____ 27

   Capítulo Três _____ 35
      Louvor: Uma Arma Para A Guerra Espiritual _____ 35

   Capítulo Quatro _____ 47
      O Que é Adoração? _____ 47

   Capítulo Cinco _____ 69
      Tornando-Se Um Adorador _____ 69

   Capítulo Seis _____ 87
      O Propósito do Louvor Congregacional _____ 87

   Capítulo Sete _____ 103
      O Mover Profético no Louvor e na Adoração _____ 103

Parte Dois
Liderar o Louvor e a Adoração _____ 123

   Capítulo Oito _____ 125
      A Arte De Liderar A Adoração _____ 125

   Capítulo Nove _____ 153
      A Equipe De Adoração _____ 153

Capítulo Dez _____ 179
   Planejando O Culto De Adoração _____ 179

Capítulo Onze _____ 197
   Compor Canções
   Por Bryan Torwalt _____ 197

Capítulo Doze _____ 207
   Modelo De Adoração Harpa E Taça
   Por Jaye Thomas _____ 207

Capítulo Treze _____ 219
   O Uso Da Tecnologia Na Adoração
   Por Joseph Zwanziger _____ 219

Parte Um
O Coração do Louvor e da Adoração

CAPÍTULO UM

O QUE É LOUVOR?

Louvor é a mais sincera e franca exaltação à pessoa de Deus e às suas obras.

Nós louvamos o tempo todo. Elogiamos nossos filhos quando eles nos agradam; elogiamos nossos empregados por um trabalho bem feito; elogiamos os cachorros quando eles realizam truques. Porém, em sua mais elevada expressão o louvor é direcionado a Deus ou em relação a Deus e demonstrado a outros.

Algumas definições para louvor encontradas no dicionário destacam sua simplicidade: *elogiar, aplaudir, expressar aprovação ou admiração; exaltar com palavras ou música, magnificar, glorificar*. Observe o foco bidirecionado do louvor inerente nestas definições: nós louvamos a Deus diretamente pela exaltação a Ele ou por expressarmos nossa admiração a Ele. Além disso, louvamos a Deus indiretamente elogiando-o ou tornando-o magnífico a outros.

Enquanto a adoração pode ser interna e contemplativa, o louvor é sempre expressivo e extrovertido em sua natureza. É caracterizado pela celebração e a alegria que são expressas através de canções, aclamações, falar em público, tocar instrumentos musicais, dança e outras formas externamente visíveis. Para usar uma expressão, a maneira como louvamos pode ser definida como *uma comoção, um grande rebuliço, uma festa para Deus*. Servimos a um Deus maravilhoso que merece uma aclamação vigorosa.

Meditação não é louvor. Aquele que medita e contempla as maravilhas de Deus ainda não chegou ao louvor. Para serem classificados como louvor, os pensamentos devem ser postos em ação. Algo tem que ser falado ou demonstrado, caso contrário não é louvor.

Talvez, alguma pessoa possa fechar sua boca, abaixar sua cabeça e dizer: "Este é apenas o meu jeito de louvar ao Senhor". Mas a Escritura nos chama não para louvar "do nosso próprio jeito", e sim "do jeito de Deus". Além disso, a Bíblia mostra que o louvor deve ser *declarado ou manifestado*. "Bendizei, povos, ao nosso Deus e fazei ouvir a voz do seu louvor" (Sl 66.8). Louvor não é louvor até que seja verbalizado ou dito publicamente. Em outras palavras, é impossível louvar com a boca fechada e com o corpo imóvel. Com esta postura, podemos estar adorando, ou meditando, ou orando ou dormindo. Contudo, não estamos louvando.

O profeta clamou: "Tu, anunciador de boas-novas a Sião, sobe a um monte alto. Tu, anunciador de boas-novas a Jerusalém, levanta a voz fortemente; levanta-a, não temas, e dize às cidades de Judá: Aqui está o vosso Deus" (Is 40.9). Não tenha medo de erguer sua voz em louvor! Existem formas de louvor vocais e não vocais, mas em ambas as formas o louvor é demonstrado e perceptível.

Alguns santos podem sentir medo de erguer suas vozes na congregação por temerem ser reconhecidas como cantores ruins. Mas os louvores a Deus não são limitados àqueles que conseguem cantar no tom certo. Mesmo que você não consiga atingir o tom, os louvores a Deus podem ser falados. E se você não puder falar, mesmo um mudo pode louvar a Deus com o seu semblante e expressão corporal.

Enquanto o canto congregacional proporciona espaço para que muitos tipos de louvor sejam expressados simultaneamente, mas em última análise, nós não louvamos a Deus da nossa forma pessoal. Nós louvamos do jeito d'Ele. Ele deixa detalhes importantes em Sua palavra para nos contar como Ele deseja ser louvado. Deus quer que sejamos sinceros e autênticos, mas também quer que o nosso louvor seja sensível às Suas orientações. Então, ainda que levantar as mãos não seja "o nosso jeito" de louvar a Deus, é o jeito d'Ele. E por isso devemos fazer com que também se torne o nosso próprio jeito.

Louvar é sempre um exercício de força vontade. Algumas vezes, louvamos mesmo quando não sentimos desejo de fazê-lo. O louvor não está baseado em nossas mudanças de sentimentos e sim na imutável grandeza de Deus. Preste atenção no que Davi disse à sua própria alma: "Bendize, ó minha alma, ao Senhor, e tudo o que há em mim bendiga o seu santo nome" (Sl 103.1). Quando estamos abatidos ou desconectados, às vezes nós também precisamos falar com nossa alma e dizer: "Alma, Bendiga ao Senhor!"

Talvez, alguém possa perguntar, "Mas como eu vou louvar, quando estou desse jeito – nesse terrível vazio emocional?" O livro de Salmos ajuda a responder esta questão porque alguns deles foram escritos durante profundos vales emocionais. Um dos salmistas descreveu seus sentimentos desta maneira: "dentro de mim a minha alma está abatida". Então, ele pergunta a si mesmo: "Por que estás abatida, ó minha alma, e por que te perturbas dentro de mim?" Logo após, ele age para se controlar: "Espera em Deus". Sua próxima frase demonstra com grande beleza a disciplina do louvor: "*Pois ainda O louvarei*" (Sl 42.5-6). Da mesma forma, o Senhor fica satisfeito quando decidimos louvá-lo independentemente dos nossos sentimentos ou das circunstâncias. "Eu bendirei ao Senhor".

O QUE NÓS LOUVAMOS?

1. Seu Nome

Em primeiro lugar, o louvor se preocupa com quem Deus é o que Ele faz. Eu identifico quatro categorias gerais em que falhamos em nosso louvor a Deus. Antes de tudo, nós louvamos o Seu *nome*, como diz o Salmo 148.13, "louvemos o nome do Senhor, pois só o seu nome é exaltado". O Salmo 34.3, diz: "Engrandecei o Senhor comigo e juntos exaltemos seu nome". Quando louvamos o nome do Senhor, estamos exaltando Suas qualidades e seus atributos porque o nome representa o caráter. Cada nome de Deus revela algo sobre quem Ele é. Por exemplo, quando o Senhor revelou-se como Jeová Jiré em Gênesis 22, Ele estava se mostrando como nosso Provedor. Nós o louvamos pois Ele provê todas as nossas necessidades. Portanto, louvar o Seu nome é admirar quem Deus é em seus muitos atributos. Uma das melhores maneiras de crescer no processo de louvar é reunir os vários nomes de Deus e os seus significados, por que com cada nome o seu coração sentirá a glória de quem Ele é.

2. Sua Palavra

Em segundo lugar, nós louvamos Sua *palavra*. Como Davi escreveu, "Em Deus, cuja palavra eu louvo, no Senhor, cuja palavra eu louvo, em Deus ponho a minha confiança" (Sl 56.10,11). Sua palavra é verdadeira, infalível e reveladora. Enche-nos com vida, sabedoria, compreensão e luz. Quando você estiver lendo as Escrituras, reserve um tempo para louvar a Deus pelas palavras que estão diante de você. Ele exaltou Sua palavra sobre todo nome (Sl 138.2), por isso, louve não apenas o Seu nome, mas louve também Sua Palavra.

3. Suas Obras

Em terceiro lugar, nós louvamos Suas *obras:* "Uma geração louvará tuas obras à outra geração e anunciará tuas proezas" (Sl 145.4)[1]. As obras de Deus são assombrosas, extraordinárias, magníficas e completamente inesquecíveis. Na verdade, Deus só faz obras magníficas (Sl 72.18). Então, se for algo triste e chato, é seguro dizer que não foi feito por Deus, pois todas as obras de Deus são magníficas de serem observadas.

4. Seu Poder

Em quarto lugar, nós louvamos o Seu *poder*. "Sê exaltado, Senhor, na tua força! Cantaremos e louvaremos o teu poder" (Sl 21.3 – NVI). Quando enaltecemos o Seu poder, celebramos o fato de que nada é impossível para Ele. Como Jó disse, Ele pode fazer qualquer coisa (Jó 42.2).

Se em algum momento em que estiver louvando a Deus você ficar sem palavras, pare e pense a respeito de Seu *nome*, Sua *palavra*, Suas *obras* e Seu *poder*. Instantaneamente, você se sentirá cheio de louvor por Sua infinita grandeza.

---

[1] N.T.:Versão Revisada da Tradução de João Ferreira de Almeida, de acordo com os Melhores Textos do Hebraico e Grego – 9ª. Impressão - Imprensa Bíblica Brasileira.

POR QUE DEVEMOS LOUVAR AO SENHOR?

1. Porque Ele ordena

Antes de tudo, nós o louvamos por que somos ordenados a fazê-lo: "Louvai ao Senhor" (Sl 150.1). Você percebeu que Deus não nos *pediu* para louvá-lo? O motivo é porque os reis não pedem, eles ordenam. "Por que Deus exige nosso louvor?", alguém pode se perguntar. "Ele é algum tipo de egomaníaco que se alimenta da nossa adulação?" Não. Não é que Ele precise do nosso louvor, nós é que precisamos louvá-lo. Basicamente, o louvor não acrescenta nada Deus – entretanto, o louvor nos conduz a um relacionamento apropriado com Ele.

2. Porque Ele ama o Louvor

Uma segunda razão para louvar é por que Deus está entronizado em nossos louvores (Sl 22.3). Ele ama o nosso louvor! Isso lhe agrada tanto que Ele literalmente se alegra e se veste com esses louvores.

3. Porque o Louvor é Poderoso

Em terceiro lugar, existe poder no louvor. Quando paramos lutar e louvamos a Deus pelo seu grande poder, Ele luta por nós. O louvor libera Seu poder e Sua provisão a nosso favor.

4. Porque Louvar é Bom

Nós também louvamos a Deus por que "Bom é louvar ao Senhor e cantar louvores ao teu nome, ó Altíssimo" (Sl 92.1). Por isso, Seus louvores são "agradáveis" (Sl 135.3) e por que são "belos" (Sl 33.1).

5. Porque Ele é digno

A quinta razão para louvar a Deus é simplesmente por que Ele é digno de receber louvor: "Digno és, Senhor, de receber glória, honra e poder, porque tu criaste todas as coisas, e por tua vontade são e foram criadas" (Ap 4.11). Salmo 48.1 acrescenta: "Grande é o Senhor e mui digno de louvor". Meditemos nas belas palavras de Martin Luther King: "*Uma pessoa não pode louvar a Deus a não ser que compreenda que, não há nada em si mesma que mereça ser louvado. E que tudo o aquilo que é digno de adoração é de*

Deus e vem de Deus. Portanto, uma vez que Deus é eternamente digno de louvor, pois é o Deus infinito e que nunca se cansa, será louvado para sempre e sempre".

6. Porque fomos criados para isso

A sexta razão é que fomos criados para louvá-lo. O Catecismo Menor[2] declara: "O principal objetivo do homem é glorificar a Deus e alegrá-lo para todo sempre". Jeremias 13.11 mostra que Deus chamou a casa de Israel para Si especificamente para o Seu louvor, Sua boa fama e Sua glória. Este trecho encontra eco em 1 Pedro 2.9: "Mas vós sois a geração eleita, o sacerdócio real, a nação santa, o povo adquirido, para que anuncieis as virtudes daquele que vos chamou das trevas para sua maravilhosa luz". Fomos escolhidos para o propósito específico de declarar louvor. Isaías resumiu isto com perfeição: "a este povo que formei para mim, para proclamar o meu louvor" (Is 43.21).

Na busca por satisfação e sentido, muitos procuram em lugares errados. A total satisfação interior vem apenas através do relacionamento apropriado com o nosso Criador. A.W. Tozer disse brilhantemente, *"O propósito de Deus em enviar seu Filho para morrer e viver e estar* à *mão direita de Deus – o Pai, era que, Ele pudesse restaurar a joia perdida da adoração e que nós pudéssemos voltar e aprender a fazer novamente aquilo que fomos criados para fazer em primeiro lugar – adorar ao Senhor na beleza da sua santidade".*

Louvar não é algo difícil ou penoso de se aprender. Pelo contrário: ele flui naturalmente dos nossos corações quando nosso DNA espiritual é novamente codificado através do novo nascimento em Cristo. Louvar é uma das coisas mais naturais que podemos fazer!

QUANDO DEVEMOS LOUVAR?

1. Quando estamos bem

Antes de mais nada, louvamos quando sentimos vontade. "... Está alguém contente? Cante louvores" (Tg 5.13). Quando Deus libertou seu povo – do Egito, e afogou o exército de Faraó no mar, o povo de Israel explodiu em louvor (Êx 15). Eles simplesmente sentiram vontade de louvar

---

2 N.T.: Conjunto de textos escrito por Martinho Lutero em 1529, logo no início da Reforma protestante com objetivo de ajudar na educação cristã das crianças.

a Deus. Quando Deus nos liberta de maneira poderosa, louvar é a reação perfeita!

2. Quando não estamos bem

Também louvamos a Deus quando não sentimos vontade. O louvor não se baseia em nossa condição emocional momentânea, e sim na imutável grandeza e infinita bondade. Esse é o motivo pelo qual muitos dos Salmos oferecem louvor a Deus mesmo em meio a grandes aflições. A fé louva a Deus mesmo quando parece que Seu poder está retirado de nós. Como disse o salmista, "Por que estás abatida, ó minha alma, e por que te perturbas dentro de mim? Espera em Deus, pois ainda o louvarei na salvação da sua presença" (Sl 42.5).

Alguns podem nos acusar dizendo: "O seu louvor é puro sentimentalismo!" Bem, não exatamente. Sentimentalismo é ser controlado por suas emoções. Louvar é a disciplina que exercitamos, apesar de nossas emoções. Embora o louvor não seja *sentimentalismo*, ele é *sentimental*. O louvor deve ser sentimental. É a maneira mais nobre para liberar os nossos sentimentos, que foram dados por Deus.

3. Agora

Quando devemos louvar a Deus? Agora! Mesmo quando as circunstâncias sejam penosas e difíceis. O profeta Habacuque falou em louvar a Deus até na circunstância mais aflitiva (no caso dele, a invasão de um exército estrangeiro):

> Porque ainda que a figueira não floresça, nem haja fruto na vide; o produto da oliveira minta, e os campos não produzam mantimento; as ovelhas da malhada sejam arrebatadas, e nos currais não haja vacas, todavia eu me alegrarei no Senhor, exultarei no Deus da minha salvação.

Habacuque decidiu se alegrar no Senhor, ainda que não houvesse alimento para sua família (a invasão significava devastação econômica). E por quê? Porque ele havia tido um vislumbre do plano de Deus para resolver tudo de forma tão maravilhosa; e que as bênçãos que eles receberiam seriam tão grandiosas que seria como se nunca houvesse acontecido o julgamento [divino].

Quando você vê o que Deus vê, você pode louvá-lo em *qualquer* circunstância! Nós O louvamos porque Ele pode nos proteger e nos suprir em qualquer situação.

4. Em todo o tempo

Quando devemos louvar a Deus? Cedo pela manhã, ou tarde da noite – a qualquer hora do dia. Davi escreveu: "Desperta, minha alma! Despertai, alaúde e harpa; eu mesmo despertarei ao romper da alva" (Sl 58.8). Salmo 119.62 diz: "À meia-noite, me levantarei para te louvar pelos teus justos juízos". Durante o reinado de Davi, os levitas ministravam vinte e quatro horas por dia. Esses músicos, "... Não tinham outros deveres pois estavam ocupados no seu serviço de dia e de noite" (1Cr 9.33 – NVI). Com o mesmo espírito, servimos ao Senhor como um sacerdócio santo e "Portanto, ofereçamos sempre, por ele, a Deus sacrifício de louvor, isto é, o fruto dos lábios que confessam o seu nome" (Hb 13.15). O louvor nunca para!

A questão é que "Louvarei ao Senhor em todo o tempo; seu louvor estará continuamente na minha boca" (Sl 34.1). Não importa quando. Independente das circunstâncias sempre é apropriado bendizer ao Senhor.

ONDE DEVEMOS LOUVAR?

1. Ao redor do mundo

Uma vez que louvamos ao Senhor em todo o tempo, consequentemente, devemos louvá-lo em todo lugar. Devemos louvá-lo até quando estamos na cama (Sl 149.5).

O Salmo 113.3 declara: "Desde o nascimento do sol até o ocaso, seja louvado o nome do Senhor". Isso significa que Deus deve ser louvado desde a alvorada até ao anoitecer. E isso quer dizer mais do que aparenta. O sol se levanta no Leste e se põe no oeste. Então, este versículo declara que desde a mais longínqua distância do Leste, até a parte mais remota do oeste o nome do Senhor será louvado. Ele será louvado ao redor de todo o globo terrestre!

2. Na Congregação

Um lugar especial onde Deus deve ser louvado é na congregação dos justos. Deus ama o louvor da grande congregação. Ele ama quando a família se ajunta e se gaba a respeito dele. Muitos Salmos falam sobre louvar a Deus na grande assembleia:

Proclamarei o teu nome aos meus irmãos; na assembleia te louvarei. De ti vem o tema do meu louvor na grande assembleia (Sl 22.22, 25 – NVI).

Senhor, eu tenho amado a habitação da tua casa e o lugar onde permanece a tua glória. Meu pé está posto em caminho plano; nas congregações louvarei o Senhor (Sl 26.8,12).

"Uma coisa pedi ao Senhor e a buscarei: que eu possa morar na casa do Senhor todos os dias da minha vida, para contemplar a formosura do Senhor e aprender no seu templo" (Sl 27.4).

"Eu te darei graças na grande assembleia; no meio da multidão te louvarei" (Sl 35.18 – NVI).

"Ó Deus, eles têm visto teus caminhos; os caminhos do meu Deus, meu Rei, no santuário. Os cantores iam adiante, os tocadores de instrumentos, atrás; entre eles, as moças tocando adufes. Celebrai a Deus nas congregações; ao Senhor, desde a fonte de Israel" (Sl 68.24-26).

"Pois o zelo da tua casa me consome" (Sl 69.9).

"Que o exaltem na assembleia do povo e o glorifiquem no conselho dos anciãos" (Sl 107.32 – NAA).

Uma demonstração agradável de unidade é vista quando o povo de Deus ergue suas vozes com a mesma melodia e as mesmas palavras, ao mesmo tempo em louvor a Deus. O incenso usado no tabernáculo [da época] de Moisés era composto de várias fragrâncias diferentes a fim de produzir o que Deus desejava. Simbolicamente, isso nos mostra que a variedade do louvor na congregação é muito agradável a Ele. Algumas pessoas podem estar em pé, outras podem estar ajoelhadas, algumas com as mãos levantadas e outras podem dançar. Isto não é desordem – é uma unidade ordenada ao redor da grandeza do nosso Deus.

3. Onde estivermos

Fomos chamados: "Anunciai entre as nações sua glória; entre todos os povos, suas maravilhas" (Sl 96.3). "Pôs um novo cântico na minha boca, um hino ao nosso Deus. Muitos o verão, temerão o Senhor e confiarão nele" (Sl 40.3). O louvor a Deus não deve ser limitado aos ouvidos dos santos. O mundo precisa ouvir das obras poderosas do nosso Deus e observar seus gloriosos louvores sendo entoados. O motivo? Porque "Muitos o verão, temerão o Senhor e confiarão nele" (Sl 40.3).

COMO DEVEMOS LOUVAR AO SENHOR?

Humildemente, o Senhor nos explica como Ele quer ser louvado. Não o louvamos da nossa forma particular, mas do jeito d'Ele. O que seria, então, a maneira bíblica de louvar a Deus? Vamos dar uma olhada.

1. Erga suas mãos

Para os iniciantes, nós erguemos nossas mãos a Ele (ex.: Ne 8.6; Sl 28.8, 64.4, 134.2, 141.2; 1Tm 2.8). Qual a razão? É uma forma de expressar quão grandemente honramos a dignidade do Seu nome. As pessoas podem erguer as mãos por diversos motivos. Eu vou mencionar apenas três deles.

As crianças levantam as mãos quando querem ser carregadas. Eu me lembro, por exemplo, quando o meu filho era pequeno e de como ele me cumprimentava quando eu chegava do trabalho. Ele me encontrava à porta, com os dois braços esticados e com um olhar que dizia, "Me pegue no colo, Papai!" Da mesma maneira, nossas mãos erguidas expressam que queremos ser carregados por nosso Salvador. Queremos que Ele nos toque. Queremos ser carregados e puxados para perto do Seu coração. Braços levantados são uma expressão de desejo.

As pessoas levantam as mãos como um sinal de rendição. Suponha que alguém coloque um revólver em suas costas e diga: "Mãos ao alto!" Você provavelmente levantaria suas mãos. Por que uma pessoa armada exigiria tal postura? Porque isso deixaria você indefeso. A mesma coisa acontece na adoração. Braços abertos significam baixar a guarda e abrir nosso coração ao Senhor. Em oposição a isso, braços cruzados tendem a indicar uma postura de autoproteção ou resistência. Ao levantarmos nossas mãos na adoração, expressamos nossa rendição ao Senhor.

O jogador na posição de receptor, [no futebol americano], está sempre com as mãos levantadas. Por quê? É assim que ele pega as bolas que são arremessadas. Em outras palavras, mãos erguidas são um gesto de receptividade. Quando levantamos nossas mãos em adoração, dizemos ao Senhor que desejamos receber mais do Seu Espírito e da sua graça.

A propósito, quando você ergue suas mãos em adoração, você provavelmente achará que isso ajuda a liberar o seu coração. Experimente. Ao levantar suas mãos para o Senhor, é provável que você não se distraia facilmente e que sua mente possa se concentrar mais rapidamente em Jesus.

2. Bata Palmas

Outra forma com a qual o Senhor nos convida a adorá-lo é com palmas. Salmo 47.1 diz: "Aplaudi com as mãos, todos os povos; cantai a Deus com voz de triunfo". Nas Escrituras, a ideia de bater palmas se parece muito mais com fazer um grande barulho do que com só "marcar o ritmo". Davi criou a cultura de que louvar ao Senhor era algo barulhento e expressivo. Vamos nos unir aos aplausos barulhentos! Celebre Sua excelência. Bata palmas, seja barulhento e exultante em louvor a Ele!

3. Toque um Instrumento Musical

O Senhor também se agrada quando tocamos *instrumentos musicais* para Ele. Algumas correntes [de pensamento] no corpo de Cristo insistem que instrumentos musicais não devem ser usados em nossas igrejas. Entretanto, seus argumentos soam falsos porque a Bíblia é muito clara em como devemos apresentar música diante do Senhor. Para os iniciantes, leiam o Salmo 150, onde somos impelidos a louvar ao Senhor com trombeta, alaúde, harpa, pandeiro, instrumentos de corda, flauta e címbalos.

4. Fique em pé

Outra forma de louvar é ficando em pé (ex.: 2Cr 5.12; 7.6; Sl 135.2; Ap 4.9-11). No tabernáculo [do tempo] de Moisés, Deus deu instruções para que muitas peças da mobília fossem feitas de acordo com Sua especificação e colocadas no tabernáculo. Mas, uma peça de mobília estava evidentemente ausente: não havia nenhuma cadeira. Os Sacerdotes e Levitas ficavam em pé enquanto ministravam ao Senhor (Dt 10.8).

Estar em pé serve para duas funções particularmente importantes no louvor. Em primeiro lugar, esta posição mostra respeito. Se estivermos juntos em uma reunião de dignitários e o Presidente dos Estados Unidos entrar no local, todos vamos levantar em respeito à sua presença. De que maneira, então, é possível sermos achados sentados quando nos reunimos para celebrar a presença do Rei dos reis? No cenário da adoração celestial, no livro de Apocalipse, o rei está assentado no trono e todos os outros estão de pé, ao redor do trono. Ele se assenta – nós ficamos em pé.

Em segundo lugar, estar em pé indica vigilância e compromisso. Acredito que, quando me sento durante a adoração, minha mente tende a relaxar e a vaguear. Por ser uma postura mais vigilante, estar em pé nos ajuda a participar mais intencionalmente do louvor. Percebi que quando o louvor se torna vibrante as pessoas se levantam. Mas, quando um culto começa a se arrastar, as pessoas começam a sentar. Levantar e louvar – simplesmente andam de mãos dadas.

5. Ajoelhe-se, Curve-se e Prostre-se

Ajoelhar, curvar-se e *prostrar-se* são expressões adequadas no louvor ou na adoração, como vemos aqui: "Vinde, adoremos e prostremo-nos; ajoelhemo-nos diante do Senhor que nos criou" (Sl 95.6). "Então os vinte e quatro anciãos e os quatro seres viventes prostraram-se e adoraram a Deus, que está assentado no trono, dizendo: Amém. Aleluia!" (Ap 19). A postura de adoração mais frequente no livro de Apocalipse é a de prostrar-se. Você não terá derramado a sua alma completamente ao Senhor até que tenha se prostrado inteiramente diante d'Ele.

6. Cante

Pode parecer um tanto óbvio demais, porém *cantar* é uma maneira bíblica de adorar. Os louvores podem ser falados ou aclamados, entretanto o mais comum é que sejam cantados. A razão? Por causa da beleza da música. Quando se acrescenta melodia a palavras de louvor, algo tão maravilhoso é produzido que parece ser mais formidável do que a soma das partes[3]. É como se a união das palavras e da música se tornasse "algo mais" do que apenas palavras e música. O nosso coração se envolve, nossa alma se enleva e os louvores ao Rei se erguem nas maiores alturas. Esta é uma das razões pelas qual Deus nos deu a música. Ele sabe como a música nos ajuda a enlevar nossos corações em louvor a Ele.

7. Fale

Como Deus quer que louvemos? *Audivelmente*! Louvor não é louvor até que seja audível ou manifesto. Somos chamados a isso: "Bendizei, povos, ao nosso Deus e fazei ouvir a voz do seu louvor" (Sl 66.8). Quando nosso filho Joel estava fazendo o desfralde, nós costumávamos elogiá-lo para mostrar nossa aprovação e para motivá-lo a usar mais o "troninho infantil". Se tivéssemos simplesmente pensamentos elogiosos e sentimentos agradáveis, mas nunca o tivéssemos elogiado realmente, provavelmente ele teria demorado bem mais para deixar de usar as fraldas. Nós, porém, escolhemos mostrar de forma audível nossa satisfação com sua performance. E como ele estava ansioso por agradar, respondia de maneira favorável aos nossos elogios. A forma como o elogiávamos e festejávamos faria você pensar que nosso time havia vencido o campeonato! A questão é que o louvor não é louvor, até que seja demonstrado.

8. Dance

O Senhor também revelou que Ele se alegra quando o louvamos com *danças* (Êx 15.20-21; 2Sm 6.14-16; Sl 30.11; 149.3; At 3.8). É uma forma de demonstrar com os movimentos do corpo o que você está sentindo internamente.

A dança é uma das formas bíblicas de louvor que encontra grande resistência [na igreja]. Um pastor me disse, certa vez, que temos um único acontecimento registrado [na Bíblia] quando Davi dançou perante o Senhor, durante o cortejo da arca para Sião. Essa era sua argumentação: de que, portanto, a dança deveria ser uma forma de expressão de louvor rara em nossos cultos.

---

3   N.T.: Princípio criado pelo filósofo grego, Aristóteles, declarava que "O todo é maior que a soma das partes". Ou seja: um grupo de forças agindo ordenadamente em conjunto é melhor e maior, do que cada uma das partes agindo separadamente.

Me pergunto se a razão de resistirmos em dançar diante de Deus seja em virtude da humildade que isso exige.

Eu compreendo que alguns tenham problemas com a dança por pensarem que isso pareça tolice para os não crentes, e que poderia fazê-los perder o interesse em nossos cultos. Bem, eu concordo. Mas, não escolhemos as formas de louvar ao Senhor de acordo com a aprovação dos outros, e sim de acordo com a aprovação de Deus. Permitimos que os crentes dancem de alegria diante do Senhor, não por acreditar que isso demonstre o que é adequado. Mas permitimos porque Deus mostrou em sua palavra que Ele se alegra com nossos louvores vibrantes.

Não que a dança seja obrigatória em todos os cultos, mas quando o espírito de alegria e celebração toma conta da congregação, não devemos negar a liberdade de nos alegrarmos no Senhor e nos seus maravilhosos feitos! Devemos criar um contexto em aqueles que desejam se expressar através da dança possam ter liberdade para tal, enquanto os que não querem também se sintam igualmente livres para não fazê-lo.

Aqueles que são muito expressivos em seu louvor, não são mais *"espirituais"* do que aqueles que são mais reservados. Alguns crentes que têm liberdade para dançarem na presença do Senhor tem mais problemas suas vidas, do que outros que têm menos liberdade. Considerando todos os desafios e as lutas da vida, às vezes a coisa mais acertada a se fazer é dançar diante do Senhor apesar dos problemas e das nossas falhas. Não nos alegramos por sermos mais santos do que os outros, mas porque Ele é digno.

Da mesma maneira que você não precisa ser cantor profissional para cantar louvores a Deus, você não precisa ser um bailarino treinado para dançar na presença do Senhor. Mesmo que você se sinta um pouco desajeitado, deixe suas reservas de lado e mostre ao Senhor como sente em relação a Ele.

Se você nunca dançou diante do Senhor em louvor, eu gostaria de persuadi-lo a fazê-lo. Eis o porquê: quando iniciamos uma liberação física, ela geralmente vem seguida de uma liberação espiritual. Eu vejo uma alusão a este princípio em 1Co 15.46, "Não foi o espiritual que veio antes, mas o natural; depois dele o espiritual" (NVI). Às vezes, uma liberação natural acontece primeiro do que a espiritual.

Você consegue se lembrar da primeira vez em que ergueu suas mãos em louvor? Sentiu seu coração mais leve quando fez isso? Provavelmente sim. Esta dinâmica acontece em muitas das formas bíblicas de louvor [através da expressão] corporal. Uma ação física facilita a liberação espiritual. O inverso também pode ser verdadeiro. Se tivermos dificuldade em nossa expressão corporal, a liberdade do nosso espírito também pode ficar impedida.

Jesus nos disse para amarmos ao Senhor nosso Deus com todo nosso coração, com toda nossa alma, com todo nosso entendimento e com todas as nossas forças (Marcos 12.30). Dançar é uma forma bíblica de amar a Deus com as suas forças. Coloque alguma música de adoração e dance diante do Senhor.

Quando perguntei por que as pessoas dançam enquanto adoram, um irmão da Espanha respondeu o seguinte: "Suponho que dançamos por que não podemos voar".

9. Aclame

Aclamar também é uma forma bíblica de louvor. As escrituras nos exortam: "... Cantem louvores a Deus em voz alta" (Sl 47.1). A palavra hebraica *hillel*, de onde vem a palavra universal *Aleluia*, significa "Clamar em alta voz ou cair em prantos, especialmente um choro de alegria".

Os israelitas eram conhecidos por seus inimigos pelo seu grito de guerra. Quando eles erguiam um brado, o inimigo geralmente tremia de medo. Eles sabiam que em Jericó, aquele brado havia definido a batalha e causado a queda das muralhas. O clamor do louvor havia deflagrado a vitória de Israel. Meus irmãos e irmãs: este é um dia triste para a igreja, em que o brado de louvor não é mais ouvido no campo [de batalha].

10. Louve em Línguas Espirituais

E finalmente, o *falar em línguas* que é uma linda maneira bíblica de louvar ao Senhor (At 2.11). Quão profundamente nós temos valorizado o precioso dom do batismo com o Espírito Santo que Jesus deu à Sua igreja, juntamente com o sinal de falar em línguas? É maravilhosa libertação que encontramos quando estamos aptos a expressar nossos louvores diretamente do nosso espírito até o espírito de Deus. Ainda que alguns acreditem que [este dom] não seja para os dias de hoje, eu desejo que cada crente se alegre com a liberação espiritual que provém de se magnificar a Deus através do falar em línguas.

Minha sugestão é que você cante ao Senhor o Salmo 103.1, que diz o seguinte: "Bendize, ó minha alma, ao Senhor, e tudo o que há em mim bendiga o seu santo nome". E, à medida que falar estas palavras comece a pôr em prática. Bendiga ao Senhor com tudo que há em você. Se você fizer isso, provavelmente vai se achar expressando seu amor ao Senhor através das várias maneiras bíblicas mencionadas neste capítulo – cantar, aclamar, bater palmas, dançar, ajoelhar-se, curvar-se, prostrar-se, ficar em pé, e erguer as mãos. Deus é digno de [receber] tudo isso!

CAPÍTULO DOIS

ENTRAR NA PRESENÇA DE DEUS

Nós fomos despertados para a beleza e para a glória de Deus em Jesus Cristo e agora nós queremos, naturalmente, vir à Sua presença e nos achegarmos a Ele.

Quando falamos em entrar na presença de Deus, percebemos que há *manifestações* variadas da Sua presença. De um modo geral, Deus é onipresente – Sua presença está em todo lugar. Então, estamos todos em Sua presença, o tempo todo. Mas isto não é tudo.

Em segundo lugar, Jesus nos disse que onde dois ou três estiverem reunidos em Seu nome, ele estará presente (Mt 18.20). Há uma manifestação mais intensa da Sua presença.

Terceiro, 2 Crônicas 5.13-14 nos dá um relato de uma nuvem de glória enchendo o templo de Salomão quando os cantores e músicos ergueram seus louvores a Deus. Esta manifestação da presença de Deus era tão intensa que os sacerdotes não puderam continuar suas tarefas. Uma dinâmica semelhante ocorre hoje. Algumas vezes experimentamos manifestações maiores de Sua presença na adoração do que em outros momentos.

Entrar na presença do Senhor é desejar entrar numa dimensão mais manifesta da Sua presença onde encontramos Seu poder e glória. Como os sacerdotes do passado, nós queremos ser tomados por Deus de tal forma que Ele seja tudo que veremos. Afinal de contas, vê-lo é o objetivo supremo da adoração.

A congregação é o lugar onde nos juntamos para nos encontrarmos com Ele. Como Seus filhos, nos reunimos na casa do nosso Pai para estarmos com Ele. Qual é a maneira adequada de entrarmos na Sua presença como congregação? Será que devemos começar com canções animadas e rápidas, ou devemos entrar em reverência, cantando canções mais lentas de louvor? Será que existem diretrizes bíblicas?

NOSSA APROXIMAÇÃO À PRESENÇA DE DEUS

Nos tempos de Davi, os israelitas se aproximavam da presença de Deus normalmente com canções de celebração e *louvor*. Vemos isto nestas passagens: "Apresentemo-nos diante de sua face com louvores e celebremo-lo com salmos" (Sl 95.2). "Servi ao SENHOR com alegria e apresentai-vos a ele com canto... Entrai pelas portas dele com louvor, e em seus átrios, com hinos! Louvai-o e bendizei seu nome" (Sl 100.2,4). (Veja também Sl 42.4; 45.13-15; 68.24-26; Is 30.29; 35.10).

Outras passagens parecem sugerir que também é adequado entrar na casa do Senhor com *adoração*. Considere as passagens a seguir: "Dai ao SENHOR a glória devida ao seu nome; trazei oferenda e entrai nos seus átrios. Adorai ao SENHOR na beleza da sua santidade; tremei diante dele toda a terra" (Sl 96.8-9). "Eu, porém, entrarei em tua casa pela grandeza de tua benignidade; e em temor me inclinarei para o teu santo templo" (Sl 5.7). (Veja também Ec 5.1-2). Então, qual é a maneira adequada – *louvor* ou *adoração*? Há uma fórmula bíblica para começarmos nossos cultos?

Não, não há uma fórmula universal para entrar na presença de Deus. Um culto pode ser iniciado com canções rápidas de louvor ou canções lentas de adoração e culto. Os dois enfoques são bíblicos. Se fizéssemos do mesmo jeito todas as vezes, perderíamos nosso senso de sinceridade e autenticidade. Adorar ao Pai em espírito (Jo 4.23-24) significa que adoramos da maneira que liga nosso coração ao Dele mais sinceramente. Isto quer dizer que os líderes de adoração têm liberdade para discernir para cada culto como o Espírito Santo nos levaria até a Sua presença.

A RESPONSABILIDADE DO ADORADOR INDIVIDUAL

Quando participamos de um culto coletivo de adoração, queremos receber dele tudo que pudermos. Nós queremos ser edificados no Senhor. Ainda assim, nossa postura principal não é de receber, mas de dar. É fácil supor que a responsabilidade de um culto de adoração esteja sobre os ombros daqueles em cima da plataforma e que o resto de nós veio para receber algo. Mas o Novo Testamento pinta um quadro diferente. Somos o *sacerdócio real* (1Pe 2.9), o que significa que todos nós na congregação somos ministros do Senhor. Portanto, como sacerdotes e ministros de Deus, cada um de nós carrega a responsabilidade pessoal de tornar Seus louvores gloriosos.

Vamos observar as responsabilidades pessoais de cada adorador.

A primeira e mais importante responsabilidade de todo adorador é *ministrar ao Senhor*. Esta responsabilidade de bendizer ao Senhor não repousa apenas sobre o pastor líder de adoração, mas sobre cada crente na reunião.

Cada um de nós tem a responsabilidade de *se preparar para a adoração*. Fazemos isso passando tempo em oração e com a Palavra durante a semana e então também antes do culto. Cante no seu carro a caminho da igreja. Ficar acordado até tarde no sábado assistindo a um filme de terror não é uma boa maneira de se preparar para o culto de domingo. Queremos chegar com os corações já ligados com o Espírito de Deus.

Uma boa maneira de nos prepararmos para a adoração é *lidar com qualquer pecado conhecido* em nossas vidas antes de chegarmos ao culto. Se algo nos distanciou do Senhor, vamos confessar isso e receber a purificação Dele para que, quando entrarmos no santuário, estejamos prontos para nos entregarmos ao Senhor.

Quando Davi pecou com Bate-Seba, ele disse ao Senhor "meu pecado está sempre diante de mim" (Sl 51.3). Toda vez que ele tentava adorar, aquele pecado piscava na sua mente e abalava sua confiança. É assim que os pecados não confessados nos amarram. Quando confessamos e nos arrependemos destas questões que trazem impedimento, recebemos Seu gracioso perdão e recusamos qualquer condenação, então estamos limpos e livres para erguermos Seus santos louvores.

Outra maneira de nos prepararmos para a adoração é *iluminar nosso semblante*. Em outras palavras, colocar um pouco de maquiagem espiritual. Para ilustrar, lembre-se de quando você saía para namorar. Quando um jovem lhe convidou e você disse sim, você provavelmente passou um bom tempo se preparando. Você arrumou seu cabelo, colocou maquiagem e com certeza escolheu a roupa certa. Então, quando seu amado bateu na porta, você provavelmente o recebeu com um belo sorriso e uma voz alegre. Mesmo que você tenha tido um dia horrível, você fez o esforço de estar parecendo uma princesa na hora em que ele chegou.

Vamos fazer o mesmo para o Senhor. Quando chegarmos à Sua presença, não vamos começar gemendo por causa dos nossos problemas. Coloque vestes de louvor ao invés de espírito angustiado (Is 61.3). (Em outras palavras, coloque sua maquiagem espiritual). Anime-se, coloque um sorriso, erga suas mãos e seu coração e ofereça ações de graças a Deus.

Temos uma responsabilidade de *investirmos em oração* antes do culto. O Dr. Judson Cornwall sugeriu que o santo que não ora nunca será um adorador. Por que não gastar alguns momentos orando pelo culto de adoração antes que este comece? Jesus nos deu um princípio que se aplica aqui: onde estiver o seu tesouro, ali estará o seu coração (Mt 6.21). Quando nós investimos um tempo de oração pelo culto de adoração, nosso interesse e participação sobre para outro nível.

Nós também precisamos *frequentar o lugar de adoração*. Somos exortados a não negligenciar a assembleia dos santos (Hb 10.25). Quando uma congregação se reúne para adorar, eles estão fazendo uma afirmação diante da sua comunidade, na presença dos poderes demoníacos e diante do céu. É um lugar onde a vida de Deus flui entre todos os membros do corpo de Cristo. Como pode um membro que corta a si mesmo do corpo permanecer vivo?

Quando chegamos na presença devemos *trazer uma oferta*. Nós chegamos não como mendigos, mas como doadores. O Salmo 96.8 diz: "trazei oferenda e entrai nos seus átrios". Ao invés de vir e para ver o quanto podemos receber, vamos além para ver o quanto de nós mesmos podemos dar a

Ele. Traga uma oferta financeira e também venha com uma oferta do coração. E esteja pronto para alcançar com o seu cuidado outros irmãos cujas necessidades estejam evidentes. Deus não está tentando criar sanguessugas preguiçosas que saibam como sugar do pastor e da congregação. Ele ama os que dão com alegria – que vêm para a congregação com um coração que quer contribuir com algo.

O salmo 66.2 nos dá uma ordem maravilhosa: "dai glória em seu louvor". Isto exige um *investimento de energia*. O louvor coletivo não é automaticamente glorioso. Nós precisamos torná-lo glorioso. Venha preparado para lançar seu coração e sua alma – todas as suas energias – no culto de adoração. Os louvores gloriosos são encontrados por aqueles que o fazem assim. Nós servimos a um grande Deus, e Ele merece louvor de acordo com a Sua grandeza. Ele merece a mais elegante fanfarra que possamos formar. O louvor não é a resposta daqueles que esperaram passivamente por uma chuva do céu. Tal louvor é iniciado por aqueles que aceitam sua responsabilidade de fazer algo com Seus louvores.

Investir energia no culto de adoração quer dizer que nós adoramos de todo o coração mesmo quando a nossa força é pequena. Quando estamos cansados, não esperamos que algo aconteça no encontro para inspirar o nosso entusiasmo. Nós damos o nosso amor ao Senhor, mesmo quando um culto parece não ter nenhuma explosão espontânea. Algumas vezes a adoração exige disciplina. Nós não adoramos somente quando uma canção consegue nos ligar.

Quando você coça um cachorro no lugar certo, algumas vezes ele automaticamente balança a pata em resposta. Como adoradores, nós não queremos ser como aquele cachorro, esperando que o líder de adoração nos coce bem no lugar certo para que adoremos em resposta. Pelo contrário, queremos dar a nós mesmos ao Senhor de um modo que seja auto motivado e dando das nossas energias.

Além do mais, estejamos ansiosos para *entrar rapidamente* na presença do Senhor. Quando Jesus chamou seus discípulos de "tardos de coração" (Lc 24.25), não foi exatamente um elogio. Não sejamos tardos de coração quando o assunto é louvor e adoração, mas, sim, ansiosos para entrar já na primeira música.

Decida *colocar de lado as distrações* quando chegar na presença do Senhor. Uma das maiores distrações pode ser toda a dinâmica humana acontecendo no encontro. Nós vemos algo e os pensamentos começam a disparar em nossas mentes como pipoca. "O líder de adoração deve estar tendo um dia ruim". "O que o pastor está fazendo? Ele não parece mesmo estar adorando". "O baterista precisa acelerar, esta música está arrastada". "Aquele casal ali parece que brigou no caminho para o culto". "Parece que ninguém está gostando desta música". "Por que esta família chega quinze minutos atrasada toda semana?"

Podemos até mesmo sentir que estamos bastante atentos. "O problema é que a equipe de adoração não orou muito por este culto". Podemos ser assertivos ao definir a fraqueza humana – que a entonação do líder de adoração é monótona, ou que o tecladista não sabe os acordes da música, ou que o baterista está dominando. Mas será que estávamos tão distraídos que não adoramos? Não vamos permitir que as distrações humanas nos roubem. Davi disse "Louvarei ao SENHOR em todo o tempo" (Sl 34.1) – mesmo quando o guitarrista não consegue a atenção da equipe de som, não importa o quanto ele acene. Desconecte as distrações e ponha os olhos no Senhor.

Temos uma responsabilidade de *ser adoradores a semana inteira*. A verdadeira adoração não é apenas um evento numa manhã de domingo, mas um estilo de vida. Toda a vida é um louvor para Deus de 24 horas, 7 dias por semana. Quando aqueles que têm adorado durante a semana se encontram, a atmosfera é combustível. O objetivo dos líderes de adoração, portanto, não é simplesmente cultivar trinta minutos de adoração exuberante numa manhã de domingo, mas cultivar adoradores que vivam uma vida de louvor na semana inteira. Eu vejo uma diferença entre alguém que adora e alguém que é um adorador. Algumas pessoas adoram quando vêm para a igreja, mas os adoradores adoram a semana inteira – em todas as suas atividades e relacionamentos.

Quando eu digo que os adoradores adoram a semana toda, não estou sugerindo que eles são perfeitos. Apenas que eles decidiram ficar no processo de aperfeiçoamento de Romanos 12.1-2.

Rogo-vos, pois, irmãos, pela compaixão de Deus, que apresenteis vosso corpo em sacrifício vivo, santo e agradável a Deus, que é o vosso culto racional. Não vos conformeis a este mundo, mas transformai-vos pela renovação do vosso entendimento, para que experimenteis qual seja a boa, agradável e perfeita vontade de Deus.

O SACRIFÍCIO DE LOUVOR

As Escrituras nos falam duas vezes em oferecer *um sacrifício de louvor* a Deus:

"como também dos que trazem louvor à casa do Senhor" (Jr 33.11).

"Portanto, ofereçamos sempre, por ele, a Deus sacrifício de louvor, isto é, o fruto dos lábios que confessam o seu nome" (Hb 13.15).

A ideia aqui é que o louvor nem sempre é algo que sentimos vontade de oferecer. Às vezes, para isso acontecer, é necessário um sacrifício da nossa vontade.

Todos nós adoramos aquelas ocasiões em que sentimos vontade de louvar ao Senhor. Mas algumas vezes é a última coisa que queremos fazer. Mas Deus é digno do nosso louvor, mesmo quando nossas almas estão desconectadas ou abatidas. O que você faz quando sua alma está abatida? Você oferece um *sacrifício de louvor*.

Sacrifício nos lembra das ofertas de animais que o velho pacto exigia. Mas agora, ao invés de um animal queimado, Deus se alegra no sacrifício de um coração que arde.

Um sacrifício fala de algo que custa caro, a doação de algo que nos é precioso. Isto é lindamente ilustrado em 1Crônicas 21. Davi queria oferecer um sacrifício a Deus na eira de Ornã, então este ofereceu-se para doar a terra, o gado para o sacrifício, a madeira e o trigo para a oferta de grãos. Mas Davi recusou-se e disse: "Não; antes, pelo seu valor a quero comprar, porque não tomarei o que é teu para o Senhor, para que não ofereça holocausto que não me tenha custado nada" (1Cr 21.24). Ele pagou a Ornã seiscentos ciclos de ouro, para que a oferta fosse um *sacrifício*.

Não é um sacrifício até que nos custe algo.

Algumas vezes nossos louvores são mais significativos para Deus quando menos sentimos vontade de oferecê-los. Porque quer dizer que estamos nos sacrificando.

O CUSTO DO LOUVOR

O louvor não é sempre fácil e gratuito. Algumas vezes ele é oferecido por um preço. Primeiro, temos o custo da energia. Algumas vezes quando chegamos na congregação, estamos cansados e prontos para relaxar. Nem sempre nos sentimos com vontade de erguer as mãos ao Senhor ou ficar de pé durante todo o culto de adoração. Entretanto, este é precisamente o momento em que temos a oportunidade de oferecer um verdadeiro sacrifício de nossa energia e bendizer ao Senhor com nosso coração, mente e força.

Em segundo lugar, há o custo da preparação. Quando sabemos que vamos nos encontrar no lugar do louvor, algumas vezes percebemos que precisamos preparar nossos corações através da purificação, confissão, arrependimento e consagração.

Terceiro, há o custo do tempo. Às vezes o tempo é o bem mais precioso do dia. Peça-me vinte dólares e eu lhe darei facilmente. Mas peça-me duas horas de meu tempo! Isto é muito mais precioso e difícil de dar. Mas entrar na presença de Deus inevitavelmente exigirá um sacrifício de tempo. Às vezes precisamos parar tudo e simplesmente nos devotarmos à comunhão íntima com o Senhor. Assim como precisamos de mais que cinco minutos para interagirmos significativamente com um amigo ou cônjuge, a comunhão com Jesus que valha à pena nos custará tempo.

CAPÍTULO TRÊS

LOUVOR: UMA ARMA PARA A GUERRA ESPIRITUAL

Estamos em guerra. Paulo nos disse que nós lutamos não com forças humanas, e sim contra os principados, contra as potestades, contra os príncipes das trevas deste século, contra as hostes espirituais da maldade, nos lugares celestiais (Ef 6.12). Além disso, ele ordena que coloquemos a armadura de Deus para que possamos resistir de forma eficaz aos ataques do maligno (Ef 6.10-18). A guerra é feroz e real.

As vitórias espirituais são conseguidas através de muitas maneiras, tais como: a oração intercessória, o nome de Jesus, a declaração da palavra de Deus e o sangue de Cristo. O louvor é a forma [usada] na guerra espiritual para vencer as ciladas do inimigo.

BASE BÍBLICA PARA [VENCER] A GUERRA ATRAVÉS DO LOUVOR

A adoração coletiva é um ataque aos portões do inferno. O louvor em particular também é combativo. Fazendo o caminho de volta até os israelitas atravessando o mar vermelho, o louvor pode ser visto como uma atividade de combate nas Escrituras. O exército egípcio havia acabado de se afogar nas águas turbulentas e o povo de Deus estava seguro do outro lado. Miriam pegou seu pandeiro e liderou as mulheres cantando: "Cantai ao Senhor, porque sumamente se exaltou e lançou no mar o cavalo com o seu cavaleiro" (Êx 15.21). Naquela ocasião, Moisés e todo Israel cantaram um canção triunfal de vitória diante do Senhor e celebraram com esta declaração: "O Senhor é homem de guerra. Senhor é o seu nome" (Êx 15.21). Após terem visto como Deus lidou com Faraó e seus exércitos, eles sabiam que tinham testemunhado um grande estrategista militar em ação.

O Senhor se revelou a Josué como um guerreiro. Quando Josué estava prestes a liderar a travessia de Israel através do rio Jordão até Canaã, um Homem apareceu para ele com uma espada desembainhada. Josué perguntou: "Você é por nós, ou por nossos inimigos? Nem uma coisa nem outra", respondeu ele. "Venho na qualidade de comandante do exército do Senhor" (Js 5.13,14). Jesus – o Comandante dos exércitos celestiais, tinha vindo liderar Israel no combate contra os inimigos de Deus, em Canaã.

Sim, Jesus é o nosso terno e compassivo Salvador, o médico dos médicos, o amigo. Porém, Ele é muito mais que isso. Ele também é o Comandante Supremo das hostes celestiais. Ele é o mesmo ontem, hoje e eternamente. Portanto, Ele ainda é o nosso capitão (Hb 2.10). Nós podemos conhecer e experimentar Deus como um guerreiro, visto que Seu inimigo está solto e ativo na Terra.

O CORO DE JEOSAFÁ

A Bíblia tem algumas histórias maravilhosas de Deus trazendo grandes vitórias ao Seu povo em resposta ao louvor deles. Um dos mais notáveis exemplos aconteceu nos dias do rei Jeosafá, quando os edomitas levantaram-se para invadir Judá (2Cr 20). Alarmado, Jeosafá reuniu todo o povo de Judá no templo para buscar ao Senhor. Em sua oração, ele confessa: "Porque em nós não há força perante esta grande multidão que vem contra nós, e não sabemos o que fazer; nossos olhos, porém, estão postos em ti" (v.12). Em resposta, o Espírito de Deus veio sobre um levita chamado Jaaziel, descendente de Asafe (o músico chefe no tempo do Rei Davi). E Jaaziel declarou: "Não temais, nem vos assusteis por causa desta grande multidão, pois a peleja não é vossa, mas de Deus" (v.15). O Senhor falou claramente através de Jaaziel: "Nesta peleja, não tereis que pelejar; ficai parados e vede o livramento do Senhor para convosco, ó Judá e Jerusalém. Não temais, nem vos assusteis; amanhã lhes saí ao encontro, porque o Senhor será convosco" (v.17).

Em resposta, Jeosafá levantou-se e disse: "Ouvi-me, ó Judá, e vós, moradores de Jerusalém. Crede no Senhor, vosso Deus, e estareis seguros; crede nos seus profetas e prosperareis". A citação para este verso é 2Cr 20.20, e posso dizer com um sorriso que este verso me dá 20-20[4] de visão de realidades espirituais.

Eu imagino Jeosafá meditando na profecia de Jaaziel: "Essa batalha é de Deus. Nós não precisamos lutar. Só precisamos ficar de pé e assistir a salvação [que virá] de Deus. Bom, já que é assim, vamos mobilizar o coro de louvor".

O relato bíblico diz que Jeosafá designou um grupo de adoradores para ir na frente do exército para dar graças e louvar a Deus pela vitória que ainda não tinha acontecido.

Pare para pensar sobre isso. O reino estava sendo invadido por hordas estrangeiras. Por isso ele reuniu seu exército de acordo com suas fileiras. Ele basicamente disse o seguinte: "O.K. agora precisamos de alguns cantores". Com o exército de um lado, ele reuniu um coro de adoradores do outro. Então fez algo ridículo. Ele disse aos cantores para irem na frente do exército e liderar os soldados na batalha – cantando louvores por todo o caminho! Ele colocou o coro na liderança. Ele sabia quem seriam seus verdadeiros guerreiros naquele dia – os adoradores chamariam a vitória.

Esta era uma fé ousada. Jeosafá acreditava que se as promessas de Deus eram verdadeiras, tudo o que ele precisava fazer era render graças e louvores a Deus e assisti-lo lutar por eles. Os homens do coro comparti-

---

4   N.T.: Referência a uma expressão americana que significa ter uma visão normal, que permite enxergar com clareza.

lharam a mesma ousadia de Jeosafá, pois se colocaram na primeira linha de defesa contra o inimigo.

Lá se foram eles para guerra, com o coro cantando e o exército os seguindo. Meu Deus, e como eles devem ter cantado! Eles louvaram a beleza da santidade [de Deus], dizendo: "Louvai ao Senhor, porque a sua benignidade dura para sempre" (v.21).

O que aconteceu depois? O texto vai nos dizer.

Agora, quando eles começaram a cantar e a louvar, o Senhor armou emboscadas contra o povo de Amom, Moabe e das montanhas de Seir; que tinham vindo contra Judá. E eles foram derrotados. Pois as nações de Amom e de Moabe se levantaram contra os habitantes das montanhas de Seir para os matar e os destruir completamente. E quando eles terminaram com os habitantes de Seir, se destruíram uns aos outros. Após isso, quando [o povo de] Judá parou para contemplar a devastação, eles olharam em direção a multidão e só havia os cadáveres caídos no chão. Ninguém havia escapado.

Quando Jeosafá e seu povo vieram para levar o espólio de guerra, encontraram abundância de coisas de valor e joias preciosas nos cadáveres, as quais foram retiradas por eles mesmos, e havia mais do que eles podiam carregar. E levaram três dias ajuntando os espólios por que eram em grande quantidade (2Cr 20.22-25).

Fico imaginando os soldados de Jeosafá olhando uns para os outros, fitando timidamente suas espadas e lanças, dando os ombros, baixando suas armas, andando para fazer a limpa nos despojos. Os verdadeiros guerreiros naquela ocasião não foram os soldados do exército, e sim os cantores do coro. Enquanto eles cantavam louvores a Deus, Ele lutava por eles. Os soldados não levantaram nem um dedo (a não ser para recolher os despojos). Que vitória impressionante!

Veja novamente a letra: "Louvai ao Senhor, porque a sua benignidade dura para sempre" (v.21). Superficialmente, a canção não parecia ser muito militar. Eles não estavam pedindo fogo dos céus, ou invocando a ira de Deus ou amaldiçoando seus inimigos. Antes, o seu foco estava na promessa de Deus e em seu poder para fazer cumprir [sua promessa]. Eles estavam agradecendo e louvando por tê-los livrado misericordiosamente de seus inimigos, mesmo antes do livramento ter ocorrido. Com seu louvor cheio de fé, eles liberaram Deus para agir de acordo com Sua sabedoria e Seu poder. Eles não estavam dizendo a Deus como derrotar o inimigo. Eles simplesmente o estavam louvando por que sabiam que Ele o faria.

A guerra através do louvor não é para dizer a Deus o que fazer – é para louvá-lo por sua força e sabedoria, reconhecendo que Ele é capaz de resolver o problema de forma que Seu nome seja glorificado. O foco não está na batalha ou no inimigo. O foco está apenas na solução – [que é] Deus! "... mas o povo que conhece o seu Deus se esforçará e fará proezas" (Dn 11.32).

O TERREMOTO NA CADEIA DE FILIPOS

Outro famoso exemplo da guerra através do louvor é encontrado em Atos 16. Paulo e Silas foram duramente açoitados em Filipos e então foram colocados no tronco e presos na cadeia da cidade. Não apenas os seus corpos latejavam [de dor] por causa da surra, mas o tronco fora projetado para aumentar a penúria. O que você faz quando está na cadeia com tanta dor que não consegue dormir? Paulo e Silas fizeram assim: "Se não pode dormir, então louve a Deus!"

Incapazes de achar uma posição confortável, eles começaram a erguer as vozes em louvor e agradecimento a Deus. E eles não pararam. Meia noite é um bom horário para cantar louvores a Deus! Eles cantavam tão alto que todos os prisioneiros na cadeia podiam ouvi-los. Eles estavam anunciando a bondade de Deus em um contexto em que ninguém podia ver nenhuma bondade divina.

Eles não estavam pedindo a Deus por libertação. Eles não estavam clamando por julgamento para a cidade que os havia maltratado. Não estavam repreendendo o demônio ou amaldiçoando o carcereiro. Eles simplesmente estavam louvando a Deus por sua bondade e sua grandeza. Eles não tinham ideia de que Deus estava prestes a abrir a prisão, logo não estavam louvando a fim de estimular uma resposta divina. Estavam rendendo graças no momento em que parecia que iriam passar a noite toda no tronco.

Deus, porém, gostou do estilo deles. Ele se recusou a deixar aqueles louvores sem respostas. E o que aconteceu? "De repente sobreveio tão grande terremoto que os alicerces do cárcere se moveram, e logo se abriram todas as portas e se soltaram as correntes de todos" (At 16.26). A história termina com o carcereiro e toda sua casa confessando sua fé em Cristo e sendo batizados. Quando Deus respondeu a oração deles, não foram apenas Paulo e Silas os que foram libertos de suas cadeias, mas também toda uma família foi liberta das garras de Satanás. O louvor é [algo] poderoso!

O GRITO NA GUERRA

O brado de louvor foi útil para trazer a vitória em muitas histórias bíblicas. Por exemplo: o povo de Israel usou um grito de louvor para conquistar a cidade de Jericó. Durante seis dias eles marcharam ao redor da cidade, caminhando por toda a circunferência da cidade em todas as manhãs. No sétimo dia eles levantaram cedo para marchar sete vezes em volta da cidade. Eis o plano de batalha que Deus deu a Josué: Depois de marchar em volta da cidade pela sétima vez, as trombetas seriam ouvidas, e então o povo iria levantar um grito.

O que aconteceu? "Gritou, pois, o povo, tocando os sacerdotes as buzinas. Sucedeu que, ouvindo o povo o sonido da buzina, gritou o povo com grande grita. O muro caiu abaixo, e o povo subiu à cidade, cada qual em frente de si, e a tomaram" (Js 6.20).

[Será que] o grito atingiu a frequência ressonante das muralhas de Jericó e causou a queda das muralhas? Não. Deus agiu em favor deles. Jesus e seus anjos estavam presentes, lutando por Israel. E Israel fez a sua parte oferecendo obedientemente um grande grito de louvor e então Deus fez a parte dele garantindo a eles uma vitória sobrenatural.

Para um segundo exemplo, deixe-me lembrar-lhe da história de Gideão. Ele era o cara com um exército pequeno, acanhado. Ele havia começado com meros 32.000 soldados, o que parecia ser muito pequeno em comparação com o tamanho do exército inimigo. Contudo, para Deus aquele exército estava muito grande. Por isso, Deus o reduziu para 10.000 guerreiros. Ainda assim, estava muito grande para Deus. Então, Deus falou para Gideão: "Numeroso é o povo que está contigo, para eu entregar os midianitas nas suas mãos, a fim de que Israel não se glorie contra mim, dizendo: A minha mão me livrou" (Jz 7.2).

Sendo assim, Deus diminui os números novamente até que restassem apenas 300 soldados. Gideão foi enfrentar todo o exército midianita com apenas 300 homens.

Deus deu uma estratégia para a batalha. Seus 300 homens deveriam cercar o campo dos midianitas, deixando um espaço considerável entres si. Ao sinal dado por Gideão, eles iriam tocar as trombetas, quebrar os jarros que escondiam suas tochas e então iriam gritar: "Espada pelo Senhor e por Gideão!" (Jz 7.20).

O que aconteceu? Em resposta àquele grito, o Senhor lutou por Israel. Ele fez com que [os soldados do] exército midianita se voltassem uns contra os outros e se matassem. Naquele dia, Israel desfrutou de uma vitória poderosa por que, obedientemente, ergueu um grito de louvor no tempo e na forma especificada por Deus.

Eu aprecio os momentos de silenciosa reverência como quando estamos respeitosamente em pé, diante da beleza da santidade de Deus. Mas existem momentos em que o silêncio não é apropriado. Existe tempo adequado para gritar. É um dia triste para a igreja quando o grito se foi do campo [de batalha].

Creio que, hoje, Deus quer nos mostrar como usar o grito de louvor como uma arma espiritual. Devemos esperar pelo seu tempo e sua estratégia. Sim, devemos guerrear na intercessão. Mas, depois vem um tempo de parar as súplicas e simplesmente nos alegrarmos no poder e na soberania do Salvador. Ele é o Senhor sobre qualquer dilema. Quando nos alegramos em Sua força, Ele entra na batalha. Nós louvamos, Ele luta. Conforme o Espírito dirige nossos louvores, nossa fé começa a se erguer ao nível da nossa confissão, e Deus responde à nossa fé e obediência. Eu imagino Deus pensando: "Uau! Meus filhos realmente acreditam que eu estou no controle desta situação. Olhe só pra eles! Eles estão se alegrando na minha força e no meu poder mesmo em meio às suas crises". Como Deus pode fazer outra coisa que não seja responder a essa fé tão simples e ousada?

DESCANSAR EM NOSSO GUERREIRO

Às vezes o Espírito nos leva a nos tornarmos combatentes no louvor. Entretanto, nem sempre o louvor é combativo na guerra espiritual. Às vezes ele é demonstrado através de paz e confiança. Não somos os únicos a lutar. Deus também luta. Se houver alguma batalha a ser travada, deixe Deus fazer isso. Não fingimos ter de nós mesmos poder sobre nossos inimigos, porém nos alegramos em Deus que tudo pode.

Aqui estão mais alguns trechos nas Escrituras que mostram que a forma como louvamos pode ser uma arma para liberar o poder de Deus:

"Quando na vossa terra sairdes a pelejar contra o inimigo, que vos aperta, também tocareis as trombetas retinindo, e perante o Senhor, vosso Deus, haverá lembrança de vós, e sereis salvos de vossos inimigos" (Nm 10.9). (Deus disse que em resposta ao toque de louvor da trombeta Ele os salvaria).

"Judá, teus irmãos te louvarão. Tua mão será sobre o pescoço de teus inimigos" (Gn 49.8). (O nome Judá significa "Louvor". Jacó declarou que a mãos dos que louvam estaria no pescoço dos inimigos deles).

"Tu suscitaste força da boca das crianças e dos que mamam, por causa dos teus inimigos, para fazeres calar o inimigo e o vingador" (Sl 8.2). (Jesus mostrou em Mateus 21.16 que Davi estava se referindo ao louvor vindo da boca dos bebês. Deus, em sua sabedoria havia, determinado que o louvor fosse como o daqueles que não tinham experiência em batalhas! Crianças pequenas são totalmente ingênuas quando se trata de travar batalhas do jeito que o mundo faz, mas são infantis o suficiente para erguer suas vozes em louvor a Deus que luta por elas).

"Estejam na sua garganta os altos louvores de Deus, e espada de dois fios, nas suas mãos, para exercerem vingança sobre as nações e castigo sobre os povos; para aprisionarem seus reis com cadeias, e seus nobres, com grilhões de ferro; e executarem sobre eles o juízo escrito. Esta será a honra para todos os santos. Louvai ao Senhor" (Sl 149.6-9). (Deus nos deu uma combinação dupla com as quais podemos derrotar nossos inimigos: o alto louvor em nossa boca e a espada de Deus em nossas mãos).

ALTOS LOUVORES

O salmo 149.6 se refere ao *alto* louvor. Deixe-me fazer algumas sugestões sobre o que eu acredito que isso signifique.

O louvor pode ser *alto* em volume. Algumas vezes é adequado que o volume nossos louvores seja alto.

O louvor pode ser *alto* em intensidade. Na adoração coletiva, às vezes estamos cientes que a intensidade do louvor cresce à medida que o culto avança por que os adoradores tornam-se mais envolvidos e proativos no culto de louvor.

O louvor pode ser *alto* no timbre. Em outras palavras, ele pode ser cantado nos mais altos registros do potencial que nossas vozes tiverem.

O louvor pode ser *alto* como sendo a descrição do louvor ao redor do trono de Deus. Nos altos céus, querubins, serafins, anjos, criaturas e os santos estão erguendo suas vozes em louvor à santidade de Deus. Eu creio que é possível para nós, aqui embaixo, nos espelharmos no louvor deles. Céu e terra se tornam algo como um coro antifonal[5]. O coro Celestial canta louvores ao Cordeiro, e então o coro da terra ecoa em resposta a eles. Quando compartilhamos no espírito de louvor que envolve o trono, nosso louvor é verdadeiramente *alto* – assim na terra, como no céu.

Finalmente, o louvor pode ser *alto* quando ele ascende aos céus e guerreia em nosso favor. Reconhecemos que forças espirituais da maldade atuam no reino celestial (Ef 6.12). Daniel, [capítulo] 10, indica que há poderes malignos pairando sobre as nações, cidades, casas e indivíduos. Uma das formas de resistirmos aos poderes do mal é através do alto louvor.

O salmo 149 une o alto louvor com uma espada de dois gumes que parece apontar para a palavra de Deus. Há um belo relacionamento entre o cantar louvores de Deus e o pregar e o cantar da palavra. Unir os louvores com a autoridade da pregação da palavra de Deus produz uma combinação poderosa. Quando as igrejas unem altos louvores com a proclamação da palavra de Deus, os céus se movem militando contra os poderes da escuridão.

Nós podemos ver como isso aconteceu no dia de Pentecostes. Quando o Espírito Santo foi derramado sobre a igreja em Atos 2, eles iniciaram o

---

5   N.T.: Canto, de melodia geralmente simples e silábica, em que os coros se alternam em resposta durante o serviço religioso. Pode ser cantado ou falado.

alto louvor. Judeus tementes a Deus estavam em Jerusalém e ouviram os cristãos falando em outras línguas e declarando as maravilhosas obras de Deus. Após o *alto louvor*, o sermão de Pedro cortou como uma *espada de dois gumes*, e cerca de três mil pessoas se arrependeram e se entregaram a Cristo. Louvor e pregação produzem uma grande colheita!

Em Isaías 30.32, o Senhor indicou que iria julgar o opressor de Israel, a Assíria, com o acompanhamento de instrumentos musicais: "E, a cada pancada do bordão do juízo que o SENHOR der, haverá tamboris e harpas; e, com combates de agitação, combaterá contra eles". Existe um tempo, na guerra espiritual, para os instrumentos estarem envolvidos. Pegue o pandeiro! Pegue o violão! Deixe que os tecladistas sentem e que os percussionistas tomem seu lugar. É tempo de guerrear! No tempo certo o Senhor vai capacitar um ministério de adoração para liderar o ofício do alto louvor. E Deus punirá o inimigo.

Deus quer punir o reino da maldade através do resgate das almas que estão nas mãos de Satanás presas na iniquidade. Toda vez que uma alma é arrancada [do reino] da maldade e é trazida para o reino de Deus os propósitos de Satanás são frustrados, uma multidão de pecados é coberta, e um surge um santo nascido de novo. Você já orou por seu cônjuge incrédulo? Acrescente louvor à sua intercessão. Alegre-se no poder de Deus e o libere para lutar em seu favor.

Alguns jovens que participaram da JOCUM (Jovens Com Uma Missão – uma organização missionária mundial), me contaram que experimentaram períodos em que o evangelismo pessoal parecia estar batendo contra um muro de pedra. Em tais períodos, eles pegavam seus violões e começavam a cantar louvores a Deus onde quer que estivessem. Os muros espirituais começaram a cair e eles tiveram uma quebra das linhas inimigas naquela localidade.

TAREFA DIVINA

Nós vamos à guerra através do louvor somente com a direção específica do Espírito Santo. Ele pode tocar mansamente o seu coração de acordo com uma situação em sua vida. Ele pode trazer direcionamento para adoração coletiva através dos líderes que estão presentes. Por exemplo, no meio de um culto, um ancião da igreja pode sentir através do Espírito Santo que a igreja vai entrar em guerra de uma forma coletiva. Talvez na igreja, a família, esteja sob ataque de Satanás. Ou talvez Deus esteja chamando atenção de toda a congregação para certa parte da Bíblia. Com ajuda dos músicos e dos cantores, a congregação pode erguer seus corações em louvor. Ao respondermos a esta forma de liderança do Espírito Santo, Deus se alegra em responder nosso louvor.

Na história de Jeosafá, que vimos um pouco antes (2Cr 20), o povo recebeu uma palavra muito específica de Deus. Tudo o que eles precisavam fazer era louvar em obediência e fé.

Quando tentamos nos envolver em uma guerra espiritual sem uma palavra vinda de Deus, nós podemos nos deparar com algumas negativas. Se Deus não está nisso, nossos louvores de guerra podem ser como um prato barulhento, ou socos [dados] no ar ou uma batalha fantasma. Além disso, se nós tentarmos realizar uma tarefa que Deus realmente não nos deu, podemos sofrer uma derrota desnecessária. Entretanto, quando Deus dá uma ordem oficial para se tomar uma certa fortaleza, e somos cuidadosos em seguir sua liderança, ficaremos maravilhados enquanto observamos Deus em ação.

A LUTA POR UMA LIBERAÇÃO

Algumas vezes quando o povo de Deus se reúne para a adoração coletiva, pode-se sentir que há uma resistência espiritual ao espírito de louvor no local. É quase como se forças espirituais estivessem impedindo o louvor. É tentador para os líderes da adoração imaginarem que o inimigo é a congregação em si. Eles sentem que as pessoas quase resistem suas tentativas de erguer o louvor. E em alguns casos, pode realmente acontecer. Por vários motivos, uma congregação pode resistir às tentativas do ministério de adoração em liderá-los. Os líderes de adoração sempre perguntam: "O que podemos fazer quando há uma percepção de opressão na congregação, como se forças espirituais estivessem impedindo as pessoas de entrar naquilo que seus corações realmente desejam?"

Algumas vezes, a resposta é: entre em guerra. Por exemplo, um ministério de adoração pode reunir em uma noite de sábado e lutar em favor do culto do dia seguinte. Ou a equipe de adoração pode se encontrar em uma situação de luta bem no meio do culto de adoração. Quando a resposta das pessoas pode nos tentar a virar as costas, o Espírito Santo nos impele a seguir em frente. Em alguns casos, não encontramos uma liberação completa na adoração coletiva por que recuamos muito cedo.

Não ceda até que Deus dê a liberação do louvor na congregação, ainda que isso leve semanas ou meses. Vá pra guerra até que você encontre tal liberação, e então, quando você encontrá-la, erga altos louvores ao Rei!

CAPÍTULO QUATRO

O QUE É ADORAÇÃO?

Achar a definição perfeita para adoração pode ser um pouco ilusório. Talvez porque a adoração seja uma questão do coração e toda tentativa de definir o coração pode parecer inadequada. O louvor parece mais direto ao ponto, portanto mais fácil de identificar, mas a adoração é outra questão. Como é um encontro do coração, a adoração é tão infinita em sua profundidade quanto as profundezas do coração de Deus e daqueles que O adoram.

Certa ocasião, ajuntei várias definições de adoração. Embora todas fossem apenas tentativas de pôr em palavras o que essencialmente é um sentimento, talvez elas possam nos ajudar a começar a compreender a natureza básica da adoração.

1. A adoração é uma conversa entre Deus e o homem, um diálogo que deveria continuar constantemente na vida de um cristão.

2. Adoração é dar a Deus e envolve uma vida inteira de dar a Ele o sacrifício que Ele pede – nosso ser por completo.

3. A adoração é nossa resposta afirmativa a auto revelação do Deus trino. Para o cristão, cada ato da vida é um ato de adoração quando

é feito com amor que responda ao amor do Pai. Viver devia ser adoração constante, uma vez que a adoração é o que fornece o metabolismo para a vida espiritual.

4. A adoração foi o resultado da comunhão de amor entre o Criador e o homem. É o mais alto que o homem pode chegar em resposta ao amor de Deus. É o primeiro e principal propósito do chamado eterno do homem.

5. A adoração é o coração expressando amor, adoração e louvor a Deus. Tal expressão mostra atitude de reconhecimento de Sua supremacia e senhorio.

6. A adoração é um ato por um homem redimido, a criatura, para com Deus, seu Criador, através do qual sua vontade, intelecto e emoções respondem agradecidamente em reverência, honra e devoção à revelação da pessoa de Deus expressada na obra redentora de Jesus Cristo, conforme o Espírito Santo ilumina a palavra escrita de Deus ao seu coração.

7. A adoração significa "sentir no coração". Ela também quer dizer expressar de uma maneira apropriada o que nós sentimos.

8. A verdadeira adoração e louvor são "assombro tremendo e amor avassalador" na presença de nosso Deus.

9. A adoração é a habilidade de magnificar a Deus com todo o nosso ser – corpo, alma e espírito.

10. O coração da verdadeira adoração é o derramamento sem constrangimento do nosso ser interior sobre o Senhor Jesus Cristo em devoção amorosa.

11. A adoração é fundamentalmente o Espírito de Deus dentro de nós fazendo contato com o Espírito na divindade.

12. A adoração é a resposta do Espírito de Deus em nós àquele Espírito Nele por meio de quem clamamos "Abba, Pai", um abismo chamando outro abismo.

13. A adoração é a atitude idealmente normal de uma criatura racional que se relaciona corretamente com o Criador.

14. A adoração é amor extravagante e obediência extrema.

Cada definição, embora perspicaz, parece de algum modo inadequada. Uma vez eu ouvi o meu sogro, Morris Smith, dizer "A adoração verdadeira desafia a definição; ela só pode ser experimentada". Eu acho que é isso mesmo, uma vez que Deus nunca teve a intenção de que a adoração fosse tema de livros, mas sim que fosse comunhão com Deus, vivida por seus amados.

A adoração não é uma atividade musical, mas uma expressão do coração. A música pode ajudar a adoração, mas não é necessária para a adoração. A adoração não é uma atividade simplesmente para aqueles que amam cantar. Milhares de pessoas que não conseguem cantar uma nota são adoradores sinceros. A música pode ser usada como catalizador para a adoração, mas mesmo quando não há instrumentos musicais disponíveis, nós podemos, como a mulher em Lucas 7, ungir os pés de Jesus com o óleo das nossas afeições.

DIFERENÇAS ENTRE LOUVOR E ADORAÇÃO

Talvez possamos compreender a adoração melhor se pudermos distingui-la do louvor. Distinguir os dois não é tão fácil e até mesmo possivelmente artificial. "Louvor e adoração" são muitas vezes usados na mesma frase e é possível fazer ambos simultaneamente. Mas muitas vezes eles operam de maneiras diferentes.

Num ajuntamento coletivo, uma pessoa pode estar adorando enquanto a outra está louvando. Olhando para as duas, pode parecer que ambas estão envolvidas na mesma atividade. Algumas vezes as diferenças são sutis. As formas externas que o louvor e a adoração empregam muitas vezes são idênticas. Discernir entre os dois pode ser quase tão difícil quanto dividir a alma e o espírito. Só há uma coisa afiada o suficiente para discernir entre a alma e o espírito, e esta é a Palavra de Deus (Hb 4.12). Se eu tentar distinguir entre minha alma e meu espírito, as linhas ficam muito borradas. Do mesmo modo, embora louvor e adoração sejam entidades diferentes, eles são frequentemente impossíveis de separar.

As quatro expressões conhecidas como oração, ação de graças, louvor e adoração têm uma relação muito estreita. Áreas dentro destas expressões sobrepõem-se umas às outras. O diagrama abaixo é minha tentativa de mostrar como estas quatro áreas de sobrepõem e, assim, muitas vezes é difícil separá-las completamente uma da outra.

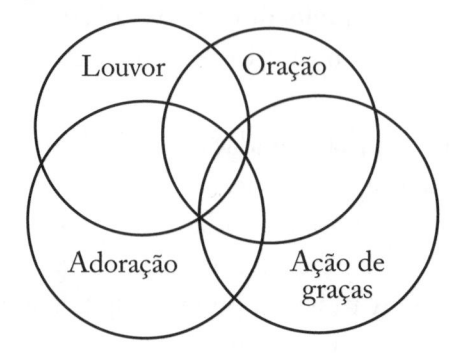

Diagrama de Venn com quatro círculos sobrepostos: Louvor, Oração, Adoração, Ação de graças.

As diferenças entre louvor e adoração neste capítulo são, portanto, quase hipotéticas. Mas talvez possamos ter uma ideia melhor da adoração considerando estas diferenças hipotéticas.

Primeiro, Deus não precisa de nossos louvores, mas Ele busca adoradores. Deixe-me explicar a diferença. Ele ordena o nosso louvor, não porque precise dele, mas porque nós precisamos louvá-Lo. Isto nos coloca corretamente diante Dele e nos transforma. Nós nos humilhamos para que possamos exaltá-Lo. Deus não precisa mesmo dos nossos louvores, mas parece que quando o assunto é adoração, as coisas mudam um pouco. Há algo sobre a adoração que Ele deseja e quer. Jesus disse que o Pai *busca* adoradores (Jo 4.23). Ele o faz porque Ele anseia pelos seus corações.

Note que Deus busca *adoradores*, não *adoração*. Ele não está atrás do palavreado da adoração, mas sim das afeições sinceras de adoradores verdadeiros. Ele busca o coração.

Uma segunda distinção entre os dois é que o louvor pode algumas vezes estar distante enquanto a adoração é normalmente íntima. O coração do homem não precisa estar próximo de Deus para que o louvor ocorra. Eu já ouvi histórias de pessoas que cantavam e louvavam a Deus bêbadas. Eu até mesmo já ouvi sobre bêbados testemunhando uns aos outros e em seus testemunhos darem louvores a Deus. Em uma ocasião, Jesus disse que as pedras clamariam se os Seus discípulos não O louvassem (Lc 19.37-40). As rochas obviamente não têm um relacionamento interativo com o Senhor e, ainda assim, é possível para elas louvarem. As árvores, as montanhas, os rios, o sol, a lua e as estrelas – todos podem louvar ao Senhor

(Sl 148.3-12) e, ainda assim, Deus não tem relação recíproca com qualquer destes. Então, o louvor pode acontecer à distância e sem relacionamento.

A adoração é diferente. Ela acontece na proximidade do relacionamento de coração. Na adoração, nós beijamos o filho (Sl 2.12). Isto exige relacionamento, uma vez que envolve dar e receber. O louvor pode funcionar como uma rua de mão única, mas a adoração é uma rua de mão dupla, onde expressamos comunhão e companheirismo.

Terceiro, o louvor é sempre visto ou ouvido, mas a adoração nem sempre é evidente para o observador. Algumas vezes a adoração é visível e óbvia, mas outras vezes é quieta e visualmente imperceptível. Só Deus sabe quando alguém está adorando.

Em quarto lugar, o louvor tem uma dinâmica horizontal forte em si mesmo, enquanto a adoração é primariamente vertical. Deixe-me explicar. No louvor, nós muitas vezes falamos uns com os outros sobre a bondade e a grandeza de Deus (Ef 5.19). O louvor é muito consciente de outros louvores na sala. Na adoração, entretanto, nós perdemos os outros ao redor de vista e ficamos preocupados com a maravilha de quem Ele é.

O louvor muitas vezes é preparação para a adoração. Podemos chegar inicialmente em Sua presença com ações de graça e louvor (Sl 100.4), mas isso muitas vezes se transforma naturalmente em adoração. O louvor muitas vezes age como um portão para a adoração. Mas dizer que o louvor começa primeiro e a adoração vem a seguir não é uma regra invariável. Em alguns encontros, uma adoração profunda pode explodir, por fim, em um louvor exuberante. O louvor e a adoração, portanto, estão além de qualquer fórmula fixa.

Outra distinção entre louvor e adoração é muitas vezes achada na atmosfera da música. A adoração é muitas vezes acompanhada de músicas mais lentas e o louvor por músicas mais rápidas. Eu digo muitas vezes, mas não sempre, porque as exceções são abundantes. Mas no geral, parece que a atmosfera de músicas mais lentas conduz melhor à adoração, ao passo que a atmosfera de músicas mais rápidas apoia mais prontamente o louvor. Por fim, a melhor maneira de determinar se uma música é uma canção de louvor ou de adoração é examinar a letra.

Uma variação final entre louvor e adoração é vista no modo como o louvor é muitas vezes acompanhado pelo esforço enquanto a adoração normalmente vem sem esforço. O capítulo 1 fala da natureza agressiva do louvor. Um culto de louvor dinâmico pode deixar você suando. Mas a adoração parece operar de modo diferente, levada pelo poder do Espírito Santo.

Não estou indicando que a adoração seja superior ao louvor. Ambos são lindos e valiosos e ambos desempenham um papel vital na vida e todo crente e congregação. Se pensamos que a adoração é mais desejável que o louvor, a direção de cada culto de louvor será para que evolua para adoração. Mas o louvor é um fim glorioso em si mesmo. Algumas vezes o Espírito Santo nos levará a permanecer no louvor por um período demorado de tempo porque isso é o que Ele está capacitando no momento.

Eu já ouvi pessoas falarem sobre as canções de louvor depreciativamente. Já ouvi frases do tipo "Não quero canções que falem *de* Deus, eu só quero canções que falem *com* Deus. Vamos partir pra vertical!" Eu concordo que a maioria das nossas canções de adoração deveriam ser um encontro vertical com Deus, mas isto não nega o papel maravilhoso e desejável do louvor. Paulo falou destas duas dinâmicas quando escreveu "Falai entre vós com salmos, hinos e cânticos espirituais, cantando e salmodiando ao Senhor no vosso coração" (Ef 5.21). Neste verso, ele nos vê falando uns aos outros e também ao Senhor. Falar uns aos outros em canções é bíblico. Eu não acho que deveríamos ser analíticos em excesso quanto ao fato de se uma canção é dirigida a Deus na primeira, segunda ou terceira pessoa. Tiremos nossos olhos da mecânica e sejamos como crianças no envolvimento com Jesus. Seja a música vertical ou horizontal, vamos dar nossos corações completamente ao Senhor!

A ESSÊNCIA DA ADORAÇÃO

Quando eu quero considerar a essência da base da adoração, eu volto aos dois homens da Bíblia que primeiro nos apresentaram este tópico: Jó e Abraão. Vamos começar com Jó.

O livro de Jó é o primeiro da Bíblia que foi escrito. É mais antigo até do que Gênesis. Portanto, é certo que contenha a primeira referência à adoração nas Escrituras Sagradas. Deixe-me lembrar você desta história.

Incríveis calamidades atingiram Jó em um só dia. Ele perdeu seus camelos, burros, gado, ovelhas e servos – em outras palavras, sua fonte de sobrevivência. E então, no mesmo dia, ele perdeu todos os seus dez filhos (um tornado fez a casa desabar sobre todos os seus filhos durante uma festa). A resposta de Jó foi arrebatadora: "Então Jó se levantou, rasgou o manto, rapou a cabeça, se lançou em terra, adorou" (Jó 1.20).

Se nós concordamos que esta é a primeira menção de adoração na Bíblia, então podemos dizer que adorar é o que fazemos em face à grande tragédia e lutas pessoais. A adoração na sua essência não é o que fazemos quando a vida está feliz e quando nos sentimos abençoados; é o que fazemos quando perdemos as coisas que nos são mais queridas.

O teste da adoração não é no domingo de manhã. Quando nos reunimos com o povo de Deus no domingo de manhã, é fácil adorar. Os santos estão reunidos em santa convocação; os salmistas já oraram, se prepararam e estão prontos para liderar; a canção do Senhor começa a se levantar; a presença de Deus enche a casa. Se você não conseguir adorar no domingo de manhã, provavelmente você está morto.

O teste da adoração não acontece no domingo de manhã. Acontece na segunda-feira quando você vai trabalhar com aqueles filisteus incircuncisos.

O teste da adoração acontece quando o chão treme debaixo de nós, quando a vida aderna fora de controle, quando o nível da nossa dor atinge o teto e não fazemos ideia do que está acontecendo conosco. Esta é a hora em que descobrimos se temos o coração de Jó, que disse "O Senhor o deu e o Senhor o tomou; bendito seja o nome do Senhor" (Jó 1.21).

A adoração reconhece o Seu senhorio face às circunstâncias que despedaçam a vida. Quando tudo que cerca a vida de uma pessoa grita "Deus não é justo! Ele não me ama. Ele me abandonou!", o verdadeiro adorador diz "O Senhor é bom. Bendito seja o nome do Senhor". A conclusão final quanto à adoração é amar ao Senhor em meio às maiores perdas.

A segunda menção de adoração na Bíblia ocorre na história de Abraão. Deus falou audivelmente com Abraão, instruindo-o tomar seu único e amado filho Isaque e sacrificá-lo a Deus numa certa montanha. Abraão levantou imediatamente, embalou o que era necessário e caiu na estrada com Isaque e dois jovens.

Quando finalmente puderam avistar a montanha do Senhor, note o que Abraão disse aos seus servos: "Ficai aqui com o jumento; eu e o moço iremos até ali e, depois de adorar, tornaremos a vós" (Gn 22.5).

O que a adoração significou para Abraão naquela ocasião? Significou construir um altar, amarrar seu filho, colocar seu filho sobre o altar, erguer a faca, enfiá-la no coração do seu filho e então acender uma fogueira para oferecer seu filho como oferta queimada a Deus. Em outras palavras, significava colocar sobre o altar todas as suas esperanças, sonhos, aspirações e afeições. Significava morrer para o filho do seu amor. Significava dar a Deus o *seu melhor*. Seu tudo.

Abraão não entendeu. Por que Deus estava pedindo a ele para matar seu filho? Assassinar seu próprio filho parecia contrário a tudo que Deus representava. Mas ele decidiu obedecer à voz de Deus. Sua obediência à voz de Deus levou-o até o fim pretendido por Deus. Adoração, portanto, é dar a Deus tudo em obediência à Sua voz.

APRENDENDO A AMAR

Amar os outros bem é uma habilidade que desenvolvemos intencionalmente. Não nascemos sabendo amar bem. Paulo ensinou sobre a verdadeira essência do amor em 1Coríntios 13 porque ele reconheceu que é algo que precisamos aprender e deixar crescer em nós. Primeiro nós aprendemos o que é, então amadurecemos para expressá-lo.

A adoração é uma expressão de amor. Portanto, a adoração é aprendida. A habilidade de adoração não é um talento com o qual nascemos. Pelo contrário, é uma graça que desenvolvemos e na qual crescemos. Sendo assim, todos nós nos devotamos, a constantemente nos desenvolvermos e aprofundarmos a maneira como expressamos nossa adoração a Deus. Nós podemos ler livros e receber instruções sobre como adorar, mas no fim das contas, é adorando que nós aprendemos a adorar.

Não fique impaciente com você mesmo se não souber adorar como deseja. Continue crescendo. O Espírito Santo ensinará a você quando você não souber como orar como deve (Rm 8.26). Aprender a adorar não é um objetivo a ser alcançado mas, sim, uma jornada para ser feita a pé. Nós nunca paramos de aprender como dar a Ele mais de nossos corações.

Em nossas igrejas, somos ensinados a trabalhar e ensinados a testemunhar. Mas temos sido ensinados a adorar?

A adoração é descrita apaixonadamente no Salmo 42.7: "Um abismo chama outro abismo, ao ruído das tuas catadupas". Circunstâncias esmagadoras muitas vezes abrem os lugares mais profundos dos nossos corações. A adoração é o abismo chamando dentro de nós para o abismo em Deus.

Algumas vezes a adoração vai além das palavras. O amor não precisa ser verbalizado para ser expressado. Algumas vezes mais é dito simplesmente através do contato visual do que jamais poderia ser expressado verbalmente. A adoração envolve "contato visual" com Deus. A adoração é ficar olhando para Deus.

Uma das maiores maneiras de aprender sobre a adoração é observar a adoração dos céus no livro de Apocalipse. Será um dia glorioso quando nós nos ajuntarmos ao redor do trono de Deus, livres de todos os impedimentos e grilhões de autoconsciência e libertos para adorá-lo com todo nosso ser! Mas entenda isso – nós não precisamos esperar pelo céu. Nós podemos adorá-Lo agora como poderemos na glória. O céu demonstra o seu louvor e adoração a Deus de forma barulhenta e apaixonada. Deus ama expressões apaixonadas de adoração porque Ele mesmo é um grande apaixonado. Nós nunca erraremos usando o protótipo celestial como um padrão hoje. Conforme ganharmos maior percepção da adoração do céu, podemos então orar para que experimentemos a adoração "assim na terra como no céu" (Mt 6.10).

Podemos aprender com o exemplo do céu a sermos espontâneos na adoração. O verdadeiro amor no casamento às vezes tem um elemento mundano em si, mas a chama do romance é acesa através da espontaneidade. Um presente não planejado ou uma excursão ou uma ida a um restaurante pode dar um tempero ao amor verdadeiro. Da mesma forma, expressões espontâneas de adoração podem fortalecer e descobrir novas maneiras de expressar o amor a Deus.

A adoração é uma *resposta*. O Senhor inicia Seu amor para conosco e nós respondemos amando de volta. Precisamos de Deus para amarmos a Deus. O que eu quero dizer é, o amor que Ele derrama em nossos corações nos capacita a amá-lo de volta. Não podemos amá-Lo da maneira certa até que primeiro recebamos o Seu amor. Um dos maiores papéis do Espírito Santo nas nossas vidas é nos capacitar a amar Jesus com o mesmo amor que o Pai tem por Jesus (João 17.26). Quando Ele nos capacita a adorar à Sua maneira, nossos corações ganham vida!

O ESPÍRITO SANTO E A ADORAÇÃO

Nós podemos experimentar a intimidade e o fluir da adoração apenas quando o Espírito Santo habita em nós e nos capacita. Para adorar, somos totalmente dependentes do Espírito.

Paulo descreve o círculo de adoração quando ele escreveu "Porque dele, por ele e para ele são todas as coisas. Glória, pois, a ele eternamente" (Rm 11.36). Em primeiro lugar, a adoração é *Dele*. Ele criou, desenhou e iniciou a adoração. Depois, é *através Dele* – ou seja, acontece apenas através de Seu poder capacitador. Por fim, é *para Ele*, no sentido de que toda a adoração é erguida para Ele, que se senta no trono. Então, começa com Ele e fechando o círculo, termina com Ele.

Nas reuniões de adoração coletiva, o Espírito Santo é nosso Líder de Adoração. O papel de um líder de adoração é seguir os sinais do Líder de Adoração. Todo culto coletivo de adoração é uma aventura gloriosa em que seguimos os impulsos do Espírito Santo. É adequado que os adoradores tragam uma lista de canções para o culto, mas tal encontro não será bem-sucedido se estivermos simplesmente seguindo a lista. Ele terá sucesso se estivermos seguindo o Espírito.

Os líderes de adoração seguem o Espírito Santo de uma maneira que somente encontra semelhança no modo como os israelitas seguiam a nuvem da glória de Deus no deserto (Nm 9.15-33). Quando a nuvem se movia, eles se moviam. Quando a nuvem parava, eles armavam suas tendas e paravam. A cada música que cantamos, os líderes de adoração estão buscando discernir por quanto tempo o Espírito Santo está descansando naquela canção e não querem sair até que "a nuvem siga adiante". Se o Espírito de Deus ainda não seguiu em frente, saindo de onde estamos agora, por que nós o faríamos? Seguir as dicas do Espírito é mais agradável do que seguir as dicas da ordem do culto. Não apenas o Espírito Santo quer liderar nossos momentos de adoração coletiva, como Ele é muito bom nisso.

Deus prometeu: "Instruirei e ensinarei a ti o caminho que deves seguir; eu te guiarei com os meus olhos. Não sejais como o cavalo nem como a mula, que não têm entendimento, cuja boca precisa de cabresto e freio, para que não se atirem a ti" (Sl 32.8-9). Eu gostaria de aplicar estes versos a como o Espírito Santo nos lidera na maneira como devemos seguir na adoração. As mulas têm um jeito de se arrastarem e ficarem para trás;

os cavalos têm um jeito de dispararem e se adiantarem às coisas. O Espírito Santo não nos quer fazendo um nem outro, mas nos aproximando e ficando em concordância com ele. Para seguir as delicadas inclinações do Espírito Santo na adoração, nós precisamos estar continuamente sensíveis à Sua voz.

ADORAÇÃO EM ESPÍRITO E EM VERDADE

Jesus divulgou a maior revelação sobre a adoração para um estrangeiro – uma samaritana – quando disse "Deus é Espírito, e importa que os que o adoram o adorem em espírito e em verdade" (Jo 4.24). Deixe-me lembrá-lo sobre o contexto desta afirmação.

Jesus tinha chegado à cidade de Sicar e ele descansava no poço nos arredores da cidade enquanto os discípulos saíram para comprar comida. Uma mulher samaritana na cidade chegou para pegar água no poço e Jesus pediu água para ela. No decorrer da conversa, Ele revelou que tinha conhecimento divino sobre a vida dela. Ela percebeu que estava na presença de um profeta, então trouxe uma pergunta que incomodava sua alma: "Nossos pais adoraram neste monte, e dizeis que é em Jerusalém o lugar onde se deve adorar" (Jo 4.20). Eis o que estava por trás daquela pergunta.

Os judeus acreditavam que Jerusalém era o lugar que Deus escolhera para encontrar com Seu povo, mas os samaritanos usavam Deuteronômio 11.29 para convencerem a si mesmos que o Monte Gerizim era o lugar correto. Dividida pelos argumentos teológicos e desesperada para encontrar Deus, o que ela realmente estava perguntando era "Qual é o lugar certo para conectar-se com Deus?" Ela queria adorar e conhecer a Deus.

Ela estava articulando um clamor mundial do coração humano. As pessoas de todo lugar têm um profundo anseio de conectar-se com Deus. É por isso que a casa do Senhor é em primeiro lugar e acima de tudo uma casa de oração (Is 56.7). É um lugar onde as pessoas podem vir e ligar-se a Deus. Se a reunião nunca se torna uma reunião de oração, podem sair estando conectadas *conosco*, mas perderão o objetivo principal – conectar-se com *Deus*.

A melhor maneira de uma equipe de adoração ajudar as pessoas a se conectarem com Deus é conectando-se elas mesmas. Quando os observadores veem que a conexão da equipe com Deus é real, encontrarão a coragem para unirem-se estes e adorarem.

Quando Jesus olhou para esta mulher, Ele sabia que ela era uma pecadora. Mas isto não O distraiu. Porque o pecado não faz Deus tropeçar. Ele sabe que somos pecadores. Jesus olhou para além de seus pecados e viu um coração desejoso e faminto. E ele respondeu à pergunta dela com ótimas notícias. "Você está querendo se conectar com Deus? Eu tenho ótimas notícias para você! Ele está ansiosamente desejando conectar-se com você!"

Bom, aqui está o que Ele disse literalmente:

Então Jesus disse-lhe: Mulher, crê-me que chegará a hora em que nem neste monte nem em Jerusalém adorarei o Pai. Vós adorais o que não conheceis; nós adoramos o que conhecemos, porque a salvação vem dos judeus. Mas virá a hora e na verdade já chegou, em que os verdadeiros adoradores adorarão ao Pai em espírito e em verdade, porque é este tipo de adoradores que o Pai procura. (João 4.21-24)

A boa nova é: o Pai é aquele que busca. Ele está ferventemente buscando conectar-se com as pessoas. Nós somos *o anseio do Seu coração* (Is 63.25). Jesus não disse que o Pai está buscando adoração, mas adoradores. Ele não está buscando formas externas de adoração, mas sinceridade interna e afeição que seja de todo o coração. Ele quer o coração – todinho.

Jesus disse que devemos adorar o Pai *em espírito e em verdade*. Vamos examinar o que quer dizer *adorar em espírito* e então *adorar em verdade*.

ADORAR EM ESPÍRITO

Ao dizer que adoramos o Pai em espírito, a primeira coisa que Jesus quis dizer foi que a adoração não está mais confinada a uma localização geográfica. Ao responder a pergunta da mulher sobre Jerusalém versus Monte Gerizim como lugar designado de oração, Jesus estava basicamente dizendo "Nenhum dos dois. A maneira de conectar-se com Deus não mais será em uma montanha específica". Jesus sabia que logo chegaria o tempo em que os sacrifícios mosaicos em Jerusalém estariam ultrapassados e a adoração ocorreria dentro do templo do Novo Testamento – o coração das pessoas (1Co 3.16). Os crentes agora adoram ao Pai a qualquer hora e qualquer lugar do mundo. Isto é incrível!

Em segundo lugar, adorar em espírito queria dizer que a adoração não é mais uma função de ritos e cerimônias mas procede diretamente do espírito humano. Debaixo do velho pacto, a adoração era uma série de cerimônias externas que não necessariamente envolviam o coração dos participantes. Através de Isaías, Deus lamentou-se, "Visto que este povo se aproxima de mim e, com a boca e os lábios, me honra, mas seu coração se afasta para longe de mim, e seu temor para comigo consiste só em mandamentos de homens" (Is 29.13). Jesus inaugurou um pacto novo e melhor, no qual a adoração não é meramente o uso de clichês, mas, sim, a expressão sincera de um coração puro. Deus não quer mais adoração cerimonial num local fixo; Ele agora deseja adoradores que adorarão em pureza de espírito. Ele quer uma adoração que seja genuína, real e de coração.

Em terceiro lugar, ao dizer que *adoramos em espírito*, Jesus quis dizer que adoramos através da ação do *Espírito Santo*. Paulo confirmou que "adoramos a Deus no Espírito" (Fp 3.3 – Almeida Revista e Atualizada). Jesus nos deu o Espírito Santo para que pudéssemos ser libertos e capacitados para a adoração. Quando adoramos, nós literalmente voamos no Espírito. Erguidos nas asas do Espírito, somos capturados pela beleza e brilho de Jesus Cristo. Adorar no Espírito é tão sublime que na verdade é agradável (Sl 16.11). As alturas a serem exploradas na adoração são tão elevadas que se estendem sobre nós como um universo autêntico aberto à nossa exploração.

ADORAR EM VERDADE

E agora, o que quer dizer *adorar em verdade*? Para começar, quer dizer que adoramos com a nossa mente. Na passagem acima de João 4, Jesus distinguiu entre adoração *ignorante* ("Vós adorais o que não conheceis" – v.22) e adoração *inteligente* ("nós adoramos o que conhecemos" – v.22). A adoração que envolve apenas o Espírito não é suficiente; pois para a adoração ser inteligente, ela tem que incluir a mente. Em outras palavras, a adoração não é apenas um sentimento flutuante, etéreo que nos varre para um estado de harmonia existencial com o universo. Pelo contrário, é algo que envolve a inteireza de nossas faculdades cerebrais. A verdadeira adoração é experimentada no nível da consciência mental. Quando mais focamos no objeto de nossa adoração – o Senhor Jesus – mais significativa nossa adoração se torna. Algumas pessoas lamentam que as letras de certas músicas exigem muita concentração mental. Talvez tenham perdido por completo o entendimento de que a adoração *tem que ser* mentalmente envolvente.

A segunda implicação óbvia de adorar em verdade é que a adoração deve acontecer através de Cristo Jesus, que é a verdade (João 14.6). Nós adoramos através da mediação de nosso grande Sumo-Sacerdote, através de quem nos aproximamos de Deus. E o objeto de nossa adoração é o próprio Cristo.

Em terceiro lugar, adorar em verdade quer dizer que adoramos com autenticidade. O oposto da adoração autêntica é a adoração hipócrita. Nós temos um exemplo e adoração hipócrita na vida do Rei Saul.

Depois de derrotar os amalequitas, Saul queria que Samuel oferecesse uma oferta queimada ao Senhor, para que eles pudessem adorar juntos na presença das pessoas. Mas Samuel não estava feliz com Saul por causa da desobediência dele e não quis ficar. Samuel disse a Saul que Deus o rejeitara como rei. Mesmo assim, Saul ainda quis que Samuel ficasse e oferecesse um sacrifício para que ele pudesse ser honrado diante dos anciãos e das pessoas. De modo relutante, Samuel voltou com Saul, ofereceu o sacrifício e "Saul adorou ao Senhor" (1Sm 15.31). Entretanto, não foi uma adoração real mas, sim, falsa, em nome do ego inseguro de Saul. Ele não estava interessado em adorar ao Senhor; ele estava interessado em manter as aparências diante das pessoas. Ele queria que as pessoas pensassem que ele tinha o favor de Samuel e de Deus também.

Antes de criticarmos Saul duramente, vamos considerar se já fomos tentados a adorar por razões hipócritas. Por exemplo, você já passou por um momento em que você estava vivendo um meio-termo com Deus e não realmente algo do coração, mas você fingia adorar porque não queria que as pessoas próximas a você percebessem seu estado indiferente? Ou houve um momento quando, percebendo que os outros estavam observando, subitamente você se fez parecer mais envolvido na adoração do que você realmente estava? Deus não está interessado na adoração que quer ficar bem na frente das outras pessoas. Ele quer a adoração que vem de um coração que é puro e *verdadeiro*.

Para explicar o que quero dizer, deixe-me esclarecer que Deus quer que estejamos diante Dele mesmo quando existe algo entre nós. Se você não está bem com Deus, seja honesto sobre isso. Aproxime-se dele e diga-

-Lhe como você está sentindo dor pelo seu pecado. Abra-se com Ele. Adorar em verdade não quer dizer que temos que ser perfeitos, mas sim que não estamos escondendo nada ou fingindo. Não é hipocrisia louvar ao Senhor apesar de sentimentos negativos ou pecados conhecidos, desde que estejamos dispostos a reconhecer estas coisas. Temos que expor tais coisas à Sua luz. De modo contrário, a adoração hipócrita tenta cobrir os assuntos escondidos montando uma fachada espiritual, enquanto nega ao Espírito Santo o acesso aos recônditos de nossos corações. Vamos decidir adorá-lo com *autenticidade*.

Finalmente, *adoração em verdade* quer dizer que adoramos a Deus através da verdade de Sua palavra, pois Sua palavra é a verdade (João 17.17). Isto quer dizer que usamos linguagem bíblica quando expressamos nosso amor por Jesus. Se adoramos a Deus com sinceridade mas não de acordo com a verdade de Sua palavra, nossa adoração é falsa. Por exemplo, milhões de pessoas sinceras adoram a Alá, o deus do Islã, mas não é uma adoração verdadeira porque Deus não se revelou nas Escrituras como o Alá de Maomé. Ele é o Deus e Pai de nosso Senhor Jesus Cristo (Rm 15.6). A sinceridade na adoração não é suficiente; temos que somar verdade à sinceridade.

Uma maneira maravilhosa de adorar em verdade é adorar com a Bíblia aberta diante de você. Quando você ler um verso, gaste um tempo para adorar ao Senhor de acordo com o contexto deste verso, falando a linguagem do verso de volta para Deus. Dos 31.103 versículos na Bíblia, muitos são um tremendo combustível para dar ignição à adoração.

Quando você adora na verdade da Palavra de Deus, a palavra torna-se carne – em você. A verdade se move da sua cabeça para o seu coração. Cada átomo do seu ser começar a alinhar-se com a verdade. A santidade torna-se mais que uma doutrina, mas também um estilo de vida. A Cristologia não é apenas uma doutrina correta sobre Cristo na sua cabeça, mas Cristo começa a se levantar dentro de você e a se manifestar através de você. O amor torna-se mais que uma virtude para você compreender, mas começa a permear através de cada poro do seu ser. Quando você adora em verdade, a verdade torna-se encarnada *em você*.

DAVI ADOROU EM VERDADE

Davi era um "cara da palavra". O que eu quero dizer é, ele adorava com as Escrituras na frente dele. Ele tinha uma prática notável: pegava sua guitarra (harpa), sentava-se diante da arca da aliança, olhava fixo para a glória de Deus, abria a Torá (a lei de Moisés era a sua Bíblia), focava nas Escrituras, começava a tocar a guitarra e então a canção começava. Quando ele cantava as Escrituras, torrentes de amor começavam a fluir e ele era levado no Espírito.

Esta foi a origem da *unção doce do salmista* Davi. A unção do salmista não era basicamente uma unção no palco, mas uma unção no lugar secreto. As canções nasciam no lugar secreto e daí tornavam-se virais.

Eu tenho uma teoria que não posso provar com um verso, mas eu acho que o livro favorito de Davi era Deuteronômio. Eis aqui o porquê. Quando você acha uma palavra em Deuteronômio e depois vai até os salmos de Davi, você acha esta palavra em todo lugar. Em Deuteronômio, o Senhor é um escudo. Vá para os salmos de Davi e verá escudo, escudo, escudo. Em Deuteronômio, o Senhor é um Rei. Vá para os salmos de Davi e verá Rei, Rei, Rei. Em Deuteronômio, o Senhor é uma rocha. Vá para os salmos de Davi e verá rocha, rocha, rocha.

"Davi, o que você está fazendo?"

Eu lhe direi o que ele está fazendo. Ele está sentado diante da Arca com uma guitarra, pegando as Escrituras e indo fundo nelas. "Você é a minha Rocha, você é a minha Rocha. Imutável. Inabalável. Minha imunidade contra a arrebentação no mar. Minha segurança na tempestade. Minha base segura. Quando as águas vierem, minha casa não será levada. Quando tudo o mais mudar, você permanecerá o mesmo. Você é minha Rocha."

Alguém disse, "Hoje teremos uma noite de adoração em nossa igreja, então acho que não preciso levar minha Bíblia comigo". Perdão, mas, sua Bíblia contém 31.103 versículos para capacitarem a sua adoração – e você vai para uma noite de adoração sem ela? Que nós estejamos tão despertados para a glória da Palavra de Deus e pela maravilhosa maneira como ela contribui para a adoração que a levemos em todos os cultos de adoração nos quais venhamos a participar. Que possamos descobrir o segredo de Davi usando a Palavra como um catalisador para a adoração.

A METÁFORA DA PIPA

Quando eu penso na adoração em espírito e em verdade, eu acho que a metáfora da pipa é bastante útil. Uma pipa quer aproveitar o poder do vento e planar nos céus. Ela se estica ansiosamente em direção às maiores alturas. Esta é a adoração em espírito. Quando você entra na adoração, o seu espírito quer voar ainda mais alto na gloriosa aventura de experimentar e expressar o amor de Cristo. O seu espírito parece reconhecer que há um firmamento celestial a explorar no amor majestoso de Cristo. Eu chamo isso de *adorar em espírito*.

Quando uma pipa está rumando para os céus, se você perceber que a linha é muito curta e largar a linha porque acha que a pipa merece ir mais longe do que a linha permite, adivinhe o que vai acontecer. A pipa entra em colapso e cai no chão. Por quê? Porque ela deveria estar presa pela linha se quisesse voar até o céu.

A ligação da pipa à terra representa a adoração em verdade. É a sua fundação na verdade que capacita o seu espírito a voar em adoração. A verdade representa um firmamento abaixo de você, que você pode explorar todos os seus dias; e o espírito representa um firmamento acima de você, que você pode explorar todos os seus dias. A adoração é a exploração gloriosa de ambos os universos. Quão fundo você consegue ir na verdade e quão alto você consegue ir no Espírito?

Há uma tendência na igreja hoje que eu acho maravilhosa: os músicos com a Bíblia aberta na frente deles. Os cantores com a Bíblia aberta na estante; os líderes de adoração liderando com a Bíblia aberta na frente deles. Eu adoro isso! Eles estão entendendo!

Quando Jesus disse, "os verdadeiros adoradores adorarão o Pai em espírito e em verdade" (Jo 4.23), Ele certamente quis dizer muita coisa com estas poucas palavras bem escolhidas! Que descrição simples e ainda assim profunda da adoração.

A SIMPLICIDADE DA ADORAÇÃO

Com tanto sendo escrito e dito a respeito da adoração hoje, pode parecer que o tópico é impressionante em sua imensidão e as possibilidades sem limites. Em nosso sincero desejo de descobrir o potencial da adoração, podemos nos achar realmente começando a nos esticarmos nesta direção. Podemos nos desgastar na tentativa de executá-la adequadamente, ou tentar exceder a intensidade do nível da semana passada. Mas quando começamos a trabalhar e nos esforçar para alcançar a adoração, nós nos enganamos completamente, porque a adoração, em sua essência, é profundamente simples.

Ela não somente é simples, mas é para os simples. É para aqueles que são suficientemente parecidos com as crianças para dar seus corações aberta, sincera e honestamente ao Senhor. A adoração não é trabalho – é realmente prazerosa, até mesmo divertida! A adoração é agradável e relaxante. A adoração deve ser renovadora, revigorante, terapêutica. Nós temos que relaxar se quisermos aproveitar a simplicidade da adoração.

Quando Jesus deu uma tremenda revelação em João 4, de que nós devemos adorar em espírito e em verdade, Ele deu uma revelação poderosa à mulher samaritana. E então, em Lucas 7, a beleza da adoração foi demonstrada por uma conhecida pecadora, que ungiu os pés de Jesus quando Ele estava na cidade dela. O fato de que o Espírito Santo escolheu duas mulheres comuns para ilustrar a beleza da adoração demonstra que a adoração não é intrincada ou complicada, mas sim simples e ao alcance de todos. Adorar é simplesmente abrir o coração para Deus e desfrutar de um relacionamento amoroso e recíproco com Ele.

Os líderes de adoração devem ser cuidadosos ao exercer pressão emocional ou coagir as pessoas à uma expressão de louvor ou adoração mais entusiasmada. Os líderes devem convidar e inspirar, mas não manipular. Alguns líderes descobriram ser muito mais eficaz relaxarem durante os cultos de adoração, ao invés de tentar "trabalhar" a multidão. É compreensível que os líderes de adoração queiram que as pessoas participem entusiasticamente e todos adoram quando um culto ruge e voa até "os altos louvores de Deus" (Sl 149.6). Mas ao invés de pressionarmos as pessoas em direção ao alto louvor, vamos confiar no Espírito Santo para capacitar e liderar.

Alguns dos momentos mais lindos na adoração é quando ela é expressada com simplicidade e serenidade. Nós podemos muito bem relaxar, nos deliciarmos por estarmos com Deus e aproveitar o nível de glória que o Espírito Santo escolhe conceder. Ao invés de lutar continuamente para ter algum "barato" eufórico, vamos aproveitar a simplicidade da adoração.

Líderes de adoração, será que precisamos de uma grande experiência espiritual nas alturas de Sião para nos fazer felizes com um determinado culto de adoração? Se a nossa realização vem da intensidade de cada culto de adoração, com certeza ficaremos frustrados. Se a adoração precisa alcançar uma certa intensidade para ficarmos em paz com nós mesmos, então tudo que fazemos é manchado com energia, preocupação e esforço carnais. Se o culto não decola de acordo com as nossas expectativas, níveis maiores de esforço poderão se converter em propaganda enganosa. Encontremos nossa alegria e paz em algo que não seja a intensidade do louvor e adoração alcançada num culto. Que a nossa paz possa ser obtida de Cristo e nossa relação duradoura com Ele, e não do sucesso relativo de um culto de adoração. Que possamos encontrar contentamento em uma expressão simples de adoração e descansar na Rocha firme, Cristo Jesus.

O PRIMEIRO MANDAMENTO EM PRIMEIRO LUGAR

Embora este livro seja direcionado basicamente à adoração congregacional, a adoração se refere à toda a nossa vida. Nosso amor pelo Senhor é expressado em e através de tudo que fazemos. Jesus quer que nosso relacionamento de amor com Ele seja a primeira prioridade de cada dia.

Uma vez perguntaram a Jesus: "Mestre, qual é o grande mandamento da lei? Jesus respondeu-lhe: Amarás o Senhor, teu Deus, de todo o coração, de toda a alma e de todo o pensamento". Depois ele adicionou esta perspectiva: "Este é o primeiro e grande mandamento. O segundo, semelhante a este, é: Amarás teu próximo como a ti mesmo" (Mt 22.36-39 – N.T.: no original estão apenas o versos 38-39, mas o texto começa em 36) Jesus quer que o nosso amor por Ele seja o primeiro em nossas vidas. Adorá-lo é nossa primeira prioridade, até mais importante que servir aos outros. O amor ao próximo vem num segundo lugar muito próximo e importante, mas ainda assim segundo. Não devemos permitir que nada usurpe ou suplante o amor a Deus como a primeira e maior coisa das nossas vidas.

Mantenha a primeira coisa em primeiro lugar. Quando nosso amor a Deus receber a nossa melhor e maior atenção, então funcionaremos na plenitude espiritual necessária para executar o segundo mandamento. Quando nossas prioridades tornam-se invertidas e começamos e dar mais ênfase em amar os outros do que amar a Deus, estaremos fadados ao esgotamento. A única maneira de permanecer apaixonado e sincero é continuar voltando ao primeiro amor (Ap 2.4).

O Espírito Santo é profundamente comprometido em manter o primeiro mandamento em primeiro lugar em nossas vidas. Quando estamos diante de Deus em adoração, encontramos nossa identidade verdadeira. *Eu não sou basicamente um trabalhador de Deus; eu sou em primeiro lugar e acima de tudo uma pessoa que ama a Deus.* A adoração estabelece em nós a verdadeira identidade diante do trono. Nós não somos predominantemente uma força de trabalho para Jesus, nós somos uma noiva. Para alguns, o Espírito Santo está nos visitando e virando de cabeça para baixo a mesa das nossas prioridades. Ele nos quer estabelecidos em nossas identidades principais como pessoas que amam a Deus. Quando Ele tiver terminado em nossas vidas, seremos aqueles que amam e trabalham e não trabalhadores que amam.

Sei por experiência o que é colocar o segundo mandamento em primeiro lugar. Quando o Senhor me corrigiu, Ele disse: "Bob, você vem até a mim como um posto de gasolina". Veja bem, eu considero um posto de gasolina um mal necessário. Eu não gosto de encher o tanque; eu gosto de dirigir. Mas eu sei que para isso, preciso primeiro encher o tanque. O Senhor estava dizendo: "Bob, você me adora para encher o seu tanque. Você não vem a mim porque eu sou o primeiro amor do seu coração. Você vem a mim para ser recarregado, para que possa buscar o primeiro amor da sua vida". Entenda, o meu primeiro amor era o ministério. Eu amava dirigir! Eu queria ver almas sendo salvas; eu queria ganhar minha cidade para Cristo; eu queria mudar o mundo; eu era mais motivado pelo que eu fazia para Deus do que em ser para Ele. Eu afirmava "Todas as minhas fontes estão em Ti" (Sl 87.7), mas na verdade o que me sustentava mais era a satisfação das realizações do ministério. O Senhor me ajudou a ver que o segundo mandamento tinha subido ao primeiro lugar no meu coração.

Entender isso foi muito doloroso para mim. Eu caí diante Dele e chorei. "Senhor, eu sinto muito. Não é assim que eu queria ser. Eu não quero ter um relacionamento de posto de gasolina com o Senhor. Eu quero que seja por amor. Eu quero que o Senhor seja o grande amor da minha vida."

Eu senti que o Senhor respondeu: "Sim, filho, eu sei que é isso que você quer. E é por isso que eu estou revelando seu coração. Eu atraí você para o deserto (Os 2.14) e lá eu despertarei você para um relacionamento de amor mais profundo do que você jamais conheceu."

Para corrigir o meu coração, o Senhor simplesmente removeu meu ministério. Eu agonizei. Eu chorava "Senhor, por que isto dói tanto? O Senhor não removeu a Sua presença da minha vida. Tudo o que o Senhor fez foi remover o meu ministério. Será que era para doer tanto?" Eu comecei a ver como servir ao Senhor tinha se tornado a fonte da minha alma. Ele estava me convidando a retornar à simplicidade de me deleitar apenas em estar com Ele.

Eu estava sendo restaurado em culto e adoração.

Ele queria que eu me tornasse viciado no vinho do Seu amor (Ct 1.2), ao invés do vinho do ministério. O ministério pode ser intoxicante. Quando Deus usar você para fortalecer Sua noiva, você pode sentir uma excitação. A face da noiva se ilumina com a glória do Senhor e você sente a recompensa de observar Deus honrar sua obediência e trabalho. Mas o vinho do ministério não fortalece sua devoção a Cristo, ele sobe à sua cabeça e distorce o seu pensamento. Pode fazer com que você se sinta forte, poderoso, invencível.

Então o Senhor vem a nós, como Ele fez com os efésios, que foram tão bem-sucedidos no ministério e Ele diz "tenho contra ti que deixaste o teu primeiro amor" (Ap 2.4). Ele quer que sejamos pessoas de uma só coisa: a busca apaixonada de Sua face.

Davi disse: "Uma coisa pedi ao Senhor e a buscarei: que possa morar na casa do Senhor todos os dias da minha vida, para contemplar a formosura do Senhor e aprender no seu templo" (Sl 27.4). Davi buscou apenas *uma coisa* – a face de Deus. Paulo disse "mas uma coisa faço" – que era a busca da "soberana vocação de Deus em Cristo Jesus" (Fp 3.13-14); Maria de Betânia descobriu que "uma coisa é necessária" e Jesus acrescentou que ela havia escolhido "a boa parte, que não lhe será tirada" (Lc 10.42). Há apenas uma coisa que é realmente necessária, que é sentar amorosamente aos pés de Jesus e ouvir Suas palavras. É o primeiro mandamento em primeiro lugar, a busca de um relacionamento amoroso com nosso Noivo deslumbrante.

Alguém pode ficar preocupado que muita ênfase sobre a adoração possa transformar a igreja em um clube encravado que só diz "me abençoe", como se a ênfase na adoração fizesse com que a igreja negligenciasse o alcance evangelístico. Nada está mais longe da verdade. A verdadeira adoração deve nos despertar para os campos maduros ao nosso redor. A adoração expande nossa perspectiva, muda o nosso foco de nós mesmos para Deus e captura a Sua paixão pelos perdidos. Os verdadeiros adoradores carregam um zelo pela colheita – motivados por uma afeição feroz pela face de Jesus.

CAPÍTULO CINCO

TORNANDO-SE UM ADORADOR

Jesus nos disse que o Pai estava procurando por adoradores (Jo 4.23). E qual seria o motivo? Por que Ele ama tanto o coração quanto o sacrifício dos adoradores. O estilo de vida deles ergue um aroma perfumado diante de Deus. Este é motivo por que os crentes estão em uma busca interior silenciosa para serem verdadeiros adoradores. Nós queremos tocar e mover o coração de Deus.

E o que significa tornar-se um adorador? Há uma pessoa na Bíblia cujo exemplo me inspira particularmente: a mulher pecadora em Lucas 7.36-50, que ungiu os pés de Jesus. Vamos ler a história novamente e considerar como esta mulher demonstrou o coração de uma verdadeira adoradora.

> Um dos fariseus rogou-lhe que comesse com ele; e, entrando na casa do fariseu, assentou-se à mesa. Eis que uma mulher da cidade, uma pecadora, sabendo que ele estava à mesa, na casa do fariseu, levou um vaso de alabastro com unguento. Estando por detrás, aos seus pés,

chorando, começou a regar-lhe os pés com lágrimas e os enxugava com os cabelos da sua cabeça; e beijava-lhe os pés e os ungia com o unguento.

Quando o fariseu que o tinha convidado viu isto, disse consigo mesmo: Se ele fosse profeta, bem saberia quem e qual é a mulher que o tocou, porque é pecadora.

Jesus respondeu-lhe: Simão, tenho algo a te dizer.

Ele disse: Dize-o, Mestre.

Certo credor tinha dois devedores; um devia-lhe quinhentos dinheiros, e outro, cinquenta.

Não tendo eles com que pagar, perdoou-lhes a ambos a dívida. Dize, pois, qual deles o amará mais?

Simão respondeu: Tenho para mim que é aquele a quem mais perdoou. Jesus lhe disse: Julgaste bem.

Voltando-se, então, para a mulher, disse a Simão: Vês esta mulher? Entrei em tua casa e não me deste água para os pés, mas esta regou-me os pés com lágrimas e enxugou-os com os cabelos.

Não me deste ósculo, mas esta, desde que entrou, não tem cessado de me beijar os pés. Não me ungiste a cabeça com óleo, mas esta ungiu-me os pés com unguento. Por isso, te digo que seus muitos pecados lhe são perdoados, porque muito amou; mas aquele a quem pouco é perdoado, pouco ama.

Então disse à mulher: Teus pecados estão perdoados. Os que estavam à mesa começaram a dizer entre si: Quem é este, que até perdoa pecados?

Mas Jesus disse à mulher: Tua fé te salvou; vai em paz.

ADORADORES SÃO DOADORES

Usando esta mulher como exemplo, vamos ver quais são algumas das qualidades dos adoradores. A primeira lição que vejo em sua extravagância é que, adoradores são doadores.

Esta mulher derramou sobre Jesus um perfume valioso. Não sabemos o quão valioso este óleo pode ter sido. O valor do "caríssimo óleo de nardo" que Maria derramou sobre Jesus em Betânia, era de aproximadamente um ano de salário (Marcos 14.3-5). Isso era um acontecimento diferente. Teria o óleo perfumado da mulher pecadora o mesmo valor? Isso não fica claro. Mas, se fosse, isso representaria as economias de sua vida. O que parece realmente claro é que este óleo perfumado tinha muito mais valor do que um simples frasco de óleo de oliva. Ao derramar este óleo sobre Jesus, ela estava fazendo um importante sacrifício.

Este frasco provavelmente não era como os de nossos perfumes de hoje. Nossos vidros de perfume têm válvulas de spray que liberam apenas uma pequena quantidade de líquido de cada vez; ou podemos desenroscar a tampa, [abrir] e colocar um pouco de perfume aqui e ali. Mas o vaso ou frasco daquela mulher era feito de cerâmica ou barro. Ele não tinha uma tampa de rosca. A maneira mais provável para pegar o conteúdo era quebrar o vaso. Uma vez quebrado todo o conteúdo precisaria ser usado de uma só vez. Ao trazer este perfume para Jesus, ela percebeu que não havia jeito de dar apenas uma parte: era tudo ou nada. Dessa maneira, sua oferta tornou-se extravagante, até mesmo um desperdício. Mas ela o fez sem nenhuma hesitação apesar do custo. Na verdade, o valor fez tudo ainda mais perfeito para ela. O amor direcionou o seu coração nesta belíssima expressão de afeição e generosidade.

Para alguns observadores, as expressões de generosidade na adoração podem parecer desperdício. Mas, de certo modo, existe algo de esbanjamento a respeito de toda a nossa vida. Todos nós temos uma chance – vamos esbanjar nossa vida conosco ou com Jesus?

As Escrituras nos encorajam a levar uma oferta quando vamos adorar ao Senhor. O Salmo 96.6-8 exorta: "Dai ao Senhor a glória devida ao seu nome; trazei oferenda e entrai nos seus átrios. Adorai ao Senhor na beleza da sua santidade". No sistema de sacrifícios do Antigo Testamento, os adoradores tinham a obrigação de trazer um animal para sacrifício (tal como uma ovelha, uma cabra, ou pomba). Eles não apareciam diante de Deus sem uma oferta. "Ninguém se apresentará a mim de mãos vazias" (Êx 23.15 – NVI). Adoradores preparam uma oferta quando vão a um culto de adoração, pois adoradores sempre desejam dar. Uma vez, ouvi Jack Hayford dizer que nunca permitia que a sacola de ofertas passasse por ele sem que colocasse alguma coisa dentro. Inspirado por seu exemplo, sempre tento estar pronto para dar *alguma coisa* quando estou em uma reunião onde uma oferta é recolhida. A quantia nem sempre é importante, e sim o desejo de participar do exercício coletivo de trazer uma oferta.

Quando nos tornamos adoradores liberais, dizimar deixa de ser uma prática difícil. Passa a ser nossa alegria. E ofertas além dos dízimos se tornam um privilégio prazeroso. Isso por que adoradores são doadores.

Doar financeiramente ao reino de Deus é parte integral da nossa adoração. A forma como a liturgia de algumas igrejas se desenvolveu, faz com que o momento do ofertório pareça desconectado do culto de adoração. Em algumas igrejas, nós adoramos, depois ouvimos os anúncios da semana, depois temos as ofertas e então o sermão. Separar o ofertório do culto de adoração é – na minha opinião, uma infelicidade. A dignidade e a honra de ofertar ao Senhor do suor do nosso rosto deveria ser intencionalmente projetada como uma parte integrante da adoração. Portanto, eu sugiro que os líderes das igrejas procurem maneiras de fazer com que a doação dos dízimos e ofertas seja uma parte vital dos cultos de adoração.

Existem formas de ajudar a nossa doação ser mais sincera e fazê--la diferente de tempos em tempos. São os recepcionistas que passam as sacolas? Então convide aos crentes para levarem suas ofertas à frente em algum domingo. As pessoas normalmente colocam [os dízimos] em caixas de ofertas localizadas na parte de trás do santuário? Faça algo diferente em algum momento e receba as ofertas de forma diferente. Por exemplo, durante uma música, as famílias podem ser convidadas irem juntas e até mesmo a ajoelharem e colocarem suas ofertas no altar. Diferentes métodos podem nos impactar e nos tirar da rotina, renovando nossa autenticidade em doar.

Deixe-me sugerir uma outra forma criativa de tornar o ofertar e uma atitude de adoração. Encoraje a igreja, talvez em um domingo específico, a trazer sua oferta em dinheiro. Papel moeda. Moeda corrente. Algo acontece interiormente quando ofertamos o dinheiro atual. Pode ser apenas psicológico, mas quando damos dinheiro vivo, parece que é mais real. Quando preenchemos um cheque ou usamos cartão, não parece tão concreto. Por alguma razão, parece mais fácil pagar cem reais com um cartão de crédito do que separar cinco notas de vinte. (As empresas de cartões de crédito estão muito atentas a isso e sempre estimulam mais as vendas com cartão acima das em dinheiro). Ofertar em dinheiro parece deixar o coração mais envolvido. Compreendendo esta dinâmica, você pode planejar um culto no qual os adoradores sejam convidados a ofertar em dinheiro como uma forma específica de adorar ao Senhor.

ADORADORES SÃO APAIXONADOS

Quando aquela mulher veio até à presença de Jesus, ela estava chorando. O que quer que estivesse acontecendo no seu coração, ela sentia isso profundamente. As lágrimas e o derramar do óleo refletiam seu arrependimento sincero, sua afeição e sua gratidão. Atores ou atrizes de um filme talvez saibam como chorar no set de gravação enquanto as câmeras estão gravando. As lágrimas dessa mulher, contudo, não eram [uma atuação] elaborada. Elas revelavam um coração sincero e aberto.

Quando escrevi a primeira edição deste livro em 1986, disse o seguinte: "Eu confesso que, sendo homem, acho muito difícil chorar. Poucas são as vezes em que choro diante de Deus. E isso me preocupa, por isso perguntei: 'Senhor, o meu coração [está] muito duro diante de Ti? Quero ser manso e suave em Sua presença!' Os momentos da adoração que têm sido mais importantes para mim, são os momentos em que choro diante de Deus. Quebrantamento e lágrimas são elementos verdadeiramente [pertencentes] a adoração".

Agora, trinta anos depois, sou uma pessoa profundamente diferente. O Senhor usou circunstâncias esmagadoras da vida para quebrar a força da minha juventude, e neste processo me transformou em um chorão. Eu constatei que Ele respondeu o choro que eu enunciei neste livro há mais de trinta anos atrás. Mais do que nunca, eu aprecio a beleza e o significado das lágrimas na adoração. Não desista até que você chore enquanto medita na palavra de Deus. Fique satisfeito apenas com um coração manso e suave que é tocado profundamente pelo desejo da plenitude de Cristo.

Vemos também que esta mulher beijou os pés de Jesus. Esta é uma forma autêntica de expressar adoração, para os gregos a palavra adoração – proskuneo – significa *beijar a mão com respeito; fazer reverência ou homenagem beijando a mão; curvar-se em adoração*. Acredita-se que a variação da [palavra] *proskuneo* vem da palavra grega para cachorro. Consequentemente, o significado original seria *beijar, assim como um cachorro lambendo a mão do seu mestre*. Quando descobri isso fiquei, de certa forma, enojado com essa ideia. Eu perguntei: "Senhor, sou como um cachorro diante de Ti? É isso que eu significo?" Contudo, o Senhor começou a destacar algumas belas lições através da etimologia desta palavra.

Embora sempre tenha sido um apaixonado por cães, fui dono de um cachorro apenas por alguns poucos anos quando era criança. Entre as minhas lembranças prediletas a respeito do *Buster*, estão as vezes em que voltávamos pra casa e éramos saudados por ele na porta de casa. Do lado de fora, podíamos ouvir sua cauda batendo contra a parede e suas patas arranhando a porta. E quando entrávamos ele vinha para cima de nós: pulando, lambendo, brincando, empurrando, rodopiando – você pensaria que ele não nos via há semanas! À medida em que eu me lembrava dessas boas vindas dignas de um rei, o Senhor sussurrou ao meu coração: "Quão entusiasmado você fica em relação a estar mais uma vez Comigo, quando você entra na Minha casa?" Compreendi, então, que este aspecto da natureza canina deve marcar os verdadeiros adoradores.

Qualquer pessoa que já teve um cachorro sabe o que é estar sentado, talvez lendo, e levantar os olhos e ver o cachorro ali deitado, encarando [você]. "O que você está olhando, seu bobalhão?" E ele parece responder de volta com os olhos: "Seu bobo, você sabe o que eu quero". Finalmente, cansado de ser escrutinado, o dono do cachorro pergunta: "Você quer ir lá fora?" Pam, pam, pam [a cauda abanando e batendo no chão]: era isso que eu estava esperando!

De forma semelhante, existe para nós, um elemento de espera na adoração – simplesmente contemplar ao Senhor! Adoração não é uma bate papo incessante. Às vezes é descansar tranquilamente em Sua presença, esperando para ouvir Sua voz. Quando você tem um relacionamento próximo com alguém, a comunicação às vezes pode acontecer sem palavras. Um olhar pode dizer coisas que as palavras não podem. Use o tempo para olhar para Deus. Desse modo, quando Ele se mover nós estaremos atentos.

Em seguida, há o tempo em que o cachorro vem para se sentar ao lado da cadeira [do seu dono]. Mas ele não está satisfeito em ficar sentado próximo: ele tem que se jogar diretamente em cima dos pés do seu mestre. Os cães desejam a intimidade do contato físico. Nós desejamos o mesmo tipo de proximidade com o nosso Deus. Queremos nos aproximar do seu coração em adoração e descansar em seus braços.

ADORADORES NÃO SÃO ENVERGONHADOS

Aquela mulher estava tão arrebatada pela presença de Jesus, que ela não permitiria que a percepção dos outros a impedisse. Ela deu a si mesma em adoração ao Senhor, sabendo que talvez houvesse um mal-entendido em relação à sua coragem e devoção.

Visto que [o livro de] Lucas descreveu esta mulher como *pecadora*, alguns podem supor que ela era uma prostituta. Quando ela lavou os pés de Jesus, soltou o cabelo – na época, uma atitude comum para uma prostituta. Os discípulos não tinham dúvidas ao imaginar o que aconteceria a seguir. Ela "daria em cima" de Jesus? A princípio, quando ela entrou na sala, todos fingiram não notar. Mas quando que ela soltou o cabelo, todos estavam espiando nervosamente seu jeito.

Adoradores não podem passar despercebidos. Suas extravagâncias atraem atenção. Esta é uma razão porque alguns são excessivamente contidos em sua adoração – o medo do que os outros podem pensar deles se realmente mostrarem seus sentimentos por Jesus. A observação atenta tem um efeito positivo – mas também um efeito negativo na adoração. É o que afasta muitos da benção de abrir seus corações para o Senhor. Algumas pessoas poderiam dizer: "Ah, sim... É só a Joanie fazendo aquele lance dela". Outros poderiam balançar suas cabeças e pensar: "Esquisito, hein?" Contudo, a reprovação às vezes é parte do custo de ser um adorador.

Obviamente, esta mulher não está seguindo as formas convencionais de adoração. Não há menção nos salmos de se derramar perfumes nos pés do nosso Senhor. Chorar, beijar e cabelos – Davi realmente não deixou nenhuma instrução a respeito dessas coisas. Apenas por que uma expressão de adoração pareça ser única ou excessiva, não significa que seja inválida ou fora de ordem. Quando os sentimentos são demonstrados, o amor não se limita a regras ou protocolos.

Ela havia tentado preencher sua necessidade de amor com os homens, mas agora ela havia encontrado alguém que amava a sua alma. Então, por que não dar a Ele seu amor irrestrito? A adoração tende à extravagância.

Outra percepção a respeito da adoração pode ser vista no pensamento depreciativo de Simão: "Se ele fosse profeta, bem saberia quem e qual é a mulher que o tocou, porque é pecadora" (Lucas 7.39). Os adoradores são, por vezes, pessoas polêmicas. Alguns podem dar apoio, enquanto outros podem ser críticos.

Davi foi criticado por Mical, por exemplo, quando dançou diante da arca do Senhor com toda sua força. Mical era filha do rei Saul e ela desprezava a ideia de que um rei poderia se comportar de uma maneira tão indigna da presença do povo. Por isso ela zombou dele: "Como o rei de Israel se destacou hoje, tirando o manto na frente das escravas de seus servos, como um homem vulgar!" (2Sm 6.20 – NVI). Todavia, Mical pagou caro por seu cinismo. Como resultado, ela nunca foi curada de sua esterilidade. Sua história carrega uma advertência: se nos tornamos críticos com atos genuínos de adoração, podemos nos arriscar a uma esterilidade espiritual.

Alguma coisa murcha dentro [de nós] quando desprezamos outro adorador.

Mas a adoração é polêmica. Cada um parece ter seu próprio estilo musical e suas preferências pessoais. As igrejas têm discordado sobre estilos e preferências. Congregações têm caído em aridez espiritual por que têm resistido a expressões autênticas da verdadeira adoração.

A mulher pecadora da nossa passagem [bíblica] não parecia estar agradando a ninguém à sua volta, mas o seu sacrifício estava agradando a Jesus. Às vezes somos obrigados a escolher entre agradar os homens ou a Deus. Ela estava disposta a suportar a censura dos outros com a finalidade de dar seu amor a Jesus.

A princípio, Jesus pareceu ignorar esta mulher. A presença dela era tão óbvia que todos estavam um pouco nervosos, esperando para ver qual seria a reação de Jesus. Fico imaginando o que os discípulos estavam pensando: *Por que Jesus está agindo como se não a estivesse vendo? Por que Ele não faz alguma coisa? Esta mulher está obviamente se comportando inadequadamente. Por que Ele não a repreende? Por que Ele está permitindo que isso ainda continue?* Finalmente, Lucas nos diz que Jesus se virou [em direção] à mulher. *Até que enfim! Jesus agora vai corrigir toda essa situação!* Mas ao invés de repreendê-la, Jesus a apoiou. Provavelmente, todos ficaram atordoados [com essa atitude]. Mas, se você parar para pensar é reconfortante entender que como Jesus respondeu a adoração sincera daquela mulher. Ele a aceitou apenas por quem ela era, e Ele fará o mesmo por nós. Embora outros possam ser céticos, Ele está ansioso para receber nosso amor sincero e nossa devoção.

Jesus nunca despreza o amor sincero.

ADORADORES SÃO COMO CRIANÇAS

Como fariseu, Simão deveria ser versado em louvor. Ele deveria ter estudado [sobre] Davi, os Salmos e a longa história de adoração dos hebreus. Seu domínio sobre este tema teria ultrapassado de longe [o conhecimento da] a mulher pecadora. Na verdade, se você fosse o anfitrião de um workshop sobre adoração, talvez desejasse alguém como Simão para ensinar. Ele possuía uma teologia coerente, ortodoxa e clara sobre adoração. Ele poderia até ter escrito manuscritos sobre o assunto. Porém, quando chegou a hora de verdadeiramente honrar ao Senhor, o coração dele estava distante e vazio. A mulher pecadora que não sabia praticamente nada de como interpretar textos bíblicos sobre adoração, demonstrou na presença do nobre fariseu, como era a verdadeira adoração; pois tinha um coração cheio de gratidão.

Adoração é mais do que teologia. É uma clara demonstração de amor.

A simplicidade desta mulher e sua atitude [de adoração quase] infantil foram uma lição não apenas para o fariseu, mas também para os discípulos. Os discípulos sentavam-se aos pés de Jesus, portanto eles provavelmente tinham um conhecimento considerável sobre adoração. Mas essa [situação] transformou uma mulher pecadora – alguém ignorante sobre adoração – em exemplo de adoração para os discípulos.

Quanto mais andamos com Jesus e amadurecemos em nossa fé, mais nos inclinamos a ser como os discípulos – enfadonhos, acomodados e sufocantes na adoração. [Será que] de alguma maneira pensamos que deixamos para trás a adoração? É normal esperar que quanto mais nós estejamos na fé, mais reservada nossa adoração se torna? Eu acredito que a resposta seja *não*.

Até mesmo anciãos podem ser como crianças. Quanto mais nós conhecemos Jesus, mais sincera e extravagante torna-se a nossa adoração. A adoração é o domínio dos anciãos. Salmo 107.32 diz: "Exaltem-no na congregação do povo e glorifiquem-no na assembleia dos anciãos". Além disso, veja os anciãos do livro de Apocalipse. Eles se prostravam repetidamente diante do trono de Deus (Ap 4.9-11; 5.8,4; 11.16; 19.4). Os anciãos em volta do trono estão entre os principais exemplos de adoração diante do Cordeiro.

Os discípulos deveriam ter sido o exemplo de adoração desta história, mas ao invés disso, um exemplo foi mostrado a eles. Alguns dos anciãos em nossas igrejas ainda continuam recebendo exemplos através dos mais simples entre nós, do que realmente significa adorar a Jesus. Conforme lemos estas palavras, vamos tomar a decisão em nossos corações de que, à medida que amadurecemos em nosso conhecimento de Cristo, também cresçamos na simplicidade da nossa adoração. Os anciãos vão mais lentamente em seus corpos, mas não em seus espíritos. E mesmo [quando] nossos dias de anciãos [chegarem], que nós sejamos o [tipo de] adorador que lidera outros através do exemplo.

Que eu nunca me torne tão maduro como crente que perca meu entusiasmo e zelo pela glória do Seu nome!

ADORADORES SÃO CARREGADORES

Adoradores são carregadores do perfume de Cristo. Após aquela unção, o perfume que estava em Jesus, estava também na mulher. Quando ela deixou a companhia de Jesus, ela continuou a carregar o Seu perfume.

O cenário que estou prestes a descrever não está registrado na Bíblia, então provavelmente não aconteceu. Porém, minha santificada imaginação se pergunta se algo assim poderia ter acontecido. Mais tarde, naquele dia, eu imagino Pedro andando pelas ruas da cidade e procurando por Jesus. De repente, ele detecta um cheiro familiar. Ele reconhece como sendo o perfume que a mulher havia derramado sobre Jesus, mais cedo naquele mesmo dia. *Jesus devia estar por perto!* Pedro corre e dobra a esquina, esperando encontrar Jesus. Mas Ele não está lá. Ao invés disso, ele vê a mulher que ungiu Jesus. Já se passaram horas e ela ainda estava carregando o perfume de Jesus com ela.

O mesmo acontece com os adoradores hoje. Quando damos nossos corações ao Senhor em adoração extravagante, carregamos conosco a essência de Cristo. Esta é a glória dos adoradores. Carregamos o perfume de Cristo onde quer vamos (2Co 2.14-16).

Os outros reconhecem que estivemos com Jesus.

ADORAÇÃO PRECEDE O PERDÃO

Vimos o exemplo desta mulher de que adoradores são doadores, são apaixonados, não se envergonham, são como crianças e carregam Sua presença. Agora, eu quero usar a história dela para mostrar que falhas pessoais não são obstáculo para a verdadeira adoração.

Jesus disse à mulher pecadora: "Teus pecados estão perdoados". Quero destacar que Ele falou estas palavras *após* ela ter adorado. Primeiro ela adorou; e então ela foi perdoada. Eu estou destacando a sequência. A adoração veio primeiro, a purificação a seguir. Jesus não exigiu que ela estivesse total e perfeitamente purificada antes de ter adorado. Ele a recebeu na condição em que ela estava.

Jesus ainda nos recebe da mesma forma. Não temos que ser perfeitos antes de nos chegarmos perto d'Ele. Por causa da cruz, o pai agora recebe todos os Seus filhos em Sua presença mesmo quando estamos necessitados de purificação. A purificação acontece em Sua presença.

O acusador não quer que nós acreditemos nisso. Ele quer que pensemos que nossos pecados e nossas falhas nos fazem indignos de nos achegarmos a Deus. Mas ele não é a única voz desencorajadora que ouvimos: também ouvimos a voz da nossa consciência. Às vezes, o nosso coração nos condena (1Jo 3.20-21). Somos especialistas em auto reprovação. Jesus nos chamou para sermos perfeitos como nosso Pai do céu (Mt 5.48), mas sempre nos sentimos muito inadequados. Nossa consciência nos condena. As vozes do acusador e da nossa consciência às vezes são tão altas que nos tornam hesitantes e duvidosos em nossa aproximação de Deus. O inimigo tem uma única pauta ao acusar-nos: ele quer que nos sintamos tão indignos a ponto de evitarmos a presença de Deus. Se ele for bem-sucedido, o pecado encontrará um ponto de apoio ainda maior em nossas vidas e a escuridão em nossos corações se tornará mais forte.

A mulher pecadora da nossa história moldou o caminho [dali em] diante. Quando existe pecado em nossa vida, a solução é encontrada à medida que nos aproximamos de Deus. Nós recebemos a aspersão do sangue de Cristo como descrito em Hebreus 10.22. Nós nos aproximamos em devoção e adoração, Ele perdoa e nos purifica; e então Sua graça nos capacita a vencer.

Algumas vez nos purificamos e depois adoramos. E outras vezes, como aquela mulher, adoramos e depois somos purificados. A ordem não é o principal. A questão é que nos aproximamos, derramamos nosso amor, recebemos Sua purificação e vivemos seguramente em seu abraço. Quando adoramos intimamente [o Senhor] ganhamos força para vencer o pecado. Satanás nos acusa por que ele não quer que acessemos nossa fonte de poder invencível.

NENHUMA CONDENAÇÃO

Quando procuramos nos aproximar de Deus, algumas vezes lutamos para distinguir entre o que é convencimento [do pecado] e o que é condenação. Deixe-me tentar ajudar.

Deus traz o convencimento, mas Ele nunca condena. Convencimento e condenação são dois polos à parte. O convencimento do pecado leva ao arrependimento, a condenação ao desespero. O convencimento culmina na vitória sobre o pecado, e condenação culmina em uma derrota abjeta. E aqui está a maior diferença de todas: o convencimento do pecado nos leva em direção a Deus, [enquanto] a condenação nos arrasta para longe d'Ele. Se o impulso que você está sentindo faz com que saia de perto de Deus intimidado, isso é condenação. E Deus nunca condena. O próprio Jesus disse: "Pois Deus enviou seu Filho ao mundo não para que condenasse o mundo, mas para que o mundo fosse salvo por ele" (Jo 3.17; ver também João 8.11). "Portanto, nenhuma condenação há para os que estão em Cristo Jesus, que não andam segundo a carne, mas segundo o Espírito" (Rm 8.1). *Condenação* refere-se à separação eterna de Deus. Antes de Cristo, nós estávamos condenados à separação eterna de Deus. Mas, através da fé em Jesus (Rm 3.21-22), a condenação do pecado é revogada eternamente e somos bem-vindos no seu abraço.

Para ficar bem claro, Satanás ainda nos *acusa*. E o Espírito Santo nos *convence*. Porém, não há mais *condenação*. Fomos eternamente salvos da condenação do inferno.

Com o choro [da nova] filiação agora concedida a nós pelo Espírito Santo, corajosamente nos aproximamos de Deus. Ninguém pode impedir que nos acheguemos ao nosso Pai – nem mesmo nossas falhas, pecados e fraquezas. O sangue de Jesus sobre nossa consciência silencia o acusador (Hb 10.22; Ap 12.10-11), e nos aproximamos para adorar a Deus na beleza da [sua] santidade.

Nós nunca nos aproximamos de Deus por nos sentirmos dignos. Mesmo em nossa melhor semana, ainda somos indignos em nós mesmos de nos aproximarmos de Deus. O único fundamento para nos aproximarmos em adoração é o sangue de Cristo e a justiça de Deus pela fé. Agora, nós somos filhos de Deus. E agora somos guiados pelo Espírito [Santo] (Rm 8.14). E o Espírito nos leva ousadamente direto à sala do trono dos céus.

Se você luta com um pecado recorrente, a resposta não está em afastar-se de Deus e tentar resolver [sozinho]. A resposta está em aproximar-se e receber Sua graça fortalecedora. A glória de Sua presença afeta nossa pecaminosidade como a radiação afeta o câncer. Conforme adoramos em Sua presença, o poder do pecado em nossas vidas é quebrado e ganhamos a graça para vencer.

Você está lutando com o pecado? Então adore! Nós descobrimos este segredo com a mulher pecadora. [Este] é um segredo que o inimigo tenta esconder ferozmente de nós.

Jesus nunca nos diz: "Espere um minuto. Há um pecado em sua vida. Não tente se aproximar e Me amar nestas condições". Pelo contrário, o que ele diz é: "Chegue mais perto. Descanse em Mim. Vamos conversar". O único momento em que é inapropriado adorar a Deus tendo pecado em sua vida, é quando você não tem intenção de mudar. Contudo se você está resistindo ao pecado e buscando a graça de [Deus] para mudar, aproxime-se confiante. É o seu primeiro passo para a vitória.

Deus odeia o nosso pecado. Mas aqui está uma boa notícia: o pecado não sobrevive na presença de Deus. É exatamente por isso que quando precisamos nos purificar, temos que nos refugiar em sua presença. É lá que recebemos cura, purificação, santidade e pureza. Esta é a mensagem de Charles Wesley na letra deste hino[6]:

> Meu divino protetor
> Quero em Ti me refugiar;
> Pois as ondas de terror
> Ameaçam me tragar!
>
> Graça imensa em Ti se achou
> Para tudo perdoar;
> (...) Confortar minha alma vem;
> Queiras sempre me valer.

OUTROS OBSTÁCULOS PARA ADORAÇÃO

[Agora] está ficando mais claro. O pecado não pode nos impedir de adorar por que Deus fez um caminho. Mas a acusação não é a única coisa que tenta nos impedir. Deixe-me listar alguns outros obstáculos para a adoração. Minha esperança é que trazendo luz sobre estes obstáculos, você esteja apto a vencê-los e se aproximar [de Deus].

Outro impedimento para adorar é o *orgulho*. O orgulho é possivelmente o maior dos obstáculos para adorar. O orgulho poderia ter impedido a mulher pecadora de nossa história de adorar a Jesus, mas ao invés disso, ela se prostrou diante d'Ele. O orgulho tem arruinado mais cultos de adoração do que todas as forças do inferno juntas. O orgulho prefere uma adoração conservadora, de pouca intensidade e que protege o nosso ego. O orgulho nos impede de erguer nossas vozes na congregação. Também nos rouba a alegria de dançar ou levantar as mãos ou curvar-nos em Sua presença. O orgulho nos encarcera em uma prisão autoconsciente de servidão espiritual. O orgulho diz coisas do tipo: "Bom, esse só não é o meu jeito de louvar a Deus".

A adoração e o orgulho estão sempre em conflito. Ambos não podem florescer ao mesmo tempo. A adoração mata implicitamente o orgulho com seu auto rebaixamento e com sua humildade. A sofisticação sufocante

---

6   N.T.: Partes da primeira e da última estrofe do Hino 326 do Cantor Cristão, escrito por Charles Wesley no século XVIII.

tem que ir [embora]. A adoração ansiosamente se humilha para que Deus possa ser exaltado.

Davi tinha uma maneira única de falar de sua glória. Ele escreveu, por exemplo, "Cantarei e louvarei, ó Glória minha!" (Sl 108.1 – NVI). Com o termo glória minha, ele quer dizer a reputação e status que ele ganhou como rei de Israel. Suas conquistas militares fizeram dele o maior líder mundial do seu tempo. Ele desfrutou de prestígio, honra, riquezas e influência sem paralelo. Quando era o momento de adorar, como o mais condecorado rei da Terra se comportaria? Ele nos mostrou no versículo acima. E mais uma vez: "Cantarei e louvarei, ó Glória minha!" Eis o que ele quis dizer.

Davi podia reunir sua glória – todo o esplendor do que ele havia feito e acumulado – e derramar tudo isso diante do Senhor. Ele se diminuiu tanto quanto possível. Adorar era uma oportunidade de exaltar a Deus através de humilhação. Nós podemos fazer o mesmo. Podemos reunir toda a glória de nossas realizações, nos colocarmos de pé, eretos e então dispensarmos tudo isso e nos prostrarmos ante a gloriosa majestade de Deus. Os adoradores amam acumular grandes honras por que isso dá a eles ainda mais para lançar aos pés do Mestre.

A *pressão social* é prima do orgulho, e também pode impedir o nosso louvor. O que quero dizer quando falo de pressão social é aquela nossa tendência natural de ficar preocupados como parecemos aos olhos dos outros [que estão] à nossa volta. Eu quero parecer legal e honrado aos olhos dos outros. O desejo de aprovação pode nos impedir de nos entregarmos sinceramente, em adoração, a Jesus. Alguém disse certa vez: "Nunca faça nada porque os outros estão olhando para você, e nunca deixe de fazer alguma coisa porque os outros estão olhando para você".

Arrogância é outra atitude negativa que pode impedir a adoração. Somos arrogantes quando somos casuais demais com Deus. [Algo do tipo:] "E aí, qual é Deus?" E Deus, [quem sabe] pode responder: "Essa voz parece um pouco familiar... Mas não reconhecendo a pessoa". A arrogância falha em honrar a santidade de Deus, e supõe que podemos nos aproximar do nosso jeito e nos nossos termos.

Outro obstáculo na adoração é o "espectadorismo". Estou criando este termo para me referir à tendência de olharmos ao redor durante um culto de adoração, e observar tudo o que está acontecendo; e ficarmos tão distraídos com a dinâmica do lugar que nunca conseguimos adorar de verdade. Enquanto metade do das pessoas está adorando a outra metade está observando. Paulo, todavia, não mencionou em suas epístolas um ministério de vigilância. Não fomos chamados para controlar, e sim para participar.

A Adoração Coletiva com muita frequência se assemelha a assistir um esporte: a congregação assiste enquanto o altar adora. Alguns cultos de adoração seriam melhor descritos como um concerto de adoração, ou seja, existe uma tonelada de energia no altar enquanto a congregação relaxa e aproveita. Mas o paradigma bíblico para adoração coletiva nunca chegou perto do modelo apresentação/audiência. A Bíblia chama toda a congregação para o sacerdócio espiritual (Rm 12.1; 1Co 3.16; 1Pe 2.5-6; Ap 1.6). O propósito do ministério de adoração é destravar e liberar os louvores da congregação. A equipe de adoração não é bem-sucedida a não ser que consiga trazer toda a congregação com ela. Nós não somos espectadores, mas sim participantes em erguer o Seu glorioso louvor.

O *sentimentalismo* também pode estagnar a adoração. É fácil ficar emocionado com sua canção favorita. Ficamos sentimentais na adoração quando somos levados mais pela música do que pela letra. Tornamos-nos sentimentais na adoração quando preferimos canções que nos são familiares, ao invés de canções que tenham conteúdo. Canções que são extremamente conhecidas podem se tornar sentimentais. Estas músicas são tão conhecidas que a congregação se desconecta mentalmente e responde apenas emocionalmente.

O Senhor parecia ter esta dinâmica sentimental em vista quando descreveu como Israel estava reagindo à mensagem de Ezequiel, "Eis que tu és para eles como uma canção de amores, de quem tem voz suave e sabe tocar bem o instrumento; porque ouvem tuas palavras, mas não as põem em prática" (Ez 33.32). Deus sabe com que facilidade somos levados pela beleza de uma boa melodia sem que a mensagem tenha penetrado em nossa mente. [Será] que estamos simplesmente aproveitando a música sem realmente compreender a mensagem da canção?

Deus criou a música pra que nos deleitássemos nela, e não há nada de errado nisso. Mas quando [a música] vem como adoração, há um propósito santo. Deus projetou a música para nos ajudar a abrir nossos corações e sermos mais sensíveis a Ele. Nós não adoramos a música ou colocamos nossa ênfase na música em si. A música é um veículo, não um fim em si mesma. Santo Agostinho observou: "Confesso que pequei, quando sou tocado mais pela voz que canta do que pelas palavras cantadas". Não queremos simplesmente ser tocados sentimentalmente pela música; queremos ser capacitados através das canções a dar nossos corações de maneira notável a Deus.

Outra atitude errada é *adorar da boca para fora*. Isso acontece quando movemos nossa boca com as palavras da canção, mas nosso coração não reconhece verdadeiramente sua letra. Isso é hipocrisia indiferente. Vemos esse mesmo tipo de hipocrisia muitas vezes na história de Israel. Os judeus adoravam deuses pagãos e depois voltavam e se aproximavam de Deus em adoração. (Veja por exemplo, Ezequiel 14.1-4). Para Deus, as palavras deles eram da boca para fora. Por isso, Deus respondeu dizendo: "Aborreço, desprezo vossas festas, e não tenho nenhum prazer nas vossas assembleias solenes. Ainda que me ofereçais holocaustos e ofertas de manjares, não me agradarei delas, nem atentarei para as ofertas pacíficas de vossos animais gordos. Afasta de mim o estrépito dos teus cânticos; porque não ouvirei as melodias dos teus instrumentos" (Amós 5.21-23). Deus prefere que mantenhamos nossas bocas fechadas, do que adorarmos com fingimento.

Mais uma coisa que pode atrapalhar alguns na adoração coletiva é *ficar ofendido com as fraquezas da liderança*. Por exemplo, alguém pode pensar consigo mesmo, "Eu não vou deixar este líder de adoração me enganar. "Ele pode tentar fazer uma liderança tipo líder de torcida, mas eu não vou participar disso". Apenas por que o líder de adoração tem algum tipo de fraqueza em seu estilo, isso não me dá permissão para me desobrigar e criar minha própria resistência particular. Mesmo que o líder de adoração seja controlador ou se autopromova, Deus ainda é digno do meu louvor.

Estou certo de que você pode identificar muitos outros obstáculos à adoração. Seja o que for que possa nos impedir, queremos lançar fora todo o constrangimento e dar nossos corações completamente ao Senhor Jesus. A mulher pecadora na história acima não permitiu que seu passado cheio de pecados a impedisse de adorar a Jesus. Vamos seguir seu exemplo e renovar nossa decisão de não permitir que nada nos impeça de entregar nossos corações em adoração ao nosso amado Senhor.

Lance suas coroas [ao Senhor]!

CAPÍTULO SEIS

O PROPÓSITO DO LOUVOR CONGREGACIONAL

A adoração tem um papel de suma importância em nossos ajuntamentos coletivos, algumas vezes envolvendo até a metade ou mais da duração do encontro. Portanto, é essencial que tenhamos uma teologia pastoral clara acerca da adoração. Queremos identificar porque adoramos juntos e o que esperamos alcançar em nossos cultos de adoração.

Cada igreja deve determinar por si mesma que papel ela deseja que a adoração cumpra na vida da igreja local. Algumas igrejas veem o canto coletivo como parte das *preliminares*, o que poderia ser descrito como aqueles aspectos do culto que levam ao elemento mais importante do culto. Para algumas igrejas, o evento principal é a pregação da palavra. Para outros é a eucaristia. No modelo das preliminares, coisas como cânticos, anúncios, oferta, leitura bíblica e músicas especiais são vistos como preliminares e preparatórios para o evento principal.

Outras igrejas têm um modelo de adoração da *presença*. Neste modelo, o canto congregacional é visto como uma maneira de encontrar a presença de Deus. Em algumas ocasiões, igrejas com o modelo da presença podem demorar-se na adoração mais tempo do que o esperado porque sentem a presença de Deus de um modo particularmente forte. Por quê? Porque, para eles, estar na presença de Deus não é um meio para um fim (por exemplo, preparatório para o sermão), mas um fim em si (estar com o Senhor).

Em ambos os modelos, é útil ver a adoração coletiva apontando em três direções. Há o aspecto *vertical* da adoração, no qual nosso foco está basicamente Naquele que amamos e Naquele que se senta sobre o trono – o Senhor Jesus Cristo. Então há a dinâmica *horizontal* da adoração, na qual nós desfrutamos da dinâmica interpessoal na congregação. E, finalmente, a adoração desempenha uma função *interna* no coração de cada adorador individual.

Eu vejo estas três direções da adoração refletidas no ministério dos serafins (também chamados *seres viventes*). Veja como João os descreveu: "Os quatro seres viventes tinham cada um seis asas, cobertas de olhos em volta e por baixo, e não descansam nem de dia nem de noite, dizendo: Santo, Santo, Santo é o Senhor Deus, o Todo-poderoso, que era, que é e que há de vir" (Ap 4.8). Os seus olhos olham para três direções simultaneamente. Sua primeira preocupação é com Deus. Eles fitam, ouvem, observam, absorvem, buscam, admiram, exaltam, admiram e vibram diante da glória de Deus. Uma vez que os olhos normalmente demonstram inteligência, nós aprendemos com eles que o que o ser mais inteligente pode fazer é olhar com adoração para o Senhor. Em segundo lugar, eles olham ao redor, pois o texto diz que eram "cobertas de olhos em volta e por baixo". Parte do seu olhar é para dentro.

Dessa forma, conforme olharmos para a maneira como a adoração olha para cima, para além e para dentro, nós ganharemos uma compreensão maior do papel da adoração na congregação.

DINÂMICA VERTICAL

Vamos começar observando como a adoração foca no Senhor verticalmente. Eu apontarei apenas quatro aspectos de seguir na vertical na adoração coletiva. Você pode aumentar sua lista a partir destes.

1. Bendizer ao Senhor

Em primeiro lugar, a adoração *ministra ao Senhor*. Quanto à nossa identidade, somos um "sacerdócio real" (1Pe 2.9), e "reis e sacerdotes" para Deus (Ap 1.6). Assim como os sacerdotes e levitas ministravam ao Senhor no tabernáculo de Moisés, os crentes no Novo Pacto são privilegiados com a mesma tarefa sagrada. Nós exaltamos a sua beleza e bondade, nós magnificamos a grandeza do Seu nome, nos maravilhamos em Suas obras e proclamamos a insuperável grandeza do Seu poder. Num tempo em que o mundo blasfema e O amaldiçoa, nós erguemos as mãos bem alto e dizemos a Ele o quanto Ele é excelente. Nós nos unimos aos anjos e criaturas viventes para declarar que Ele é extravagantemente lindo e completamente adorável.

O grito dos adoradores não é "Abençoa-me, Senhor" mas "Bendiga ao Senhor, ó minha alma!" A pergunta não é se o culto nos abençoou, mas se o culto Bendisse a Ele. A coisa toda é para *Ele*. E ainda assim, mesmo quando nós sabemos disto, podemos ser tentados a reclamar quando o culto não nos abençoou do modo como desejamos. Se alguém nos perguntar como foi o culto, podemos responder "Bom, numa escala de 0 a 10, eu diria que foi 5". Mas se o propósito principal para a adoração é abençoar e glorificar ao Senhor, então porque eu me aborreço quando ele não me edifica? Afinal, quem sou eu para medir o culto? É a opinião *de Deus* sobre o culto que importa. Qual foi a nota na escala *Dele*? Será que *Ele* ficou feliz com nosso sacrifício de louvor?

Por certo, quando bendizemos ao Senhor, somos abençoados no processo. Uma antiga piada coreana diz "Se você quiser manchar o rosto dos outros com lama, terá que manchar suas mãos primeiro". E o contrário é igualmente verdade: se bendisser o outro, então você, também, será abençoado. Provérbios 11.25 diz, "o que regar também será regado". Bendizendo o Senhor seremos automaticamente abençoados. Mas nós não o bendizemos para sermos abençoados. Nós ministramos a Ele sem qualquer motivo egoísta. Nós O bendizemos mesmo se não nos sentimos abençoados no momento. Por quê? Porque Ele é digno de nosso louvor, mesmo se nos sentirmos desapontados ou exaustos em nossas almas.

Já que a adoração é toda para Jesus, sejamos cautelosos para que não sejamos distraídos do intuito de olhar para Ele. Vamos encarar, existem toneladas de distrações em potencial na adoração congregacional. Nós podemos nos tornar tão envolvidos, por exemplo, em perguntar "O que Deus está falando hoje?" que perderemos a oportunidade de simplesmente amá-Lo. Ou podemos sair do trilho por causa da introspecção. Algumas vezes é certo perguntar: "Há algum pecado encoberto em minha vida?" Mas às vezes uma busca interior pelo pecado pode na verdade encobrir o nosso chamado para ministrar ao Senhor. O sangue de Jesus nos fez dignos de estar diante Dele e magnificar Seu nome! Sondar nossos corações pelo pecado é na verdade o trabalho do Espírito Santo. Então se Ele lhe mostrar algo pelo qual você precisa se arrepender, resolva isso com Deus. Se não for este o caso, ponha-se de lado, erga sua face para Deus e ministre a Ele.

O culto de adoração não é a hora para eu fazer contato comigo mesmo. É hora para eu entrar em contato com Deus. Se formos honestos, admitiremos que a maioria das nossas vidas é muito egocêntrica, com tudo orbitando ao redor de interesses, desejos e preocupações pessoais.

Quando nós estivermos diante do trono, lancemos fora todo este autofoco. O culto de adoração nos dá uma gloriosa oportunidade de esquecer de nós mesmos e nos ocuparmos com Deus.

É fácil, quando ministramos ao Senhor, nos distrairmos por coisas no palco. Podemos nos tornar críticos da maneira como os líderes dirigem o encontro. Ou podemos ser levados pela habilidade de alguém com a música ou por sua linda voz. Uma vez uma senhora me disse: "eu adoro o modo como você toca piano! Eu poderia ficar horas ouvindo você tocar". No início, eu achei que isso fosse um elogio. Mais tarde, percebi que ela estava tão envolvida com a minha habilidade que ela tinha apenas observado e não adorado. Meu estilo musical floreado havia atraído os olhos dela para mim e não para o Senhor. Eu não considero um elogio se a minha musicalidade distrai os outros de sua ministração ao Senhor. O propósito da equipe de adoração é aprimorar, não distrair, a maneira como os adoradores se engajam no Senhor.

Algumas vezes podemos nos pegar pensando assim: "A equipe de louvor ainda não achou o fluxo do Espírito nesta reunião". Se não formos cuidadosos, podemos nos tornar analistas intransigentes – verdadeiros experts – do culto de adoração. Igual a alguém provando queijos, vamos torcer nossos narizes se o sabor não estiver certinho. Podemos ser bem corretos quanto ao discernimento espiritual, acertando o problema da reunião, detalhando cada falha na liderança e diagnosticando perfeitamente a solução. Mas nós adoramos? Algumas vezes precisamos desligar o analisador de propósito e atender ao santo chamado para adorar ao Senhor.

Pense nisso. Que privilégio nós temos – ministrar a Deus! Ele é dono de tudo e todo o céu continuamente oferece louvor a Ele. É possível que eu possa somar algo a isso? Surpreendentemente, sim. A Bíblia revela que somos capazes de dar algo àqueles que já tem tudo. Nós podemos trazer a Ele a benção e o louvor de um coração que adora. Nossa afeição na verdade abençoa a Ele! Isso não é incrível? Uma criatura como eu, ministrando ao Senhor Deus Todo-Poderoso. Portanto, eu tirarei todo proveito de toda oportunidade de ministrar ao Senhor da Glória. Que ergam-se os louvores!

2. Experimentar a Presença de Deus

Um segundo propósito da adoração coletiva, neste sentido vertical, é encontrar Deus. Em outras palavras, nós adoramos para *experimentar* a presença de Deus. Deixe-me explicar o que quero dizer. O Senhor manifesta Sua presença às pessoas em níveis diferentes. De uma maneira bem geral, Deus está presente em todos os lugares e em todo o tempo (Ele é onipresente). De acordo com Salmos 139.7-10, é impossível para nós escaparmos de Sua presença. Entretanto, embora Deus esteja sempre conosco, nem sempre sentimos Sua presença. Algumas pessoas passam um dia inteiro sem nem perceber que Deus está com eles. Portanto, muitas pessoas nunca *experimentam* de verdade Sua presença, embora Ele esteja perto de nós.

Uma maneira de experimentarmos Sua presença de uma maneira mais significativa é nos reunindo para adorar. Jesus disse "porque onde estiverem dois ou três reunidos em meu nome, ali estou eu no meio deles" (Mt 18.20). Ele quis dizer que quando dois ou três se juntassem em Seu nome, Ele manifestaria Sua presença entre eles de uma maneira mais substancial da Sua onipresença. O Salmo 22.3 aponta para isto quando diz "porém Tu és Santo, o que habita entre os louvores de Israel". Deus estabeleceu Seu trono no meio de Seu povo louvando-o. Quando nós adoramos juntos em Seu nome, poderemos experimentar mais de Sua graça.

Nossos corações anseiam encontrar a Deus. Moisés expressava este anseio quando, na montanha com Deus, ele implorava ao Senhor "Rogo-te que me mostres tua glória" (Êx 33.18). Os israelitas estavam prestes a sair em sua jornada no deserto e o Senhor prometeu a Moisés "Irá minha face contigo para te fazer descansar". Moisés respondeu assim: "Se tua face não for conosco, não nos faças subir daqui. Como, pois, se saberá agora que achei graça aos teus olhos, o teu povo e eu? Acaso não é por andares tu conosco, de maneira que somos separados, o teu povo e eu, de todo o povo que há sobre a face da terra?" (Êx 33.14-16)

O que distinguia Israel de todas as outras nações? A presença de Deus. E a mesma coisa distingue a igreja do mundo. *A presença de Deus é a marca da igreja*. A presença de Deus distingue as nossas reuniões dos encontros do Rotary Clube ou alguma organização de serviço comunitário. As pessoas em tais grupos podem estar felizes; elas podem ter comunhão e relacionamentos fortes. Elas podem gostar de comer e beber juntas. Mas há uma coisa que elas não têm – *a presença de Deus*. Se não tivermos a presença de Deus em nossos cultos, podemos fechar tudo e fazer um piquenique. Vamos nos ajuntar para adorar porque queremos a Deus. Senhor, nós queremos que a Sua presença seja tão forte entre nós que seja inegável até para os não crentes que venham às nossas reuniões.

Durante o ministério de Jesus, Lucas 5.17 diz "e a virtude do Senhor estava com ele para curar". Na presença de Deus, o poder de Deus é revelado. Conforme a Sua presença é notada entre os adoradores, podemos querer experimentar Seu poder. Observe como a libertação, a purificação, a cura e os batismos de fogo também estarão presentes. Uma vez eu li que quando uma certa igreja experimentou problemas com seu sistema elétrico, o seguinte aviso irônico apareceu no mural da igreja: "Devido à falta de força não haverá culto de adoração esta noite". Nossos corações anseiam pela presença de Jesus em nossa adoração para que o Seu poder seja liberado entre nós.

3. Liberar Graças Espirituais

Uma terceira razão para a adoração congregacional, no sentido vertical, é *fornecer uma atmosfera ou sementeira para o exercício dos dons do Espírito* e vários ministérios espirituais. Não estou sugerindo que nossos louvores convencem a Deus a liberar Seus dons na assembleia. Mas um culto de adoração proverá uma atmosfera que seja condutora à liberação dos dons do Espírito (tal como mencionado em 1Coríntios 12.7-11). Nós aprendemos que na atmosfera da adoração, o Espírito Santo parece mover-se com maior liberdade.

Por exemplo, as profecias ou cânticos espontâneos raramente vêm à tona no começo dos cultos de adoração. Primeiro, nós adoramos, então as graças espirituais começam a fluir. Esta sequência não é acidental. Não é como se Deus não tivesse nada para falar com Seu povo, profeticamente falando, logo no início do culto; é só que normalmente não estamos prontos para receber ainda o que Ele pode dizer. Quando nossos espíritos tornam-se mais sensíveis ao Espírito de Deus na adoração, nos tornamos prontos para fluir nos dons do Espírito.

4. Comungar com Deus

Finalmente, nós adoramos para abrir os canais de comunicação entre Deus e nós. Quando nos vestimos bem para um encontro, nossa bela aparência pode disfarçar o quão longe nós estamos de Deus. Para alguns, já se passaram vários dias desde que falamos com Deus. Alguns esquecem de ler a sua Bíblia a semana inteira. Em sua falta de oração, o inimigo pode tê-los mastigado com suas acusações. Quando eles vêm à igreja, alguns crentes estão perturbados, desligados, deprimidos ou sentindo-se distantes de Deus. O culto de adoração é sua oportunidade de achar novas forças na presença de Deus. A casa de Deus é uma casa de oração – um lugar para conectar-se com Deus.

Quando o assunto é nosso relacionamento diário com Jesus, alguns de nós podem ter uma comunicação bem escassa. Mas mesmo quando as preocupações da vida sufocam nossa vitalidade espiritual, o Senhor ainda anseia pela nossa atenção. É por isso que ele nos chama "Pomba minha, que andas pelas fendas das penhas, no oculto das ladeiras, mostra-me tua face, faze-me ouvir tua voz, porque tua voz é doce, e tua face, aprazível" (Ct 2.14). Com saudade, ele acena para sua pomba, sua noiva. Como uma pomba, a sua amada às vezes fica nervosa, facilmente assustada e se esconde nas fendas das penhas. Embora tenhamos chegado à congregação, ainda escondemos nossos corações dele, inseguros de Sua aceitação. Então, ele apela para nós, "Deixe-me ver o seu rosto, deixe-me ouvir a sua voz". Ouça Deus chamando "Mostre-me o seu rosto!" Nós abaixamos a cabeça no culto de adoração, esmagados pelas preocupações e ansiedades. Ele quer que levantemos nossas cabeças (Sl 3.3). E ele diz mais "Deixe-me ouvir a sua voz!" Alguns têm medo de erguer a sua voz acima de um sussurro, mais conscientes de suas inseguranças e dos olhos dos outros do que dos olhos de Deus. Mas Deus se alegra em ouvir a nossa voz. Ele anseia que baixemos a guarda, ergamos a face e demos expressão ao nosso amor em Sua presença.

Nós vimos quatro coisas que acontecem quando nos conectamos verticalmente com Jesus na adoração coletiva. Este é o propósito básico do louvor e da adoração – nos conectar verticalmente com o Senhor. Mas não para aí. Outro propósito maravilhoso da adoração coletiva envolve nossa interação horizontal com outros adoradores. Vamos analisar um pouco desta dinâmica.

DINÂMICA HORIZONTAL

Sou um grande fã do lugar secreto e já escrevi muito sobre isso. Mas há algo faltando no lugar secreto que é preenchido na congregação. Quando nos reunimos para adorar, há uma comunhão, camaradagem e sinergia que alimenta a fé e fortalece o amor. É fantástico conectar-se verticalmente com Jesus, mas também é maravilhoso conectar-se horizontalmente com outros crentes.

Eu vejo pelo menos seis maneiras pelas quais os adoradores relacionam-se no contexto do louvor e da adoração congregacionais.

1. Promover a unidade

Em primeiro lugar, nós adoramos juntos para aprimorar a unidade dentro do corpo de Cristo. A unidade do corpo de Cristo é importante para o Senhor, veja passagens como o Salmo 133 e João 17. O louvor e a adoração são catalizadores santos designados pelo Senhor para fortalecer e expressar a nossa unidade.

A assembleia unificada dos santos é uma afirmação numa região geográfica e uma afirmação diante do mundo espiritual que a igreja de Jesus Cristo está viva e bem e que o Reino de Deus está avançando na nossa região.

Cantar unifica um grupo na mente, atividade e propósito. Quando um grupo canta uma música juntos, eles formam uma coalisão ao redor de uma mensagem e uma visão comuns. Isto explica porque o canto traz uma contribuição tão valiosa à adoração. Quando nós cantamos as mesmas palavras e compartilhamos a mesma paixão e foco, nossos corações são unidos pela causa de Cristo e Seu Reino.

Esta é uma razão pela qual os crentes de denominações e correntes diferentes às vezes se unem em convocações ecumênicas para adorarem juntos. Quando queremos nos ajuntar ao redor das coisas que nos unificam, nós não podemos sempre falar sobre doutrinas porque às vezes são as distinções doutrinárias que nos diferenciam. Mas há uma coisa na qual podemos todos concordar: Deus é maravilhoso! Podemos nos unir para cantar louvores gloriosos ao nosso Redentor. O amor de Cristo é a coisa que nós todos temos em comum e podemos expressar nossa fé mútua numa canção. Quando o fazemos, temos um vislumbre da canção final que nos unirá ao redor do trono de Deus.

Quando você ora e louva com alguém, o seu coração se une ao daquela pessoa. Quando nós ouvimos alguém próximo expressando as profundezas de seus corações a Deus em adoração e oração, descobrimos a empatia que temos com eles. Nossos corações saltam com os deles. *Este é o meu irmão! Esta é a minha irmã! Eles são adoradores mesmo! Eles buscam a mesma coisa que eu. Eles anseiam a Jesus como eu.* Depois de um tempo de adoração como este, você só quer sair do seu lugar e abraçar todo mundo porque você se regozija neste laço santo que une nossos corações juntos em Cristo.

É por isso que "aos retos convém o louvor" (Sl 33.1), porque quando baixamos a guarda na congregação e nos expressamos de maneira transparente na presença dos outros, nossos corações são ligados. A adoração não é abrir-se apenas diante de Deus, mas também para com nossos irmãos e irmãs em Cristo. Há um nível de unidade que só é encontrado ao ser completamente aberto tanto para Deus quando para o Seu povo.

2. Ministrar uns aos outros

Um segundo propósito da adoração coletiva, num sentido horizontal, é prover a oportunidade de *ministrarmos uns aos outros*. João parecia ter isto em mente quando escreveu "quem ama a Deus, ame também o seu irmão" (1Jo 4.21). Quando nos juntamos para adorar, vamos além da canção e nossos corações começam a alcançar os outros. Nós queremos orar por outra pessoa, ou saber do seu bem-estar, ou compartilhar uma palavra de encorajamento com alguém. A prova do nosso amor a Deus encontra expressão no nosso cuidado uns pelos outros. Quando o corpo de Cristo é unido por causa do que cada membro traz, "efetua o seu próprio crescimento para a sua edificação em amor" (Ef 4.16). Portanto, chegamos para o culto de adoração não apenas para receber mas também para dar uns aos outros.

Uma maneira de ministrar uns aos outros é inspirando uns aos outros a louvar. Assim como os querubins em Ezequiel 1.13 tinham tochas de fogo passando entre eles, os crentes experimentam uma troca de fogo na adoração. Literalmente acendemos o fogo um do outro. Quando o meu fogo se une ao seu, a adoração coletiva se torna em uma verdadeira *fogueira*.

3. Proclamar a verdade

Em terceiro no sentido horizontal, adoramos para ensinar e reforçar a verdade espiritual. Paulo disse que, quando adoramos, falamos entre nós com salmos, hinos e cânticos espirituais, cantando e salmodiando ao Senhor no vosso coração" (Ef 5.19). Em outra passagem, Paulo disse "A palavra de Cristo habite em vós abundantemente, em toda a sabedoria, ensinando-vos e admoestando-vos uns aos outros, com palavras, hinos e cânticos espirituais, cantando ao Senhor com graça em vosso coração" (Cl 3.16). Paulo deixou bem claro esta função horizontal do louvor. Ele disse que falamos e ensinamos uns aos outros nas canções que nós cantamos.

Em muitas de nossas canções, nos dirigimos uns aos outros. "Cantarei quão grande é o meu Deus", "Vem, esta é a hora da adoração", "Aclame ao Senhor toda terra e cantemos". Quando analisamos as letras de nossas canções, percebemos que muitas delas nos levam a exortar uns aos outros a erguer louvores a Deus. E é totalmente adequado fazer isso – incentivar uns aos outros a louvar.

Nossas canções contam tesouros das verdades bíblicas. Quando as cantamos, nossos filhos ganham maior entendimento de Deus e Sua palavra. Isto é especialmente verdade quando as Escrituras são colocadas numa melodia. Cantar a Bíblia é uma maneira incrivelmente eficaz de ajudar nossas famílias a memorizar e aprender as Escrituras. O meu irmão Sheldon disse que as canções que nós cantamos são em essência ensinar as crianças a teologia prática da igreja.

4. Confessar a Cristo

Um quarto propósito horizontal para o louvor é *criar para os crentes uma oportunidade de professar sua fé diante dos outros.* O louvor congregacional nos ajuda na expressão em voz alta da nossa fé, porque o louvor é simplesmente uma afirmação vocal de nosso amor e fé em Cristo. Jesus disse que se os confessarmos diante das pessoas, Ele nos confessará diante dos anjos (Lc 12.8). Se perdermos a coragem de confessar nossa simpatia a Cristo na congregação, é improvável que declaremos nossa lealdade a Ele diante dos não crentes. Mas quando erguemos nossas vozes diante dos crentes, nós ganhamos a força e a coragem, por Sua graça, para dar voz à nossa fé diante dos não crentes.

5. Proclamar sua glória

O quinto ponto é relacionado ao quarto, pois nós louvamos na congregação *para declarar as glórias de Deus diante dos não crentes.* Quando os não crentes visitam nossos cultos de adoração, eles nos observam cuidadosamente e ouvem a cada palavra. Nós estamos debaixo de exame em nossos cultos de adoração! Que impressão têm os pecadores quando eles ouvem nossos louvores e olham ao redor do lugar? Será que eles olham para os nossos rostos e pensam: "Eu já tenho problemas o suficiente sem me unir a este grupo mórbido"? Ou será que eles testemunham uma alegria e deleite autênticos que os convence que nossa fé é real? Que eles sejam atingidos com o poder e a grandeza de Deus a quem nós adoramos!

Quando os não crentes vêm para os cultos de adoração, nós queremos que eles experimentem a presença e a glória de Deus. Mesmo que eles não compreendam tudo que veem e ouvem, que possam perceber que estão na presença Dele. É bom para explicar aos desinformados porque nós louvamos do jeito que fazemos, para ajudá-los com as coisas que, de outra maneira, eles poderiam entender erroneamente. Mas, no fim das contas, é mais importante do que compreender nossos louvores, nós queremos que eles experimentem a realidade Daquele a quem louvamos.

O Salmo 108.3 declara "Louvarei a ti entre os povos, Senhor, e a ti cantarei salmos entre as nações". Deus nunca quis que os seus louvores ficassem confinados aos ouvidos dos crentes. Alguém pode pensar "Eu não vou convidar meu vizinho para o culto de domingo porque a nossa igreja fica muito animada na adoração e eu não quero que meu vizinho fique desencorajado." Gente, escutem, nós não temos razão para ficarmos tímidos. Eu estou sugerindo que um culto de adoração pode ser o *melhor* lugar para trazer um amigo que não é salvo. Por quê? Quando Deus manifesta Sua presença no meio do Seu povo, os não crentes podem ser apreendidos pelo poder do Espírito Santo e atraídos para o Senhor.

Em algumas igrejas, você pode até pensar que eles verificam as identidades na porta para ter certeza de que todos que entram são cristãos (estou sorrindo). Então, quando todos os crentes estão amontoados, a porta é trancada, as cortinas fechadas e o culto de louvor começa. *Não!* Escancarem as portas, abram bem as cortinas, aumentem o som e cantem Seus louvores diante do mundo todo!

O louvor é evangelístico. Ele atrai as pessoas para Deus. As pessoas do marketing sabem que a propaganda funciona. O louvor é a campanha publicitária de Deus. É uma maneira de declarar nossa fé diante do mundo. Estamos contando a eles da bondade, fidelidade, justiça, misericórdia e amor de Deus. Se alguém precisa saber disso, são os desinformados.

5. Preparar para a Palavra

Como consideração final na dinâmica da adoração horizontal, nós pensamos que o louvor e a adoração estimulam a receptividade para a palavra. Eu já perguntei a pastores ao redor do país: "Você acha mais fácil pregar depois que as pessoas se abriram em adoração?" A resposta invariavelmente é sim. As pessoas vêm à casa de Deus famintas e sedentas. Depois de beber no rio de Deus em adoração, elas estão prontas para serem alimentadas da palavra de Deus. Talvez você possa ver isto nas palavras de Davi "Tu visitas a terra e a refrescas; tu a enriqueces grandemente com o rio de Deus, que está cheio de água; tu lhe dás o trigo, quando assim a tens preparada; enches de água seus sulcos, regulando sua altura; tu a amoleces com a chuva; abençoas suas novidades" (Sl 65.9-10). Assim como a chuva dá condições para que os grãos da terra cresçam, as águas do Espírito amaciam o coração humano e nos preparam para receber a palavra implantada de Deus. Em outras palavras, os adoradores têm um apetite voraz pela palavra de Deus.

A música e a adoração também desempenham um papel na preparação dos pregadores para a mensagem. O terceiro capítulo de 2 Reis nos conta uma história interessante de um harpista que foi trazido a Elias para acalmar suas emoções. Quando o harpista tocava, as emoções de Elias foram acalmadas e ele procedeu na profecia. Semelhantemente, a adoração ajuda os pregadores e professores a prepararem-se para o ministério do púlpito. As distrações são acalmadas e eles conseguem focar melhor na proclamação da palavra.

DINÂMICA INTERIOR

Já que olhamos para os propósitos verticais e horizontais da adoração, vamos considerar agora o que a adoração desempenha interiormente.

1. Liberdade

Na adoração, nosso interior é liberado para dar nosso amor a Ele com abandono. A adoração libera o coração. Nós encontramos liberação do Espírito Santo para oferecermos nossa afeição a Ele de um modo sincero e desinibido.

A liberdade do coração não é medida pelo lado externo, como gritar, dançar ou aplaudir. A verdadeira liberdade é uma coisa do coração. Mas quando nossos corações estão livres na presença do Senhor, isto muitas vezes traduz a liberdade de expressão no exterior.

O contrário também é verdadeiro às vezes. Quando liberamos a nossa adoração externamente através de expressões como cantar, gritar e aplaudir, alguma coisa no coração pode achar nova liberdade ao mesmo tempo. O coração e corpo têm algum tipo de interconectividade.

A adoração no céu será completamente livre, desinibida e totalmente ligada ao coração. Já que é assim que vamos terminar, porque não começarmos agora? Que o nosso louvor seja tão puro e transparente quanto será quando nos ajuntarmos ao redor do trono – assim na terra como é no céu.

2. Articulação

Em segundo lugar, a adoração coletiva dá vocabulário aos sentimentos do coração. Todos temos sentimentos profundos pelo nosso salvador, mas podemos lutar às vezes para encontrar as palavras certas para expressar tais emoções. Nós ficamos com a língua presa. Às vezes a adoração coletiva é realmente útil porque ela nos capacita a articular para o Senhor como realmente estamos nos sentindo. Nossas canções foram escritas por poetas e artistas da palavra – tanto antigos quanto contemporâneos – que eram especialmente habilidosos para se expressarem com letras e melodia. Quando cantamos suas canções, somos capacitados a expressar ao Senhor as coisas que sempre sentimos, mas não sabíamos como dizer. Graças a Deus por salmistas como o rei Davi, Charles Wesley e Chris Tomlin, cujas canções tornaram-se uma tremenda herança para nós. Os sentimentos encontram vocabulários, as palavras são unidas numa melodia enriquecida e nossos corações em louvor a Deus.

3. Fé

Em terceiro, *a adoração aumenta nossa fé*. Nossas canções nos lembram da grandeza do nome de Deus, obras e poder. Quando as palavras que cantamos declaram que nada é impossível para Deus, algo em nossa química exterior muda e se alinha com esta verdade. Alguma coisa diz "Isso mesmo! O nosso Deus pode fazer qualquer coisa!" Quando a verdade nas canções cria raízes em nossos corações, a confiança alça voo.

Paulo escreveu sobre esta dinâmica quando disse "a fé é pelo ouvir e o ouvir pela palavra de Deus" (Rm 10.17). Quando cantamos as verdades bíblicas em nossas canções, nossos corações ouvem tais verdades de maneira nova, e mais fé pode surgir. Na próxima vez que vier a um culto de adoração, observe: sua fé será fortalecida!

4. Santidade

Uma quarta maneira pela qual a adoração afeta-nos por dentro é que *ela nos traz à santidade*. Eu acho na santidade como a soma de todas as qualidades superlativas que Deus tem em seu ser. Quando não podemos mais encontrar palavras para descrever sua grandeza, nos percebemos com uma só palavra: Santo! Quando O adoramos na beleza da santidade, a Sua santidade é transferida para nós. Nos tornamos santos quando passamos tempo em Sua presença.

5. Mudança

Em quinto lugar, a adoração nos muda à imagem de Cristo.

O salmo 115 fala sobre os falsos deuses dos ímpios que não podem ver, cheirar, andar ou falar. Então o salmista diz "Tornem-se semelhantes a eles aqueles que os fazem, bem como todos os que neles confiam" (v. 8). Adoradores de ídolos tornam-se mais como seus ídolos mortos. E o mesmo é verdade para os adoradores da verdade. Quando nós adoramos o Cristo vivo, nos tornamos mais vivos como Ele. Aqui está o princípio do Salmo 115.8: nos tornamos como aquele a quem adoramos.

Diz o provérbio: "Diga-me com quem andas, dir-te-ei quem és". Quando nós passamos tempo de intimidade com Ele, nos tornamos como Ele. Você já viu um casal que é casado há tanto tempo que eles começam a andar e a falar do mesmo jeito e até começam a se parecer? Eu quero andar com Jesus em adoração amorosa até que eu ande como Ele e fale como Ele.

Paulo afirmou que a adoração nos transforma por dentro quando escreveu: "Mas todos nós, com o rosto descoberto, refletindo como um espelho a glória do Senhor, somos transformados de glória em glória na mesma imagem, como pelo Espírito do Senhor" (2Co 3.18). Quando nós adoramos, nós contemplamos a glória do Senhor e somos transformados, pouco a pouco, em Sua gloriosa imagem. A adoração verdadeira, na verdade, nos torna mais como Jesus.

"Bem, eu não sinto que a adoração me transformou", alguém pode dizer. "Eu saí do culto do mesmo jeito que eu entrei". Se a adoração não mudou você, então faça-se esta pergunta: *Eu revelei a minha face diante de Deus?* Se você derramar seu coração a Deus com lágrimas de contrição e anseio – com uma face descoberta – você com certeza será transformado em Sua presença.

6. Estilo de vida

Em sexto lugar neste sentido interior, a adoração congregacional *capacita uma vida de adoração*. Nenhum de nós quer que a adoração seja apenas uma janela de 30 minutos que experimentamos no culto de domingo. Pelo contrário, queremos que a adoração seja uma realidade ardente 24 horas por dia, sete dias na semana. Mas às vezes ficamos cansados, distraídos e exaustos em nossa vida. A congregação é o lugar de cura e renovação. Quando nós saímos do culto, estamos prontos para enfrentar a tempestade. Nossa força é renovada e nossa paixão por Jesus é revitalizada. Estamos prontos de novo, na moenda da vida diária, para fazer de toda a vida um louvor a Jesus.

7. Preparação

Finalmente, a adoração nos prepara para coisas novas em Deus. Deus está sempre fazendo coisas novas (Is 43.19), e Ele nos quer revigorados e atualizados com o que Ele está fazendo na terra. A adoração amolece o nosso coração e nos ajuda a ficar em dia com o que Deus quer fazer.

O louvor e a adoração têm efeitos preparatórios. A adoração sensibiliza nossos espíritos para que quando Deus se mova possamos reconhecê-lo e nos movamos com Ele. Quando Deus faz algo novo, muitas vezes isso vem em uma forma inesperada e não convencional. Se não estivermos sintonizados com o Espírito Santo, podemos facilmente rejeitar a coisa nova que Deus quer fazer. Mas se O contemplarmos firmemente na adoração, veremos quando Ele se mover e poderemos segui-lo bem de perto.

Neste capítulo, pensamos que propósito da adoração congregacional desempenha ao nos conectar com Deus verticalmente, ao cumprir as funções horizontais da adoração e ao mudar nossos corações. Estas são algumas das razões principais pelas quais enfatizamos a adoração com tanta intensidade em nossas igrejas locais. A adoração é poderosa! Que os propósitos de Deus sejam cumpridos em nossa igreja quando você O adorar em espírito e em verdade.

CAPÍTULO SETE

O MOVER PROFÉTICO NO LOUVOR E NA ADORAÇÃO

Quando adoramos, o mover do Espírito Santo entre os presentes cresce - dentro de cada um e por todo o grupo. À medida que esse mover cresce, nossa consciência a respeito dele também aumenta. Estamos conscientes de que o ambiente está captando o mover de energia divina. Os adoradores ficam sensíveis para ouvir os sussurros do Espírito Santo e perceber "o que o Espírito diz as igrejas" (Ap 2.7). Quando testificamos do que o Espírito está dizendo sobre Jesus, estamos compartilhando no "espírito de profecia" (Ap. 19.10). Louvores a Jesus se tornam declarações proféticas. Os dons espirituais que recebemos (1Co 12.4-11) são naturalmente trazidos à tona e mais facilmente demonstrados. Em outras palavras, quando o espírito de adoração toma conta de todo o lugar, também podemos chamar isso de espírito de profecia.

Neste capítulo, eu gostaria de explorar algumas das maneiras nas quais nos movemos profeticamente quando adoramos. Às vezes as declarações proféticas são cantadas ou faladas. Algumas igrejas exploram a liberação profética da dança interpretativa durante a adoração. Muitas igrejas louvam em canções espontâneas durante os períodos de adoração. Ansiamos que o Espírito Santo tenha a liberdade que Ele deseja para se mover entre nós, com a finalidade de sairmos da reunião fortalecidos em nossa fé, e encorajados a ter um amor maior por Jesus.

Eu compreendo que cada igreja local tem seu próprio estilo, suas preferências, e seus protocolos. Então, só vamos usar o que for compartilhado neste capítulo de forma que possa fortalecer a adoração da igreja local, e deixar de lado aquilo que o Espírito disser para ignorar.

O que o título do nosso capítulo: *O Mover Profético no Louvor e na Adoração*, significa pra você? Tenho esperança que talvez a frase a seguir possa servir como uma definição útil: *o mover profético na adoração é mover-se com a consciência do desejo e da liderança do Espírito Santo, minuto a minuto; para discernir a direção [dada] pelo Espírito e ajudar o povo de Deus a participar disso*. Nós desejamos ser guiados pelo Espírito enquanto adoramos (Rm 8.14). Quando falo de mover profético na adoração, não estou pensando, a princípio, em alguém erguendo a voz na congregação e falando como um oráculo profético. Este tipo de expressão pode ser válida em certos contextos, mas aqui, estamos falando do nosso desejo de discernir o caminho do Espírito no culto de adoração e então ajudar ao povo de Deus a se unir a Ele.

Uma das maneiras em que um líder de adoração pode atuar profeticamente, quando os santos parecem desconectados ou distantes em um culto de adoração específico, é discernir no Espírito que problema poderia ser, e então cooperar com o Espírito para superar cada obstáculo. Em alguns cultos, nós precisamos da chave do reino, [dada] pelo Senhor para destravar a ação do Espírito. Os líderes de adoração buscam cultivar uma unção profética que os permita discernir a mente do Espírito e liderar uma congregação a uma liberação dinâmica do encontro com Deus.

Deus providencia para que os envolvidos na liderança musical atuem sob uma unção profética. E mais que isso, Ele deseja que toda a congregação participe da adoração profética. Então vamos falar sobre esse assunto.

ADORAÇÃO PROFÉTICA

O que queremos dizer com *adoração profética?* Em termos simples, quer dizer conversar com o Senhor. O modelo de adoração profética está no livro de Gênesis, quando o Senhor vinha ao Jardim do Éden na viração do dia para comungar com Adão e Eva (Gn 3.8-9). Eles falavam *para* Deus e *com* Deus. Adoração sempre foi projetada por Deus para ser mais do que um monólogo nosso narrando como nos sentimos a respeito d'Ele. Ele também quer falar conosco em resposta. Ele tem mais em mente [para falar] do que nós. A adoração é uma troca ou um diálogo – é uma via de comunicação de mão dupla.

A linguagem da adoração é o amor, e o amor é uma troca ou um intercâmbio. Isto é verdade no casamento, onde o amor não é um monólogo unilateral, mas uma conversa íntima onde ambos os cônjuges expressam seus sentimentos. E também é verdade em nosso relacionamento com Cristo. Ele nos ama primeiro, então nos capacita para o amarmos também. No amor há sempre o dar e o receber; o falar e o ouvir; o demonstrar e o receber.

O Espírito Santo não parou de falar uma vez que o canon[7] da Bíblia foi encerrado. Ele ainda continua falando com a igreja mais do que nunca – através da palavra, através do exercício dos dons espirituais (1Co 12-14), através da inspiração interior, e de várias outras maneiras. Queremos ouvir de Deus.

Em algumas igrejas, a adoração é muito unilateral. A noiva se expressa ao Senhor, mas pouco espaço se dá para que o noivo retribua. Nós queremos que isso mude. Para que a adoração seja completa, é preciso que ambos estejam dando e recebendo. O potencial da adoração é destravado quando valorizamos o relacionamento entre o louvor (quando nós falamos) e a profecia (quando Deus fala).

Fico pensando, que da perspectiva celestial alguns de nossos cultos de adoração devem parecer mais ou menos assim: nós cantamos, clamamos, louvamos, e aplaudimos e adoramos – e então, de repente, paramos [tudo] e sentamos. Quase imagino Deus esperando, prendendo a respiração, esperando pela chance de responder. Ele também tem coisas para dizer; mas às vezes não damos uma chance a Ele. Será que a nossa ordem de culto é

---
7   N.T.: Catálogo dos livros da Bíblia reconhecidos oficialmente pela Igreja.

muito rígida para esse tipo de coisa? E se o domingo não é o dia certo para isso, existe algum dia que seja?

A LIGAÇÃO BÍBLICA ENTRE A MÚSICA E A PROFECIA

Há uma relação simbiótica entre a música e a profecia e, Davi explorou isso intencionalmente. Ele e seu governo designaram Levitas músicos: "separou para o ministério (...) para profetizarem com harpas, com alaúdes e com saltérios" (1Cr 25.1 – parte). Esta passagem diz que eram "(...) para tanger harpas, o qual profetizava, louvando e dando graças ao Senhor" (1Cr 25.3). Seus agradecimentos e louvor fluíam como oráculos inspirados. Eles estavam profetizando enquanto os instrumentos estavam sendo tocados? Ou era o próprio tocar dos instrumentos uma expressão de profecia? Eu creio que a resposta seja *ambos*. Eles cantavam profecias, e também profetizavam sobre seus instrumentos.

Músicos podem profetizar, portanto, com suas vozes e também com seus instrumentos. Como profetizar com os instrumentos funciona? Quando os músicos são sensíveis à liderança do Espírito Santo, eles podem tocar seus instrumentos de maneira que abram o coração da congregação para [receber] mais de Deus.

Um interlúdio musical ungido, tocado espontaneamente no Espírito, em um momento estratégico; pode, às vezes, ter mais impacto do que palavras faladas ou cantadas. Já estive em cultos onde um baterista tocou um inesperado solo de bateria de tal maneira inspirado pelo Espírito, que deu início à reunião.

Na verdade, a ligação entre a música e a profecia é anterior a Davi: ela é vista inicialmente no tempo do rei Saul. Quando Samuel ungiu Saul para ser o rei sobre Israel, ele falou a Saul sobre os muitos sinais que aconteceriam naquele dia para confirmar seu chamado divino para reinar. Veja como Samuel descreveu um destes sinais: "Então irás ao outeiro de Deus, onde está a guarnição dos filisteus; e há de ser que, entrando ali na cidade, encontrarás um grupo de profetas que descem do alto e trazem diante de si saltérios, tambores, flautas e harpas; e profetizarão. O Espírito do

SENHOR se apoderará de ti, e profetizarás com eles e te transformarás em outro homem" (1Sm 10.5-6).

E foi exatamente como aconteceu. Saul foi encontrado por uma banda de músicos que estava vindo de um lugar de adoração, e eles estavam tocando seus instrumentos enquanto seguiam em frente. O Espírito Santo estava sobre eles, e um grupo de profetas estava profetizando enquanto os instrumentos estavam sendo tocados. A intensidade da liderança do Espírito Santo provavelmente diminuía e aumentava, talvez mudando do suave para o intenso, e então de volta ao suave. Provavelmente os profetas estavam exaltando ao Senhor com louvores, talvez às vezes cantando músicas conhecidas e em outras cantando linhas espontâneas no momento. Quando Saul encontrou com esta banda de músicos e profetas, o Espírito Santo veio sobre ele, e Saul se juntou a eles profetizando todo o tempo com os outros profetas. Esta experiência o transformou "em outro homem". Que momento santo!

A partir daqui, podemos começar o legado bíblico da música e da profecia. Isso teve seu ponto alto na época de Davi, e então voltou à tona no ministério do profeta Eliseu. Deixe-me contar a história. Nos dias de Eliseu, os reis de Israel e Judá uniram seus exércitos e foram à guerra. Jorão, rei de Israel, era ímpio aos olhos do Senhor; e Jeosafá, rei de Judá, era um homem reto. Juntos, eles decidiram atacar Moabe. Mas, antes de iniciarem a batalha, Jeosafá perguntou se eles poderiam consultar um profeta do Senhor. Um dos servos de Jorão disse que Eliseu estava nas imediações. Então os dois reis foram visitar Eliseu.

Quando Eliseu viu Jorão, o rei ímpio de Israel, sua alma ficou perturbada, e ele disse: "Vive o SENHOR dos Exércitos, em cuja presença estou, que, se eu não respeitasse a presença de Jeosafá, rei de Judá, não olharia para ti nem te veria" (2Rs 3.14). Eliseu estava agitado, indignado e provavelmente muito zangado. Para Eliseu, Jorão era um salafrário e ele não se importava de dizer isso. E agora estes dois reis queriam que ele profetizasse!

Como ele iria profetizar enquanto estava tão agitado? Ele precisava de um jeito de acalmar seu espírito. E o que ele fez, então? Ele disse: "Agora, contudo, trazei-me um harpista" (2Rs 3.15)[8]. Eliseu sabia que quando um músico talentoso tocasse a harpa, sua alma se aquietaria e seu coração fica-

---

8 Versão revisada da tradução de João Ferreira de Almeida – de acordo com os melhores Textos em Hebraico e Grego. (9ª Impressão – 1993)

ria mais sensível à inspiração do Espírito Santo; e o dom de profecia fluiria mais facilmente.

E com certeza foi. Conforme o harpista tocou, a mão do Senhor veio sobre Eliseu, e ele começou a profetizar sobre a vitória impressionante que Deus estava prestes a dar a eles sobre os moabitas. Claramente, o músico usou seu dom para liberar a unção profética de Eliseu. É por isso que estamos dizendo que música e profecia caminham juntas.

Asafe, que foi possivelmente o ministro de música mais prestigiado do tabernáculo de Davi, foi chamado de vidente (2Cr 29.30). Vidente era um outro nome usado para designar o profeta. Como músico e líder de adoração, Asafe também atuava como vidente ou profeta. Ele era tanto músico quanto profeta. Seu ministério de música funcionava sob a unção profética. Seu exemplo demonstra que hoje, os ministros de música também podem buscar fluir em adoração profética. Excelente habilidade musical é um auxílio maravilhoso na igreja local, mas não é o suficiente para a adoração coletiva. É preciso que haja também uma unção do Espírito Santo. Os ministros de música de hoje têm que ser mais do que músicos capazes; eles também têm que ser mordomos ungidos da presença do Senhor.

Vamos dar um passo além. Se Deus chamou alguém para o ministério musical – tal como um cantor, um líder de adoração ou um músico – deixe-me sugerir que Deus também chamou essa pessoa para atuar profeticamente. Ele pode não usar esta linguagem pra isso, ou pode ainda não ter despertado para isso, mas o chamado está lá. Quando Deus chama alguém para o ministério da música, Ele provê e os capacita para desempenhar esse ministério.

A CANÇÃO DO SENHOR

Nós não somos os únicos que cantamos. A Bíblia nos diz que Deus também canta. Sofonias 3.17 diz que Ele se alegra sobre nós com canções. A Revised Standard Version[9] traduz esta passagem assim: "Ele irá alegrar-se sobre você cantando alta voz, como se fosse um dia de festa". Quando cantamos para Ele, Sofonias mostra Deus cantando de volta, retribuindo. Esta é a canção do Senhor.

---

9   N.T.: Versão Padrão Revisada (tradução livre). Sem tradução em português.

Além disso, quando nos reunimos para louvar a Deus, Jesus se [junta a nós]. O próprio Jesus disse isso quando disse à Seu Pai: "louvores a ti no meio da congregação" (Hb 2.12). (Nesta citação, Jesus estava falando profeticamente com Seu Pai através da pena de Davi no salmo 22.22). Quando nos ajuntamos para adorar, Jesus se une à cantoria. Isso também é a canção do Senhor.

E por falar nisso, você sabia que Jesus é um compositor? Apocalipse 15.3 diz que os santos vão cantar uma canção coescrita por Jesus e Moisés. Eu adoraria estar na sala onde Jesus e Moisés sentariam juntos com um instrumento e discutiriam o tom e a letra daquela música.

Então o Pai canta (Sf 3.17), Jesus canta (Hb 2.12) e nós cantamos. Uma forma como a canção profética funciona, é que alguém pode começar a cantar, com fé, *a canção do Senhor* que eles acreditam que o Pai ou Jesus está cantando naquele momento. Enquanto a noiva, canta seu amor por Jesus, um espírito profético pode vir sobre um cantor e eles podem começar a cantar a canção como se o próprio Jesus estivesse cantando em resposta à sua noiva. Profetas frequentemente falam na primeira pessoa, representando – pela fé, a voz do Senhor. Da mesma forma, um cantor profético pode cantar, ocasionalmente, uma canção na primeira pessoa, uma canção vinda do coração de Jesus para Seu povo.

De qualquer forma a canção profética pode ser demonstrada. A ideia é que nós cantamos pra Ele, e Ele canta pra nós. A canção profética traz consigo a ideia da conversação entre o noivo e a noiva.

SALMOS, HINOS E CÂNTICOS ESPIRITUAIS

[O apóstolo] Paulo se refere duas vezes a *salmos, hinos e cânticos espirituais* (Ef 5.19; Cl 3.16). O que ele quis dizer com essas designações?

Com *salmos*, Paulo quis dizer as canções da Bíblia. Que incluiriam especialmente as canções do Livro de Salmos, as quais foram o primeiro hinário da igreja. Nós mantemos a mesma prática hoje. Muitas de nossas canções são as Escrituras em tons contemporâneos. Toda vez que cantamos a Bíblia, estamos cumprindo o que Paulo pretendia [ao usar] a palavra *salmos*.

O que Paulo quis dizer com *hinos*, é um pouco complicado de explicar em razão das nossas modernas associações com [esta] palavra. Quando, hoje, pensamos em hinos, nós pensamos em hinos antigos de três ou quatro estrofes, seguidos por um coro, e preservados em um hinário de capa dura. Entretanto, Paulo não tinha tal ideia em mente. E por que não? Por que os hinos só existiriam como uma forma de arte muitos séculos depois de Paulo.

O que exatamente Paulo quis dizer, então com o termo *hino*? Ele estava se referindo a canções de composição humana. Quando um compositor escreve uma canção que está enraizada em uma verdade bíblica, mas que a letra não é uma citação bíblica direta, então a chamamos de *hino*. Muitas canções nos hinários das igrejas são *hinos*, com o significado que Paulo lhes atribuía, mas também o são a maioria de nossas canções contemporâneas. Por exemplo, a canção *"Quão Grande é o Meu Deus"*, [da autoria] de Chris Tomlin, é um hino de acordo com nosso critério. As igrejas que cantam as canções de adoração mais recentes estão cantando hinos.

Ao citar *cânticos espirituais*, Paulo estava se referindo aos cânticos espontâneos do momento que concordam com a Bíblia e são inspirados pelo Espírito Santo. Portanto, *cânticos espontâneos* incluem o que estamos chamando de canções proféticas. Mas, antes de falarmos sobre cânticos espontâneos, deixe-me falar mais algumas coisas sobre os hinos.

SOBRE OS HINOS

Como já foi dito, a fim de cumprir a ordem bíblica para cantar hinos, tudo o que você precisa fazer é cantar uma canção consagrada [a Deus], escrita por crente sincero, mesmo que esta canção tenha sido escrita apenas na noite passada. Ela não precisa ter mais de cem anos de idade para ser um hino.

Isso quer dizer que devemos parar de cantar hinos antigos da igreja? Não. Existem boas razões para manter algumas destas canções históricas da fé. Vamos ver algumas delas.

Primeiro, por que os hinos nos proporcionam uma valiosa ligação com nossa rica herança cristã. Temos muito a receber daqueles que se foram antes de nós. Somente a arrogância ignorante poderia lançar um olhar desmerecedor para essas canções que sustentaram os crentes nas gerações passadas. Suas canções foram extraídas das profundezas da autêntica espiritualidade e contribuem com algo que precisamos em nossa dieta [espiritual]. Muitos dos compositores dos primeiros séculos eram, como os compositores de hoje, habilidosos em prover os crentes com a linguagem apropriada para adoração.

Segundo, por que hinos que sobreviveram por [tantos] séculos tendem a ser excepcionalmente ricos em conteúdo. Eles trazem uma profundidade de expressão que enriquece a adoração através da união da mente e do coração. Por exemplo, quando um hino de Martinho Lutero como "*Castelo Forte*", serve a igreja por quinhentos anos, você compreende que ele tem uma mensagem duradoura. Qualquer música que é amplamente cantada centenas de anos depois é, provavelmente, para fortalecer e enriquecer o vocabulário de adoração da igreja. Às vezes, existe uma ligação entre a força e a continuidade da canção.

Terceiro, por que alguns hinos antigos são transmissores magníficos de teologia. Quando nossos filhos cantam tais hinos, aprendem coisas importantes sobre Deus e Sua palavra.

Quarto, por que os hinos de ontem podem estender-se aos cultos de adoração de hoje. Com alguma pesquisa, pode-se encontrar um hino para quase todo tema cristão que se possa imaginar. Por exemplo, quando um líder de adoração está procurando uma canção para dar suporte a um tema específico para um sermão, um ótimo lugar para procurar é alguma coleção de hinos antigos.

Não é difícil para alguns que amam os hinos antigos da igreja, serem críticos aos hinos contemporâneos de hoje. Isso me recorda de um proeminente sacerdote americano que compilou as seguintes dez razões para se opor à nova tendência musical dos seus dias:

1. É novo demais, como uma linguagem desconhecida.
2. Não é tão melodioso como o estilo já estabelecido.
3. Existe tantas canções novas que é impossível aprender todas.
4. Esta nova música cria perturbações e faz a pessoas agirem de uma maneira desordeira e indecente.
5. Dá muita ênfase à música instrumental ao invés de dá-la às letras sacras.

6. As letras são geralmente mundanas, quase blasfemas.
7. Elas não são necessárias, visto que as gerações anteriores foram para o céu sem elas.
8. É um artifício para ganhar dinheiro.
9. Monopoliza o tempo dos cristãos e os encoraja a ficar fora até tarde.
10. Os novos músicos são jovens arrogantes, e alguns deles são pessoas indecentes e perdidas.

Estas dez razões foram adaptadas de uma declaração de 1723 dirigidas contra o uso de hinos! O que podemos perceber é que os hinos aprovados pela igreja, [também] já foram criticados no passado. Aqueles que são os críticos dos hinos de hoje, herdaram seu descontentamento de uma longa linha de predecessores. A polêmica tem nos acompanhado por séculos. Por exemplo, em 1984 quando os *cânticos* eram populares na adoração, uma turma de estudantes da Bible College[10] me forneceu dez razões por que eles não apoiavam o uso de hinos antigos:

1. Muitos hinos são doutrinários e instrutivos, ao invés de contribuir para o louvor e adoração.
2. A música é formal, estruturada e fora de moda, ao passo que se opõe a ser jovem e contemporâneo.
3. Muitas das palavras são arcaicas.
4. Alguns esqueceram os hinos como parte de seu rompimento com a aridez desanimadora do seu passado tradicional.
5. Muitos hinos *estão* mortos.
6. Muitas igrejas não podem custear os hinários.
7. Os hinos representavam o novo mover de Deus no passado, e os coros representam o novo mover de Deus em nossos dias.
8. Cânticos são simples e fáceis de se concentrar.
9. Ter que segurar um hinário é um fator negativo.
10. Os cânticos entregam-se mais facilmente ao derramamento do Espírito.

Talvez [o que] você possa dizer [sobre] aquelas dez razões é que cada geração tende a ter suas lentes particulares para enxergar sua herança espi-

---

10 N.T.: são instituições de ensino superior que preparam alunos para o ministério na Igreja. Algo equivalente aos nossos seminários.

ritual. Às vezes as lentes [podem estar] um pouquinho sujas. E as nossas [lentes, também] estão [sujas]?

Quando da recomendação do *Hinário Metodista de 1780*, para seu público, John Wesley o apoiou com essas palavras: "[É] grande o suficiente para conter todas as verdades importantes da nossa mais sagrada Religião... Em que outra publicação desta época você [encontraria] tão exato e completo relatório do cristianismo bíblico? [Onde acharíamos] tal declaração [sobre os] altos e baixos da religião, na teoria e na prática? [Ou] advertências tão veementes contra os erros mais comuns? E também, [onde teríamos] instruções tão claras para confirmar nosso chamado e eleição: para aperfeiçoar a santidade no temor de Deus?" Esperamos que possamos dizer o mesmo dos hinos de hoje.

Existem formas de fazer as canções de ontem compatíveis com o estilo musical de hoje. Por exemplo, alguns compositores estão pegando antigos hinos e preservando a letra, mas dando à música e à melodia uma percepção contemporânea. Ritmos criativos são adicionados, enquanto a melodia pode ser parcial ou totalmente alterada. Ressuscitar antigas canções fazendo nelas uma renovação musical nos ajuda a permanecer ligados à nossa herança de fé e introduz, [ao mesmo tempo], à nossa adoração vitalidade e conteúdo. [Dessa forma], todos saem ganhando.

[Já falamos] o suficiente sobre os hinos. Agora, vamos dar uma olhada na terceira categoria de canções que Paulo [listou] – *cânticos espontâneos* (Ef 5.19; Cl 3.16).

SOBRE OS CÂNTICOS ESPONTÂNEOS

Cânticos espontâneos são simplesmente "canções do espírito" – canções espontâneas vindas do coração naquele momento. Embora [esses cânticos] possam ser cantados em línguas estranhas (1Co 14.15), nosso foco aqui, está naqueles cantados em nossa língua nativa. Eles são improvisados, fora do tempo, incultos, e portanto, às vezes um pouco titubeantes, não sofisticados ou [em estado] bruto. Mas, ao mesmo tempo, podem ser singularmente fervorosos e inspirados com a energia do Espírito Santo.

Geralmente, os cânticos espontâneos são cantados por pessoas individualmente. Contudo, quando alguém entoa um cântico espontâneo no microfone, em alguns casos a congregação pega o tom do que está sendo cantado e começa a cantar em conjunto. Quando um grupo obtém um cântico espontâneo desta maneira, ele pode se encher do fervor do momento. Nas ocasiões em que ouvi este tipo de cântico espontâneo cantado coletivamente, ele produziu um efeito que me recorda de como João descreveu a adoração nos céus. Em Apocalipse 14.2, João disse que ouviu um som "(...) como a voz de muitas águas".

Por muitos anos, os cânticos espontâneos pareciam ser praticados apenas por poucos grupos do corpo de Cristo. Mas nos últimos anos, os cânticos espontâneos têm tomado todo o corpo de Cristo com grande sucesso. Os adoradores estão aprendendo a liberar as suas próprias e genuínas expressões de amor ao Senhor na congregação. À medida que nos tornamos mais leves e fluentes em expressar os *cânticos espontâneos,* se torna mais fácil e natural se aproximar das *canções proféticas.*

A renovação carismática dos anos de 1960 e 1970 viu o renascimento dos cânticos espontâneos. Congregações inteiras geralmente cantavam espontaneamente sustentando um único acorde. Nos anos oitenta, padrões rítmicos e movimentos com acordes começaram a ser adicionados. Na década de noventa, esta prática começou a ir além dos círculos carismáticos e crescer em muitas denominações dentro dos círculos evangélicos e históricos. A explosão dos cânticos espontâneos em décadas recentes é verdadeiramente gloriosa e notável. É uma restauração do estilo de adoração davídico.

Para dar a vocês uma ideia sobre os anos oitenta, vou contar uma história pessoal. Uma noite, fui a uma reunião de oração nos lares, onde era minha responsabilidade liderar a adoração. Ao me preparar para o período de adoração, eu não conseguia pensar em nenhuma canção que quisesse cantar. Examinei toda a minha lista cuidadosamente, mas nenhuma canção me interessou para ser a música de abertura. Então, decidi que não começaríamos com uma música conhecida. Ao invés disso, usando a melodia do simples coro, *Aleluia*, nós cantamos nossos próprios versos para o Senhor. Como todos conheciam o tom [da música] muito bem, todos estavam aptos a erguerem suas vozes em uma expressão de adoração livre e não planejada. À medida que [o culto] foi terminando, nós não cantamos um único salmo ou hino, apenas cânticos espontâneos. Nossos cânticos espontâneos produziram uma bonita liberação da adoração em grupo, e eu aprendi uma valiosa lição: nem sempre temos que cantar canções *conhecidas* para experimentar a verdadeira adoração. Podemos entoar cânticos espontâneos.

Atualmente, muitos ministérios de adoração facilitam o cantar de cânticos espontâneos através do uso de uma sucessão de acordes repetidos. Por exemplo, uma simples sucessão de acordes pode ter a duração de 16 tempos ou quatro compassos, e então isso pode ser toca uma infinidade de vezes. Uma variedade de melodias pode ser cantada com aquela sucessão de acordes, e às vezes melodias únicas são cantadas simultaneamente por todos juntos. Aprender a usar a sucessão de acordes na adoração espontânea não é, de fato, uma dificuldade a ser dominada. Uma busca bem-feita no YouTube ou na internet provavelmente irá ajudá-lo a encontrar várias formas de como isso pode funcionar.

Geralmente, existem dois níveis de cânticos espontâneos. No primeiro nível, nós podemos cantar um cântico espontâneo de louvor ao Senhor, o que significa que é para agradar exclusivamente a Ele. No segundo nível, é possível para um indivíduo cantar um cântico espontâneo que beneficie e edifique toda a congregação.

Vamos olhar mais de perto este segundo nível – cânticos espontâneos cantados por um indivíduo para a edificação da congregação. Eu vejo pelo menos quatro maneiras com as quais estes cânticos podem ser expressados.

Na primeira e mais comum destas maneiras, um cântico espontâneo pode ser uma canção de louvor dirigida ao Senhor, que é expressa no ouvir da congregação. O cantor pode simplesmente transbordar de gratidão ao Senhor por Sua bondade e perceber que a canção de agradecimento seria uma benção e inspiração para todo o Corpo. Conforme é erguido o louvor ao Senhor, a congregação é abençoada por escutar a canção e acrescentar o seu amém. A dinâmica do lugar pode exigir que seja cantado ao microfone (em submissão às políticas da liderança da igreja).

Quando se julga se tais expressões estão dentro das regras (se são apropriadas), em geral o teste decisivo [proposto] pela Bíblia é que traga edificação para toda a congregação (1Co 14.5). Se uma expressão pública de louvor produz um alto nível de louvor em todo o lugar, então ele é considerado lucrativo. Se, contudo o culto se esvazia por causa da música de alguém, então temos que aprender com nossos erros.

Na segunda maneira, um cântico espontâneo pode ser uma canção que é cantada do Senhor para Seu povo. Alguns chamaram isso de *a canção do Senhor* – um termo que discutimos mais cedo neste capítulo. Quando o Senhor está cantando sobre Seu povo, alguém com discernimento espiritual pode sentir a canção do Senhor, e pela fé cantá-la para a congregação. Nós podemos chamar isso de canção profética no sentido do cantor discernir proféticamente a canção de Jesus no momento. Às vezes tais canções são cantadas na primeira pessoa – por exemplo: "Meu povo, Eu me glorio em seus louvores". Desta maneira, o Senhor está apto a cantar para Sua igreja através de um canal humano que têm sensibilidade profética.

O terceiro tipo de cântico espontâneo pode ser uma exortação vinda do Espírito Santo que é cantada pelo povo de Deus. De acordo com 1Coríntios 14.3, as profecias devem tanto edificar, quanto exortar ou confortar o povo de Deus. Elas podem ser faladas, mas ocasionalmente podem ser cantadas. Cânticos espontâneos cantados desta maneira são uma forma bíblica do mover profético na adoração.

No quarto tipo, o cântico espontâneo seria possivelmente um reflexo da canção celestial. Enquanto está movido pelo Espírito Santo, alguém pode perceber a canção que está sendo cantada ao redor do trono de Deus e refletir esta canção para a congregação. Queremos que a vontade de Deus seja feita assim na terra como no céu (Mt 6.10), logo queremos que a canção de Deus seja cantada assim na terra como no céu. Quando céus e terra se unem no mesmo louvor, é uma antecipação do que Paulo descreveu em Efésios 1.10: "para tornar a congregar em Cristo todas as coisas, na dispensação da plenitude dos tempos, tanto as que estão nos céus como as que estão na terra".

Eu encorajo as igrejas a exercitar os três tipos de canções que Paulo mencionou – salmos, hinos e cânticos espontâneos. E [o que] nós queremos é encontrar um equilíbrio saudável entre todos os três. Estou convencido de que nossa adoração encontrará maior profundidade quando todos os três tipos – salmos, hinos e cânticos espontâneos forem intencionalmente exercitados na igreja local.

ISTO É PARA TODOS

Visto que lemos sobre cantar cânticos espontâneos sob a inspiração do Espírito Santo, algum de nós poderia ser tentado a pensar: "Ora! Eu nunca poderia fazer isso! Eu não tenho esse tipo de unção profética em minha vida". Mas você não tem que ser um profeta para cantar profeticamente! O *espírito de profecia* pode vir sobre você e inspirar o seu cantar, se você desejar reconhecê-lo e responder pela fé. Apocalipse 19.10 diz: "porque o testemunho de Jesus é o espírito da profecia". Qualquer pessoa que testifique de Jesus tem um certo grau do espírito de profecia sobre si. Quando testificamos sobre Jesus com uma canção, nosso canto está provavelmente sob espírito de profecia.

Todos profetizam? 1Coríntios 12.30 parece concluir que *não*. Todos devem desejar profecias? Sim, 1Coríntios 12.31 diz, "Portanto, buscai com zelo os melhores dons". Então, se você nunca cantou um cântico espontâneo, deseje isso. Determine isso. Pratique isso.

Afinal, parece que este é desejo do coração de Deus para nós. Tenho em vista Números 11, quando os anciãos de Israel se dividiram com Moisés e Josué para buscar ao Senhor. Quando o Espírito do Senhor veio sobre os setenta anciãos, todos eles profetizaram. Contudo, dois anciãos não estavam presentes na reunião, mas o Espírito veio sobre eles enquanto estavam no campo, e eles também profetizaram. Alguém correu pra relatar isso a Moisés, e Josué falou: "Moisés, meu senhor, proíbe-lho", preste atenção na resposta de Moisés: "Tens ciúmes por mim? Quem me dera todo o povo do Senhor fosse profeta, que o Senhor lhe desse seu Espírito!" (Nm 11.28-29). [O profeta] Joel pode [muito] bem ter tido essa oração de Moisés em mente quando profetizou o derramamento do Espírito "sobre toda carne" (Joel 2.28). O desejo de Moisés tornou-se uma realidade no Novo Testamento, porque desde Atos [e os] dois derramamentos em Pentecostes, o Espírito de Deus tem sido derramado pródiga e indiscriminadamente sobre *todos* os povos e nações.

Acredite e receba! O Espírito do Senhor está sobre você!

Quando inicialmente comecei a entender o propósito da profecia na adoração, eu queria que Deus me usasse profeticamente, mas não estava certo se Ele queria. Por isso, perguntei a Deus: "O Senhor realmente quer me usar com os cânticos proféticos?" Eu nunca havia atuado antes [no ministério] dessa maneira, nem ninguém impôs as mãos sobre mim e me foi concedido o dom de profecia. Nunca ouvi uma voz vinda do céu, e também não me senti movido pelo Espírito de uma única maneira. Sendo assim, como eu poderia saber? Então o Senhor direcionou minha atenção para estes versículos que vimos anteriormente (1Cr 25.1,3; 1Sm 10.5-6; 2Rs 3.15-16; 2Cr 29.30), e então pude compreender que desde que Ele me chamou para o ministério de música e me ungiu como líder de adoração, Ele também desejou que eu cantasse cânticos espontâneos e tivesse liberdade em cantar canções proféticas. À medida que meu entendimento cresceu, eu percebi que Deus *já havia me dado* a unção profética. Eu simplesmente precisava aceitar e começar a exercitá-la pela fé. E foi o que eu fiz. Comecei a ministrar com canções proféticas (cânticos espontâneos), e isso foi confirmado com a orientação do Espírito por causa da forma como edificou a congregação.

UM PASSO DE FÉ

Eu achei que o princípio de Romanos 12.6 foi de grande ajuda na liberação dos cânticos proféticos em minha vida. Neste verso, Paulo disse que se tivéssemos recebido o dom de profecia pela graça, nós deveríamos usá-lo "na proporção de sua fé". A fé é a chave. Declarações proféticas são destravadas pela fé. A primeira vez em que você tomar a iniciativa de cantar profeticamente irá exigir um grande passo de fé de sua parte. Se tiver fé para isso, então cante! Aqueles que têm medo de exercitar este tipo de fé podem nunca sentirem-se inspirados a cantar canções proféticas. Deus não vai passar por cima nossa fé e nos fazer profetizar repentinamente. Ao invés disso, Ele gentilmente nos encoraja a exercitar nossa fé e seguir a liderança do Espírito Santo. Basicamente, se temos a intenção de cantar canções proféticas, chegará um momento em que teremos que dar um passo de fé.

Entretanto, quando escolhemos isso, devemos estar preparados para enfrentar as consequências. Enquanto somos inexperientes e estamos aprendendo, não devemos nos ofender se um líder nos corrigir ou nos aconselhar. Por outro lado, se esperarmos até estarmos maduros o suficiente para exercitar o dom com perfeição, nós nunca vamos fazer nada. Crescer exige coragem para cometer erros e aprender [com eles]. Contudo, se a congregação é edificada, existem chances de que ao invés de uma repreensão você receba confirmação e encorajamento.

Se você der um passo de fé e experimentar profetizar em canções, qual a pior coisa que poderia acontecer? Ser repreendido diretamente do púlpito? Uma vez identificada a pior coisa que poderia acontecer, você pode compreender que arriscar pela fé vale a pena. Particularmente, eu preferiria arriscar [e ter] a chance de [ver] o que poderia acontecer comigo se estou sendo usado por Deus, do que nunca usar essa chance e não ser usado por Deus.

Não importa quão maduro você se torne em seus dons ou no seu chamado, toda vez que você exercita seu chamado [isto também] requer um esforço na fé. Nós nunca amadurecemos demais na fé.

[O profeta] Amós disse, "Certamente o SENHOR Deus não fará coisa alguma sem antes revelar seu segredo aos seus servos, os profetas" (Am 3.7). Os pensamentos de Deus são incontáveis – Ele tem muitíssimo a dizer para o seu povo. Se você tem muito a dizer a Deus, imagine o quanto mais Ele tem a dizer para você. Cultos de adoração deveriam ser momentos de um diálogo interativo entre o noivo [Jesus] e a noiva [igreja]. As canções proféticas são justamente sobre isso – dar a Jesus a oportunidade de cantar sobre o Seu povo.

ALGUNS CONSELHOS

Deixem-me sugerir alguns conselhos práticos para crescer na liberação espiritual e nas canções proféticas.

1. Cultive a intimidade com Jesus

Para fortalecer seu fluir dos cânticos espontâneos, gaste bastante tempo com Deus em um lugar secreto. Conforme meditamos na palavra e oramos no Espírito, nos lembramos e ampliamos a fonte a qual nos dirigimos. Os cânticos espontâneos nascem de uma amizade fervorosa com Deus. A oração e o profetizar caminham juntos. Por exemplo, os anciãos em Antioquia reuniram-se para jejuar e orar, o espírito de profecia veio e Paulo foi enviado às nações (Atos 13.1-3). Assim como os profetas Elias e Jeremias, seja [você também] uma pessoa de oração.

2. Busque a Pureza

Em Malaquias 3.2, o Senhor expressa Seu profundo desejo de que Seus Levitas tragam a Ele uma oferta em *justiça*. Quando a fonte [de onde] nós tiramos é caracterizada pela justiça e pureza, o fluir da palavra de Deus cresce. Suas palavras são completamente puras (Sl 12.6) e elas vêm de uma fonte que produz água pura (Tg 3.11).

3. Siga a Boa Ordem

Paulo escreveu: "O espíritos dos profetas está sujeito aos profetas; por que Deus não é Deus de confusão, se não de paz" (1Co 14.32-33). Eu vejo aqui quatro princípios relacionados em função da ordem. Primeiro, nós podemos reprimir e liberar o fluir profético. Segundo, somos capazes de esperar pela hora certa. Terceiro, estamos no controle e portanto somos responsáveis pelo que declaramos e pelo que cantamos. Quarto, as emoções devem ser controladas.

4. Preste Atenção Em uma Palavra

À medida que você está adorando ao Senhor, preste atenção naquelas vezes em que determinada palavra se destaca no seu coração. Você pode sentir-se inclinado a entoar um cântico espontâneo a respeito desta palavra ou frase.

5. Avalie o Impulso

O cântico que está em seu coração é algo que é apenas para você e Jesus ou é algo que edificaria toda a congregação? Este é o momento certo para liberá-lo?

6. Seja Confiante

Quando você decide entoar um cântico espontâneo em voz alta, cante forte e claro. Na congregação, se uma expressão é *inaudível*, ela é *inválida*. Uma expressão válida edifica toda a congregação, então tem que ser ouvida por todos. Não espere ter todo o cântico antes de começar. Quando você se entregar à adoração, o Senhor lhe ajudará a completar. Não deixe o medo privar você e a igreja. Fé é desejar correr riscos e então tomar a iniciativa, aprender com os seus erros e crescer.

7. Pratique

Sim, você pode realmente praticar os cânticos espontâneos. Cante no seu lugar secreto. Cultive e desenvolva sua habilidade em particular. As equipes de adoração também podem praticar os cânticos espirituais durante seus ensaios.

Somos advertidos, "Não desprezeis as profecias" (1Ts 5.20). Honre o papel dos cânticos espirituais na congregação. Não despreze alguém por ser imaturo ou não estar fazendo [tudo] com perfeição. Toda expressão profética tem em si elementos fracos (1Co 13.9). Em vez de desprezar o que é fraco, vamos receber o que o Espírito Santo está liberando através de um servo disponível.

Os cânticos proféticos liberam coisas poderosas no meio da adoração coletiva. Eu falo mais sobre esse assunto em meu livro *Segredos da Adoração* (Atos, 2015). Que a canção do Senhor flua livremente na igreja, e que o nome de Jesus seja exaltado nas alturas e que o Pai seja glorificado!

Parte Dois
Liderar o Louvor e a Adoração

CAPÍTULO OITO

A ARTE DE LIDERAR A ADORAÇÃO

Liderar a adoração é uma arte porque é uma habilidade que se aprende. Os líderes de adoração não se tornam eficientes do dia para a noite. Assim como o pregador melhora suas habilidades de comunicação e um professor se torna mais competente com a experiência, um líder de adoração também melhora com o tempo e a prática. Nós vamos examinar agora algumas dinâmicas da liderança da adoração e considerar maneiras de aumentar nossa eficácia no ministério.

A NECESSIDADE DE UM LÍDER DE ADORAÇÃO

Um pequeno grupo que se reúne numa casa não precisa, necessariamente, de um líder de adoração, mas para a adoração ser eficaz em um grupo de mais de uma dúzia de pessoas, torna-se necessário um líder. Quanto maior o grupo, mais significativo o papel do líder. Os líderes trazem foco, direção e coesão a adoração coletiva, de modo que o tempo para as canções cumpra um propósito e leve a algum lugar.

O canto congregacional exige que um líder de adoração seja escolhido. Sem um pastor, as ovelhas tendem a vagar sem destino. Sob uma liderança cuidadosa, a adoração coletiva aumentará em unidade e vitalidade. Os líderes planejam a sequência de canções, para que haja um fluir e uma progressão na adoração. É tarefa do líder de adoração preparar em oração a lista de canções.

Além disso, um líder de adoração une os músicos à congregação em uma unidade melódica e rítmica. A consistência rítmica é essencial para um fluir suave na adoração, então alguém precisa ser escolhido para determinar o ritmo inicial de cada canção – seja esta pessoa o líder de adoração ou um músico. A necessidade de liderança no ritmo na adoração corporativa é, na verdade, bem forte.

QUALIFICAÇÕES DE UM LÍDER DE ADORAÇÃO

Cada igreja deve estabelecer para si mesma as expectativas colocadas sobre seus líderes de adoração. Deixe-me listar aqui nove qualificações que eu espero que a maioria das igrejas considere essencial num líder de adoração.

1. Um adorador

Primeiro, o líder deve ser um adorador. Ter habilidades musicais não é suficiente. Um líder deve demonstrar seu compromisso pessoal e apaixonada aos louvores de Jesus Cristo. Verdadeiros adoradores adoram, quer estejam liderando ou não. Um verdadeiro líder de adoração adora não importa onde esteja – seja no palco, na galeria ou no meio da congregação. Os líderes de adoração devem ser primeiramente adoradores porque eles só podem liderar as pessoas a lugares aonde eles já foram antes. Algumas pessoas são escolhidas como líderes da adoração porque têm uma bela voz ou um bom ouvindo para música, ou ainda porque gostam de cantar ou até mesmo adorar. Mas há uma diferença entre gostar de adorar e ser um adorador. Um adorador é alguém que aprendeu a disciplina diária de submeter-

-se ao total senhorio de Cristo através de todas as emoções e circunstâncias tão instáveis – uma qualidade que é essencial para um líder adorador.

2. Maturidade

Uma segunda exigência é uma caminhada espiritual sólida. Os diáconos devem ser testados antes de servir (1Tm 3.10). Nós não queremos um noviço espiritual liderando nossos cultos de adoração.

3. Relacionamento

Terceiro, um líder deve estar familiarizado com o estilo e costumes de sua igreja em particular. Os líderes precisam compreender a cultura da igreja para que possam ligar-se à congregação de maneiras que promovam um envolvimento vibrante em adoração.

4. Musicalidade

Do mesmo modo, o líder deve ser musicalmente inclinado em um nível que seja aceitável para aquela igreja especificamente. Em geral, quanto maior a igreja, maior o nível de musicalidade que é exigido.

5. Irrepreensível

Um líder deve ter boa reputação na comunidade. Se alguém não é respeitado por sua caminhada diária com Deus e sua vida em família, ele não ganhará o respeito das pessoas instantaneamente simplesmente pisando no palco.

6. Jogador de equipe

O líder deve saber jogar em equipe, seja a equipe de adoração ou a equipe pastoral. Na maioria das igrejas, o líder de adoração é também o líder da equipe de adoração e nós precisamos que a pessoa que lidera a equipe seja cativante e ajunte seguidores por causa da graça que leva sobre si.

7. DNA adequado/condizente

Um líder deve sentir-se compatível com a teologia, a doutrina e o governo da igreja. Além disso, deve haver fortes laços de afeição com o pastor e a equipe pastoral. Nós não queremos uma situação em que o líder de adoração não gosta de como a igreja está sendo dirigida e deixa um rasgo na igreja saindo de um modo desagradável.

8. Compromisso

O líder deve ser firmemente comprometido com esta igreja vendo-a como sua igreja local. Isto quer dizer frequentar as reuniões da igreja, mesmo quando eventos especiais estejam acontecendo em outra igreja na região. Como o pastor, o primeiro compromisso é com a igreja local.

9. Modelo inspirador

Finalmente, queremos um líder de adoração com uma personalidade entusiasmada, amigável e motivadora. Os líderes precisam demonstrar a habilidade de liderar as pessoas tanto sobre quanto fora do palco. O entusiasmo e o zelo por Jesus são contagiosos. Se o líder sofre quando tem que se misturar com as pessoas socialmente, elas terão dificuldade de receber a sua liderança no palco.

Qualificações tais como estas nove não tem a pretensão de desencorajar os candidatos de serem líderes de adoração, mas, sim, inspirá-los a se levantarem para o chamado de Cristo. Servir como líder de adoração é uma das tarefas mais visíveis no serviço da igreja local. Portanto, é adequado, que as qualificações sejam tão sérias quanto.

Você deseja liderar a adoração? Você aspira uma nobre tarefa, então, deixe o seu coração erguer-se à altura do desafio. Deixe que a grandeza do chamado motive você a caminhar mais perto de Deus.

Depois de atender a estas qualificações, um líder desejará continuar a crescer em todos os aspectos – numa habilidade musical, nas habilidades de liderança, na sensibilidade espiritual e no conhecimento de Cristo. A experiência pode transformar um líder forte em um líder excepcional.

Liderar a adoração não tem tanto a ver com *fazer* quanto tem a ver com *ser*. É um grande elogio quando as pessoas dizem: "você é em casa a mesma pessoa que é no palco". As pessoas não ficam encantadas com um líder que assume uma personalidade de palco – ou seja, uma *persona* artificial – quando está na frente da multidão. Quando ao microfone, não devemos tentar impressionar as pessoas com nossa presença de palco e estilo floreado. Ao contrário, devemos mostrar autenticidade e sinceridade. As pessoas querem seguir o você verdadeiro.

Ao mesmo tempo em que o coração do líder de adoração é o fator mais importante, certos elementos externos também devem ser considerados. Deus olha para o coração, mas as pessoas veem o exterior. Devemos honrar as regras de vestuário quando estamos no palco da igreja. Os líderes de adoração devem vestir-se de um modo que os faça invisíveis. Podemos distrair as pessoas quando nosso traje é casual ou formal demais. Acima de tudo, devemos nos vestir com modéstia.

A EXPERIÊNCIA MUSICAL DO LÍDER

Embora haja exceções, normalmente o Senhor chama para líder de adoração aquele que tem um ouvido musical e habilidade de entender os fundamentos da música. O conhecimento musical só aumentará a eficácia de um líder. Nós queremos um líder com quem os músicos da equipe gostem de trabalhar.

Como um líder de adoração pode continuar crescendo musicalmente? Primeiro, desenvolva sua habilidade de canto. Faça algumas aulas de voz. Aprenda a aumentar sua projeção e controle vocal. Tente desenvolver a beleza da voz ao cantar (sim, isso pode ser desenvolvido). Busque um *vibrato* agradável. Leitura de partituras também é uma habilidade valiosa e que você pode aprender.

Às vezes uma música pode começar na nota errada por engano e as pessoas cantarem muito acima ou muito abaixo da sua extensão vocal. Quando isso acontecer, não é necessário cantar a música até o final num tom ruim. Pare a música, e diga algo do tipo "Estamos no tom errado. Vamos acertar". Os músicos mudarão o tom e lá vamos nós.

Estabilidade rítmica é de grande ajuda na adoração, razão pela qual os "cliques" têm ajudado tantas equipes de adoração (N.T. – *Click Track* é um amplificador de fone de ouvido, ligado à mesa de som, que conecta até 6 músicos com a mesma batida de um metrônomo digital. No Brasil é conhecido entre os músicos também como Power Click, e às vezes chamado apenas de "clique"). É incrível como um ritmo errado pode estragar a eficácia de uma ótima música rapidamente. Se estiver muito devagar, as pessoas sentirão um peso na canção. O problema provavelmente não é um espírito de opressão na reunião. A música só está muito lenta. Ou se a canção estiver muito rápida, as pessoas não conseguem absorver o significado dela e podem até sofrerem para pronunciar as sílabas rápido o suficiente. Líderes sábios trabalham para achar o andamento adequado de cada canção.

Os "cliques" lhe permitirão começar uma canção no andamento certo, desde a primeira batida. Se você não tem a opção de ter um "clique", desenvolva a habilidade de começar uma música no andamento certo. Os bateristas, especialmente, devem dominar esta habilidade.

Os bateristas também devem desenvolver a habilidade de mudar o andamento no meio de uma canção. Se a canção estiver muito lenta, aprenda a acelerar o andamento. Isto é mais difícil do que parece. Eu tive um baterista na minha equipe que quando eu sinalizava para ele acelerar o ritmo do andamento apenas um pouco, ele apenas tocava a bateria com mais força. Estava fora da sua habilidade conduzir a equipe para um andamento mais rápido. O que estou tentando dizer é: isto não é fácil de fazer e exige prática. Se o seu baterista não sabe como mudar o andamento no meio da canção, não há nada errado em parar a música no meio e começar de novo. Tudo isto pode ser feito com graça sem insultar qualquer dos outros músicos dizendo coisas do tipo, "Isto está parecendo um funeral". Não vamos culpar ninguém pelo andamento ruim, vamos simplesmente tentar outra vez.

UM COMPROMISSO PARA CRESCER

Os ministérios de adoração são sempre se esforçando para crescer em excelência. Por quê? Porque quando crescemos no domínio de nossos instrumentos, trazemos novos sons para a equipe, ou melhoramos a habilidade vocal, fortalecemos nossa habilidade de liderar em expressões de adoração mais amplas. Quanto mais diversificado for um ministério de adoração, mais preparados eles estarão para seguir os movimentos criativos do Espírito Santo e servir a congregação em suas diversas necessidades.

Deixe-me ilustrar com o exemplo de um mecânico de carro. Suponha que você leve seu carro a um mecânico que tenha apenas um par de alicates, um martelo e uma chave de fenda. Ele ficaria muito limitado nos tipos de reparo e serviços que poderia fazer no seu carro. Quando mais ferramentas ao seu dispor, maior a gama de reparos que ele pode oferecer. O mesmo princípio é verdade para um ministério de adoração. As equipes de adoração sempre estão tentando melhorar sua caixa de ferramentas, para que possam servir à congregação com maior eficácia.

É por isso que as equipes de adoração se preparam para a adoração aprendendo constantemente novas canções. Cada canção que a equipe de adoração domina torna-se outra ferramenta à sua disposição para dar louvores ao Senhor e prover aos crentes uma linguagem para destravar o seu coração.

O ministério de adoração de uma igreja é um dos ministérios mais visíveis de uma igreja local e a excelência na música é uma afirmação aos convidados que visitam a igreja. Ela fala aos que buscam e perguntam que somos comprometidos com a excelência como igreja em cada esfera do nosso ministério – uma qualidade que é atraente para cada um que procure conhecer uma igreja.

Encoraje os seus músicos a terem mais aulas de música. Traga um professor de canto para os seus cantores. Organize uma clínica para composições. Treine os músicos em teoria musical e técnicas de improviso. Contrate um consultor de som. Mande vídeos úteis do YouTube para todos da sua equipe. Leiam e discutam juntos sobre um bom livro de adoração. Construa um mecanismo para treinar jovens músicos na igreja. Vamos continuar crescendo!

DIRETRIZES GERAIS PARA OS LÍDERES

Seja confiável. Quando você é preparado, ágil e comunicativo, você prova ser um recurso forte para o pastor e para a equipe de liderança. Seja fiel à sua palavra e cultive a fidelidade. Atenda as expectativas do seu pastor. Mostre ser um servo de Cristo humilde e diligente.

Seja natural. Seja verdadeiro quando liderar a adoração. Não imite o estilo de nenhum outro líder de adoração. Aprenda com outros líderes de adoração, mas então adapte o que você aprendeu à sua própria personalidade. As pessoas vão gostar de seguir você quando virem o quanto você fica à vontade. O Corpo precisa que você seja você.

Surfe a onda todinha até à praia. Com isso, eu quero usar a linguagem do surfe. Um surfista vai buscar e esperar por uma onda para surfar. Quando ele achar a onda certa, ficará nela enquanto ela estiver ali. Uma dinâmica semelhante pode acontecer num culto de adoração. Algumas vezes você pegará uma onda no Espírito e se tornará consciente de que Deus está se movendo de uma maneira específica no momento. Quando você sentir aquele fôlego especial de Deus sobre a adoração do momento, demore-se para dar o próximo passo. Gaste tempo para apreciar os movimentos do Espírito naquele lugar especial de intimidade. Se você sentir que o Espírito está enfatizando um certo tema, tal como adoração, arrependimento, regozijo ou qualquer outro, esteja disposto a ficar ali por alguns momentos. Se Deus está trabalhando nos corações, espere que Ele complete esta obra. O que é mais importante em nossa ordem de culto do que encontrar-se com Deus? Ele é a razão pela qual nos reunimos. Quando Ele está falando, vamos ouvir.

De um modo semelhante, não mande as pessoas se sentarem em meio à uma onda de louvor. Quando há uma energia entusiasmada numa canção, mandar as pessoas sentarem é como jogar água no fogo. Quando você estiver em alto louvor, permita que as pessoas se sentem.

Alguns cultos são ocasiões para o que eu chamo de *abortos espirituais*: o culto de adoração sofre uma parada antes que Deus fosse capaz de completar o que ele está tentando trazer à vida nos corações das pessoas. Busque uma confirmação no seu coração de que o culto de adoração *acabou*.

Por outro lado, evite uma *enchente* cantando muitas músicas no culto de adoração depois de sentir que o trabalho já está completo. Assim como uma planta pode ser estragada com muita água, um culto de adoração pode ficar atolado por muitas canções.

Líderes de adoração, estejam prontos para uma canção adequada a cada momento – "a tempo e fora de tempo" (2Tm 4.2). Os líderes de adoração às vezes são chamados para liderar uma canção nos momentos mais inesperados. Então quando você estiver numa reunião, pergunte a si mesmo, "Se eu fosse chamado para uma canção apropriada bem agora, qual eu escolheria?" Veja a si mesmo como de plantão. Uma coisa que os pastores adoram num líder de adoração é quando eles têm a habilidade de trazer uma canção adequada de última hora.

Esteja pronto para explicar. Quero dizer, esteja preparado para ajudar os visitantes a entender alguns aspectos da canção. O Espírito Santo pode dirigir você em alguma ocasião para dar uma explicação bíblica para certas expressões de louvor e adoração. Isto não é necessário em cada culto, mas pode ser útil quando feito com sensibilidade e brevidade. Você pode pensar em colocar uma página no site da igreja que dê uma base bíblica para suas práticas. Pode ser útil para as pessoas saberem o que vão encontrar quando visitarem a igreja. Aprenda a encontrar o equilíbrio entre estilos de liderança muito fortes ou muito fracos. Pedir um retorno da equipe de liderança pode ser útil aqui. Seja você mesmo. Mas se você tem uma personalidade forte, exerça um pouco de restrição sobre o seu estilo de liderança. Se, por outro lado, sua personalidade é mais retraída, você pode precisar se esforçar para dar a força necessária que o culto pede. Todos nós queremos encontrar um estilo de liderança que seja claro, inspirador, apaixonado e sensível.

Seja apaixonado em seu amor por Jesus. As pessoas não seguem você porque você chegou; elas seguem você porque você tem fome. Eles não são inspiradas por seus resultados, mas por sua busca.

Alguns líderes de adoração vêm ao culto para "fazer um trabalho" – para levar as pessoas a adorar. Como se fosse apenas um trabalho. Esta mentalidade produz um espírito mercenário. Ao invés de tentar fazer todos os outros adorarem, por que não abandonar tudo isso e dar a si mesmo em adoração para Jesus na presença deles? Os sinceros responderão à sua autenticidade e vulnerabilidade. O contágio de sua paixão por Jesus acenderá um fogo em seus espíritos e os inspirará a unirem-se em sua busca por Cristo.

Tudo que os líderes de adoração podem fazer é trazer a si mesmos ao culto. Quando nós lideramos a adoração, vocês nos veem. Sem fachadas – só nós, de verdade. Liderar a adoração é pegar o seu clamor pessoal e torná-lo público. Onde você está, pessoalmente, na sua caminhada com Deus? Traga isso para o culto. Libere seu clamor a Deus na presença da congregação e ela se unirá a você.

O LÍDER DE ADORAÇÃO / MÚSICO

Eu encorajo os líderes de adoração a aprender a tocar um instrumento, se eles puderem. Esta habilidade não é essencial para liderar a adoração, dado que muitos líderes eficientes de adoração não tocam nenhum instrumento. Mas ajuda. Eu recomendo especialmente aos líderes de adoração que aprendam a tocar teclado ou violão porque é um instrumento importante na condução da adoração.

Eu vejo pelo menos três benefícios em tocar violão ou teclado enquanto lideramos a adoração.

1. Ritmo e andamento

Os movimentos das mãos no instrumento ajudam a dar o manter o andamento da canção porque os movimentos são vistos e ouvidos. Isto é mais fácil e mais eficaz para comunicar um andamento do que movimentos de um regente no coral ou o estalar de dedos. Nesse momento, o líder de adoração está no banco do motorista no que diz respeito a dar ou mudar o andamento.

2. Transição de músicas

Você não precisa sinalizar quando a música acabar, ou anunciar qual será a próxima canção. Ao contrário, você pode apenas encerrar a canção com sua liderança musical ou seguir facilmente para a próxima música sem ter que anunciar para a congregação ou equipe.

3. Comunicação

Em geral, a comunicação é muito apertada. Por exemplo, se você quer fazer uma mudança musical, ao invés de tentar mostrar verbalmente para outro músico o que você está querendo, você pode só iniciar a mudança por conta própria. Ao invés de dizer a um músico, "Me dá um Lá", você mesmo pode fazer isso.

Algumas vezes um líder de adoração quer comunicar algo aos músicos mas é incapaz de fazer contato visual no momento. Nestas horas, algumas vezes as deixas são perdidas ou se atrasam. Quando o líder de adoração é um músico, muitas destas deixas são comunicadas com fluidez simplesmente tocando no instrumento o que é desejado.

Algumas vezes um líder de adoração quer que o músico toque um interlúdio e pode ser difícil transmitir o que se deseja. As palavras não comunicam. "Toque algo intuitivo agora". Como dizer ao músico o que você quer? Eles não podem ler sua mente. Mas se você puder tocar algo você mesmo, os outros podem seguir.

Tocar um instrumento enquanto lidera a adoração é desafiador. É muito para fazer de uma vez só – cantar a melodia corretamente, ficar no tom, acertar a letra, tocar a música na nota certa, bater as cordas, dar o andamento certo, liderar a equipe, ler a congregação, discernir a liderança do Espírito Santo – nem todos são capazes de equilibrar todas estas coisas simultaneamente. Para fazer isso com eficácia o líder de adoração precisa se familiarizar tanto com seu instrumento que tocar torne-se quase uma segunda natureza para ele. Mas é incrível o que alguém pode aprender a fazer com prática suficiente. Passe tanto tempo quanto possível cantando com seu instrumento e você fortalecerá sua habilidade de liderar com o seu instrumento. A recompensa vale a pena.

LIDERANÇA INVISÍVEL

Algumas congregações aprenderam a louvar em proporção direta ao nível de energia dado pelo líder da equipe de adoração. Quanto mais o líder de adoração grita e dança e exorta, mais as pessoas respondem. Mas eu considero isso um paradigma enganoso. Isto transforma o líder em um pastor de rebanho e as pessoas em artistas. A adoração não é uma resposta para apaziguar as expectativas do líder de adoração; ela é uma resposta ao movimento gracioso do Espírito Santo no coração. É uma resposta de amor.

Alguns líderes de adoração exercitam uma presença tão visível no palco que a congregação instintivamente mantém seus olhos grudados nele. Cada movimento é dirigido do palco e as pessoas respondem automaticamente. Os líderes que mantém este tipo de perfil podem na verdade distrair as pessoas da adoração.

Eu gostaria e apresentar um paradigma para a liderança de adoração na qual o líder provê liderança clara, mas também busca ser tão invisível quanto possível diante da congregação. O objetivo é sair da frente para que o foco dos adoradores saia do plano horizontal para o vertical.

Toda a equipe de adoração quer tornar-se invisível, mas o objetivo não é fácil de alcançar por causa da natureza tão visível do nosso ministério. Pense nisso. Os assentos são postos de um modo que todos olhem para nós; estamos numa plataforma elevada; tem luzes sobre nós; os músicos fazem sinais uns para os outros; exortamos e lemos a Bíblia; tudo que fazemos está sendo amplificado através de autofalantes potentes; nós estamos demonstrando louvor e adoração erguendo nossas mãos, batendo palmas, dançando, cantando, etc. Com tantas coisas vindas do palco, como as pessoas podem evitar serem atingidas por nós?

Com tanta poluição visual, o peso cai sobre toda a equipe de adoração para buscar o maior nível de invisibilidade possível. O culto precisa de direção, então nós não relaxamos na liderança, mas trabalhamos para nos tornarmos invisíveis na presença gloriosa de Cristo.

A melhor maneira que eu conheço para a equipe de adoração tornar-se invisível é para cada um da equipe colocar seus olhos no Senhor. Quando erguemos as mãos, olhamos para o Senhor e demonstramos com nosso corpo e nossa linguagem corporal que estamos ligados com Jesus, nós deixamos de ser algo para observar. Quando as pessoas olham para nós, sua resposta instintiva é erguer seus olhos para Aquele que estamos contemplando – o próprio Senhor Jesus.

Movimentos expressivos e animados podem ser apropriados para os cantores na plataforma durante músicas animadas. Mas quando progredimos para o louvor mais profundo, devemos evitar movimentos largos que atraiam a atenção para nós mesmos.

Uma maneira de tornar-se menos visível é afastar-se do microfone um pouco quando a congregação tem seu próprio momento e não precisa que cantemos todas as notas.

A pergunta tem sido feita se os líderes de adoração devem manter seus olhos fechados ou abertos. Eu acho que os dois são permitidos, mas eu pessoalmente prefiro abertos a maior parte do tempo. Eu vejo um líder de adoração que mantém seus olhos fechados durante todo o culto de louvor. Ele pode estar conectado com Deus, mas ele com certeza não está conectado com o ambiente. Ele não tem ideia do como a congregação está. Por outro lado, alguns líderes de adoração ficam continuamente olhando ao redor para ver como as coisas estão indo em cada canto do santuário. Eles estão muito ligados com a congregação mas não parecem estar ligados com o Senhor. Os líderes de adoração podem cair na *síndrome de Marta* de servir às custas da adoração. Um líder ocasionalmente pode olhar para perceber o engajamento da congregação mas, acima de tudo, deve estar olhando para o Senhor em adoração. Portanto, como um adorador, eu acho que não há problema para o líder de adoração fechar seus olhos de vez em quando se ele quiser.

Os líderes de adoração são pastores da adoração. Eles cuidam do rebanho. Os líderes de adoração não estão simplesmente tentando fazer brotar uma certa resposta dos adoradores; eles estão buscando levar a congregação a algum lugar juntos. Estamos numa jornada coletiva para o coração de deus.

Resumindo, o objetivo do líder de adoração é *prover a melhor oportunidade para que as pessoas adorem*. Nós abrimos uma mesa de banquete e a decisão de participar é deles. Se eles recusam-se a participar, permanecemos na mesma posição – nós continuaremos a dar-lhes a melhor oportunidade possível. O pensamento do líder de adoração é algo do tipo "Eu vou até o trono do céu. Você é bem vindo para vir comigo e com a equipe enquanto desfrutamos a presença de Deus. Mas quer você venha ou não, nós ainda estamos indo!" Se nós lideramos um grupo que é resistente e não responde, algumas vezes precisamos liberá-los para o Senhor e ir atrás de Deus nós mesmos.

Para terminar, nós não somos o líder de adoração. O Espírito Santo é o verdadeiro líder de adoração. Apenas Ele pode inspirar e mover os corações das pessoas. Como um líder de adoração servindo sob Sua administração, somos simplesmente um vaso através de quem Ele opera. Se o Espírito Santo não está capacitando certo grupo a adorar, o que nos faz pensar que nós podemos? Quando o culto que lideramos é difícil, algumas vezes nós simplesmente renunciamos e liberamos a reunião para a vontade soberana do Espírito Santo.

Quando os líderes de adoração tornam-se controladores, isto normalmente é enraizado num desejo nobre de ver as pessoas adorando livremente com uma face descoberta (2Co 3.18). Porém, devemos continuar a resistir à tentação de implementar a visão dada por Deus com força natural. Algumas vezes ficamos impacientes com o quanto as pessoas são lentas para progredir em sua resposta a Deus e nós queremos insistir com elas. Mas se tentarmos dirigir o rebanho num passo mais rápido que o Espírito Santo determina para eles, podemos facilmente lutar na carne.

Quase todo líder de adoração tem que pelejar fisicamente com a propensão de lutar na energia humana. Tecnicamente, sabemos que é "Não por força, nem por violência, mas pelo meu Espírito diz o Senhor dos Exércitos" (Zc 4.6), mas ainda assim é tão fácil de dar um passo ou dois na frente de Deus.

Romanos 15.30 fala de lutar em oração, mas adorar é diferente. A adoração é uma zona livre de luta. Os sacerdotes no tabernáculo de Ezequiel usavam trajes de linho para minimizar o suor (Ez 44.18). Ministrar ao Senhor deveria ser *sem suor*. Há uma tensão aqui, porque alguns líderes de adoração saem de um culto de adoração molhados de suor. Isto é porque liderar a adoração algumas vezes é um trabalho duro. E ainda assim, há um espírito de repouso que o Senhor quer que os líderes encontrem mesmo nos rigores da liderança da adoração.

Que o Senhor lhe dê uma grande visão para a adoração em sua igreja local, mas então trabalhe somente no poder do Espírito para fazê-la acontecer. Os líderes tornam-se muito mais eficazes quando eles relaxam e aprendem o quanto o jugo de Jesus é *suave*. Are na sua própria força e você ficará logo exausto. Aprenda a fluir com o Espírito Santo e Ele vai arar a terra.

Nosso objetivo como líderes de adoração não é a adoração. Se nosso objetivo for a adoração, focaremos mais em manifestações externas. É possível ter todos os sinais e sons de adoração mas estar vazio no nível do coração. Nosso objetivo não é a adoração, portanto, mas é Deus. Só temos nossos olhos para Jesus (Hb 2.9; 3.1; 12.2). Quando Ele é o nosso objetivo, nós adoraremos. Sejamos cuidadosos para que não *adoremos a adoração* – ou seja, que nosso objetivo não seja a manifestação física do entusiasmo cheio de energia. Nós não estamos buscando expressões externas, mas um encontro espiritual e dinâmico com o Deus vivo.

ASSUMINDO – E PERDENDO – O CONTROLE

Um líder de adoração não conduz ou coage ou "anima". Ao contrário, nós encorajamos, motivamos e inspiramos. Quando manipulamos ou nos esforçamos para receber uma certa resposta das pessoas, estamos entrando no território proibido de controlar a adoração. Não devemos direcionar as respostas das pessoas, nem mesmo se o objetivo for nobre. Líderes de louvor eficientes aprendem a arte da exortação, não da manipulação. Nós não controlamos, nós inspiramos.

Um líder de adoração não é um líder de torcida, isto quer dizer que não devemos fazer algo para acordar as pessoas para louvar? Longe disso. O líder tem um papel significativo em suscitar e estimular o louvor. A abordagem do líder de adoração pode ser resumida nesta máxima: tomar o controle, depois perder o controle.

Tomar o controle. Exercite sua maior capacidade de liderança no início do culto de adoração. Dê um passo de coragem e tome conta. Seja forte com sua voz e seja diretivo com as canções que você está dirigindo. Isto ajudará o culto a iniciar de maneira forte. Isto ajudará as pessoas a relaxar porque perceberão que o culto está nas mãos de um líder que nos levará a algum lugar. Em outras palavras, não se levante e peça desculpas, "O nosso líder de adoração de sempre não está disponível hoje, então ele me chamou. Eu não sei o que eu estou fazendo e, para ser honesto, eu estou paralisado de medo. Se vocês orarem por mim, eu sei que Deus nos ajudará a passar por isso". Mesmo que você se sinta inseguro e incompetente, ponha suas inseguranças de lado e *lidere.* As pessoas relaxarão e adorarão se sentirem que o culto tem uma liderança forte e confiante.

Chame as pessoas para o louvor. Encoraje e provoque com otimismo e alegria. Solte o culto e segure o ambiente. Não se desculpe pelo fato de Deus ter escolhido uma liderança humana. Deus não lidera cultos de adoração sem a gente. Ele faz isso através da gente. O culto de adoração tem que ser liderado e, líder de adoração, este é o seu papel. Lidere! Se sua confiança está atrasada, você pode recitar a Escritura Sagrada, por exemplo, Isaías 61.1 para si mesmo, encorajando-se pelo fato de que o Espírito do Senhor *está* sobre você. As pessoas estão prontas para seguir e elas estão procurando alguém para seguir.

Mas, então, perca o controle. Em algum momento do culto de adoração, tire o pé do acelerador, revogue sua habilidade humana de dirigir o culto e decida em seu coração dar espaço para o Espírito Santo. É bastante fácil tomar o controle de um culto de adoração; é ameaçador às nossas inseguranças render-se ao controle do Espírito. Por quê? Porque nós não sabemos o que Ele fará com isso. Ainda assim, é neste ponto que a liderança da adoração torna-se mais eficaz e quando correr com Jesus torna-se uma grande aventura.

Um líder entusiasmado pode ser capaz de estimular um culto de louvor entusiasmado, mas nenhum ser humano é capaz de capacitar as pessoas à adoração. Somente o Espírito Santo pode destravar o coração. É por isso que nós perdemos o controle para o Espírito Santo. Nós damos espaço para Ele se mover nos corações de maneiras que não podemos, mesmo com nossas melhores lideranças de habilidade. Mas se insistirmos em segurar apertado as rédeas de todo o culto de adoração, podemos perder o mover soberano do Espírito.

Enquanto mantivermos o controle do culto de adoração, teremos um culto dirigido por homens. Quando entregarmos o controle, nós abriremos as possibilidades de um culto de adoração liderado pelo Espírito. Percebeu que eu não disse que teremos um culto *controlado pelo Espírito*? Por que não? Porque a Bíblia nunca fala de sermos controlados pelo Espírito. Ela fala de sermos auto controlados e dirigidos pelo Espírito. O Espírito Santo nunca tentará nos controlar, mas graciosamente nos liderará em adoração quando sairmos da frente e dermos a Ele o volante.

O Espírito Santo nunca controla as pessoas e nós também não devemos. *Tomar o controle* significa, portanto, que os líderes de adoração não tomam o controle das *pessoas*, mas sim do culto. E perder o controle significa que entregaremos o controle do culto à liderança do Espírito. De que maneiras um líder pode perder o controle? As sugestões a seguir podem lhe dar uma ideia.

1. Pergunte

Fale internamente com o Espírito Santo. Pergunte a Ele "O que está no Seu coração agora? Existe algo que você queira que eu faça agora?"

2. Retire-se

Afaste-se do microfone e coloque o seu coração em Deus. Ao afastar-se do microfone e erguer o seu rosto ao Senhor, a sua linguagem corporal está dizendo às pessoas "Eu não vou orquestrar o que vai acontecer agora. Este culto pertence ao Espírito Santo". Isto vai inspirar a congregação a dar sua total atenção ao Senhor e Sua liderança. Quando Deus assume, todo tipo de coisas gloriosas podem acontecer. As pessoas podem ser convencidas, salvas, libertas, curadas e feitas novas na presença do Senhor. Coisas poderosas podem ser destravadas através de uma profecia ou cântico espontâneo ou de um espírito de oração pousado sobre um ajuntamento.

3. Espere

Demore um pouco para cantar a próxima canção da sua lista. Dê ao Espírito a oportunidade de fazer alguma coisa fora do que você preparou para o culto. Uma canção pode surgir de alguém na equipe de adoração, ou até mesmo de alguém na congregação. Se o Senhor fizer surgir algo tão espontâneo assim, você estará pronto para navegar com ele nesta nova direção. Você estará correndo com Ele!

4. Incline-se

Fique de joelhos. Quem disse que um líder de adoração não pode ficar de joelhos ou prostrar-se durante a adoração? Uma mudança de postura assim pode criar expectativa nas pessoas porque elas perceberão que você está buscando ao Senhor.

É desafiador ao ego perder o controle, porque se o Espírito Santo não entrar e ajudar de um modo que podemos identificar, nós podemos parecer sem objetivo e incompetentes. Os líderes de adoração estão sempre colocando o seu orgulho no altar. Estamos dispostos a ficarmos numa posição ruim para que o Espírito possa fazer as coisas do Seu jeito.

Eu imagino que quase todo líder de adoração tenha sido tentando a controlar a adoração coletiva. Mas por que deveríamos? Será que pensamos que somos o pastor e sabemos aonde o rebanho precisa ir? Mas algumas vezes nós temos um objetivo em mente e então tentamos controlar a congregação até que este fim seja alcançado. É melhor admitirmos que não sabemos tudo que Deus quer em adoração e confiarmos no Espírito Santo do início ao fim para cumprir o que apenas Ele pode fazer. O potencial de adoração é tão ilimitado quanto o próprio Deus. Somente Deus sabe o que Ele pode fazer quando nos rendemos à Sua liderança. Vamos dar a Ele espaço para fazer "muito mais abundantemente do que pedimos ou pensamos" (Ef 3.20). Esta consciência pode um dia nos levar a algo deste tipo: "Vamos gastar um pouquinho mais de tempo desfrutando a presença do Senhor enquanto cantamos esta estrofe de novo". Deus está sempre fazendo mais no louvor coletivo do que os líderes percebem ou compreendem. Então tome o controle e perca o controle.

A ARTE DA EXORTAÇÃO

Quando um culto começa, mesmo embora estejamos todos reunidos num só lugar, provavelmente há alguns que não estão prontos para adorar. Eles podem parecer prontos, mas as aparências podem enganar. Alguns precisam de ajuda para abaixar suas defesas. Algumas vezes as ovelhas chegam ao encontro cansadas, desencorajadas, distraídas, lutando com pensamentos acusadores ou sentindo-se distantes de Deus. Pode levar tempo para que elas se abram para o Senhor e este início lento pode testar a paciência do líder de adoração. Neste momento, não chicoteie as pessoas. Afinal, elas já apanharam durante a semana toda apenas por viverem neste mundo; elas não precisam de outra surra. Ao invés disso, usando sabedoria, gentileza e discernimento amoroso leve as pessoas a um lugar de doce entrega ao Senhor.

Quando liderar uma congregação na adoração, uma das ferramentas à disposição do líder de adoração é a *arte da exortação*. Esta ferramenta pode ser especialmente útil quando as pessoas estão lutando para se conectarem a Jesus. A exortação é uma arte a ser aperfeiçoada, assim como pregar ou ensinar. É uma habilidade que se aprende. Se você sente que a exortação é inconsistente com sua personalidade, eu não vou pressionar você. Mas já que Deus lhe chamou para liderar as pessoas, talvez Ele queira que você aprenda sobre todas as ferramentas que podem lhe ajudar a criar uma liderança de adoração eficaz. Uma frase de exortação na hora certa pode fazer a diferença num culto.

Algumas igrejas não permitem que seu líder de adoração exorte a congregação durante a adoração e está tudo bem. Mas para as igrejas que permitem, deixe-me dar uma perspectiva que pode ser útil.

A exortação não é coerção nem manipulação, mas sim persuasão. Ela segue o coração de Paulo quando ele escreveu, "persuadimos os homens à fé" (2Co 5.11). Ele também incitou Timóteo a "ensina estas coisas" (1Tm 6.2).

Fazer uma exortação com convicção e confiança, assim como Pedro escreveu, "Se alguém quiser falar, fale segundo as palavras de Deus" (1Pe 4.11). Fale audível e claramente, de modo que todos compreendam você.

Praticamente todo líder de adoração tem um momento de ficar frustrado ou impaciente com as pessoas, normalmente por causa de sua falta de resposta na adoração. A exortação não é uma maneira biblicamente autorizada do líder de adoração ventilar sua exasperação. Se você está frustrado com as pessoas, não mostre. Pelo contrário, suporte-os em amor. Que cada exortação seja uma expressão de terno cuidado. Os corações se amolecerão na presença do calor genuíno, mas endurecerão em resistência se você for impaciente ou sentirem que estão sendo repreendidos.

Pode haver raras exceções, mas em linhas gerais, não repreenda ou censure as pessoas. Veja porquê. Você tem as quatro estações em todos os cultos. O que eu quero dizer é, em cada culto há pessoas em todas as estações da vida. Provavelmente, alguns dos adoradores estão num rigoroso inverno espiritualmente. Elas foram vigorosamente podadas por Deus e agora ficam tremendo nas condições geladas de um duro inverno espiritual. Pode ser que eles tenham usado toda a sua coragem só para chegar ao culto. Neste momento, eles não precisam de alguém para esbofeteá-los e dizer--lhes para acordar. Eles precisam de um líder gracioso que lhes dê espaço para respirar, chorar e lamentar. Com cada exortação, seja sensível àqueles numa estação difícil da vida.

Às vezes toda a igreja passará por um inverno juntos. Deus orquestra estações de inverno para trabalhar profundamente na congregação. Mesmo no inverno, as raízes de uma árvore continuam a crescer. A folhagem no próximo verão dará testemunho deste crescimento interno. Não despreze os adoradores do inverno porque, no tempo certo, a estes seguirão novos picos de alegria.

Guarde sua exortação para o momento certo. Alguns cultos decolam bem no começo e, em alguns casos, não há necessidade de exortação. Mas outros cultos lutam para ganhar impulso e estes são os momentos em que você vai querer poder oferecer uma exortação inspiradora.

Há poucas maneiras de exortar. Uma maneira é ler um texto da Bíblia. Algumas igrejas usam a leitura da Bíblia como chamada à adoração – é uma excelente maneira de exortar. Um líder de adoração pode ter vários textos bíblicos anotados e pode usá-los sempre que o momento parecer adequado. Sim, estou sugerindo que um líder de adoração pode planejar uma exortação durante a preparação do culto. Se o Espírito pode dirigir seu coração para escolher ótimas músicas para cantar, será que Ele não pode dirigir seu coração para que certa passagem seja lida ou uma exortação feita? Se você for como eu, pode provavelmente elaborar uma exortação mais positiva em seu tempo de oração durante a semana do que tentar criar uma, de repente, no meio do culto.

Outra maneira de exortar é liderar em oração coletiva. Apenas por expressar o que vai no seu coração em oração ao Senhor, uma congregação pode ser levada a unir seus corações ao seu.

Uma terceira forma de exortar é usar uma parábola profética ou figura da natureza. Alguma coisa que você viu num vídeo sobre a natureza pode inspirar a congregação.

A exortação deve funcionar sob a unção do Espírito Santo. O que eu quero dizer é, você deve sentir o testemunho do Espírito Santo no seu coração de que estas são as palavras certas para este momento. Quando faladas ternamente, sob a direção do Espírito Santo, uma exortação pode ser o combustível para o impulso do culto de adoração. Se você tentar uma exortação que faça o culto murchar, converse sobre isso depois com seu pastor e aprenda.

Seja breve. Eu já vi alguns líderes de adoração que, debaixo da bandeira da exortação, fizeram um pequeno sermão. Errado. Apenas conduza a adoração e deixe que o pregador faça a pregação. Se você tiver que exortar, faça-o tão sucintamente quanto puder.

Se sua igreja está numa estação onde mais cultos do que o normal tem sido difíceis de levar, então faça esta pergunta: Será que é hora do nosso pastor ensinar a congregação mais uma vez sobre louvor e adoração? Algumas vezes pequenas exortações não são suficientes; algumas vezes uma congregação precisa de pregação bíblica sobre este tema importante. O ensino coletivo sobre a adoração é capaz de produzir bons frutos na vida coletiva de uma congregação.

LIDAR COM MOMENTOS DIFÍCEIS NA ADORAÇÃO

Uma equipe de adoração adora quando o Espírito Santo "azeita" um culto e ajuda-o a seguir em frente livremente e sem esforço. Mas às vezes Deus intencionalmente nos leva através de tempos secos nos cultos de adoração. Assim como o esforço do exercício nos faz mais fortes em nossos corpos, o rigor da resistência na adoração pode nos fazer espiritualmente mais fortes. Deus usa tempos difíceis para nos levar mais profundamente Nele.

Algumas vezes Ele deliberadamente orquestrará um culto de adoração *horroroso*. Por quê? Talvez para nos manter dependentes Dele. Nós podemos nos tornar confiantes em nossa preparação, competência e na força da nossa equipe e algumas vezes precisamos de um lembrete de que nosso melhor simplesmente não é suficiente. Precisamos desesperadamente que o Espírito Santo se mova soberanamente em nossos encontros coletivos.

Compreendendo que nós somos dependentes do Espírito Santo para nos ajudar através dos cultos difíceis, há algo que os líderes possam fazer para ajudar o culto a decolar? Nós já falamos sobre a arte de exortação; o que mais podemos fazer?

Tenho uma ideia: puxe uma canção que nos leve para a cruz. Por quê? Porque a cruz é a gênesis e a fonte de toda a adoração. É onde as paixões da adoração são escavadas. Quando nossos corações colocam seu foco na cruz, a adoração e ações de graças são respostas naturais.

Veja aqui mais outra ideia. Faça uma pausa nas canções e convide a todos a saudar seu vizinho e perguntar seu nome se não souber. Por quê? Porque as pessoas tendem a ser mais reservadas quando estão ao lado de alguém que não conhecem. Algumas vezes alguns momentos de saudação podem ajudar uma congregação a ganhar um senso de conexão melhor uns com os outros. Quando nos conectamos com nossa unidade, ganhamos uma identidade e confiança coletivas na adoração.

Algumas vezes, um líder de adoração pode estar totalmente preparado, tanto musical quanto espiritualmente e ainda assim achar-se num culto de adoração que é difícil e eles não têm ideia do que fazer a seguir. Percebi duas maneiras comuns pelas quais os líderes de adoração tendem a responder aos cultos não inspirados. Alguns líderes de adoração encontram uma posição confortável e seguem em frente. Outros líderes de adoração dão uma pausa e entram num modo "buscar e esperar", buscando a direção do Senhor. Há tempo e hora para as duas abordagens. Eu já vi o Senhor honrar as duas.

Eu já estive em cultos onde o Senhor deu uma chave que escancarou o culto de adoração; e já estive em cultos onde nada parecia funcionar – como se o culto estivesse fadado a ficar no chão desde o início. Em tais casos, algumas vezes você encerra o momento de cânticos e segue para a próxima parte do programa. Talvez a liberação do Espírito nesta semana venha através do sermão ao invés da adoração.

Alguns cultos começam a se desvanecer porque o líder arrastou o culto com músicas demais. A melhor resposta em tais casos é mover-se para a próxima porção do culto.

Quando você escanear a congregação e parecer que as pessoas não estão participando, não confie em seus olhos. O olhar sobre as faces das pessoas nem sempre reflete corretamente o que está acontecendo em seus corações. Você pode olhar para eles e pensar que eles estão "fora disso" quando na verdade seus corações estão muito ligados no Senhor. Você não pode sempre saber pela expressão nos rostos das pessoas se elas estão se conectando com Deus porque elas nem sempre informam isto em seus rostos. Por exemplo, eu lembro que fazer parte de uma equipe de adoração em um culto em que certo cavalheiro fez uma carranca para nós o culto inteiro. Entretanto, depois, ele expressou sua apreciação mais afetuosamente do que os outros. Isto me ensinou uma lição importante que nós não podemos sempre "ler" a receptividade das pessoas pela expressão de seu rosto. Algumas pessoas podem desfrutar de um culto integralmente, mas parecerem infelizes o tempo todo. Se a expressão no rosto das pessoas lhe desencorajar, pare de olhar para elas! Libere-as ao Senhor e fixe o seu olhar Nele.

Quando você se encontrar liderando um culto difícil e não tive ideia do que fazer a seguir, cheque com o Espírito Santo. Ele foi dado a você como Ajudador. Peça ajuda. "Espírito Santo, há alguma coisa que o Senhor queira que eu faça agora para levar este culto de adoração ao Seu coração?" Você pode ficar surpreso em o quando o Espírito Santo está ansioso para liderar aqueles que pedem a ajuda Dele. Peça a Ele para lhe mostrar a você o que está impedindo as pessoas. Então peça a Ele para revelar o que é necessário para ajudá-los a responder mais livremente ao Senhor. Os líderes de adoração devem vir para o culto com um espírito de oração já morando neles de modo que possam discernir a direção do Espírito durante o encontro. Acima de tudo, os líderes de adoração anseiam ser dirigidos pelo Espírito Santo (Rm 8.14).

Algumas vezes o culto de adoração é difícil porque você pessoalmente está numa estação difícil. O que os líderes de adoração devem fazer quando estão tão perturbados que nem mesmo querem estar no culto? Seja verdadeiro com a equipe de adoração. Conte a eles como você está e peça oração antes do culto começar. Então vá e seja honesto na presença de Deus. Busque a Deus na presença da congregação. Libere seu choro para Deus.

Você já viu uma águia ou falcão abrir suas asas e subir sem nem mesmo bater as asas? Isto acontece porque ela achou uma *térmica* – um movimento vertical do ar quente, que possibilita que esta ave voe. Os cultos de adoração também podem pegar uma térmica – um movimento vertical espiritual no qual o culto ascende no Espírito quase sem esforço nenhum. Que delícia quando nos conectamos com Seus movimentos e subimos nas asas da águia!

FICAR DE PÉ EM ADORAÇÃO

Capítulo um, falamos que é bíblico ficar de pé em adoração. Ele se senta, nós levantamos. Porém, uma congregação representa um espectro de níveis de conforto e força. Os jovens podem ficar de pé e pular por uma hora inteira, enquanto para outros é doloroso ficar de pé. As pessoas podem querer ficar de pé, mas depois de um tempo elas podem ficar cansadas. A questão é, por quanto tempo um líder de adoração deve esperar que as pessoas fiquem de pé durante a adoração?

Algumas igrejas responderam a isso limitando seus cultos de adoração a um momento mais breve de tempo. Mas e as igrejas que querem passar períodos mais longos de tempo em adoração?

Uma solução é que as pessoas estrategicamente se sentem durante momentos específicos do culto de adoração. Estes momentos podem ser planejados com antecedência.

Outra solução é dizer às pessoas que fiquem à vontade para ficarem de pé ou sentarem-se conforme desejarem. Quando as pessoas não são instruídas e sentar ou levantar, torna-se evidente bem rápido, mesmo aos convidados, que todos estão livres para sentarem-se ou ficarem de pé, conforme desejarem. Na minha opinião, eu acho que é bom ensinar a eles o valor bíblico de ficar de pé em adoração e então deixá-los à vontade para sentar quando precisarem de uma pausa.

Em geral, eu prefiro uma cultura de igreja onde os adoradores não recebem ordens sobre cada movimento que fazem. Na minha mente, queremos criar uma cultura de igreja na qual os adoradores exercitem a si mesmos voluntariamente para ligarem-se ao Senhor. Quanto mais dirigirmos suas respostas, mas passivos eles se tornarão. Nós não queremos condicionar as pessoas a responderem passivamente apenas mas também pessoas ativas que tomam a iniciativa e que "dão glória em seu louvor" (Sl 66.2).

Às vezes, uma congregação está peculiarmente cansada por razões compreensíveis. Por exemplo, se uma igreja está numa série de encontros especiais todas as noites, lá pela última noite todos podem estar mais cansados do que o normal. O que um líder de adoração faz quando as pessoas estão cansadas? Não há uma resposta para cada situação. Siga a liderança do Espírito Santo. Haverá momentos em que você decidirá ter um momento de louvor animado e então progredir rapidamente para outras partes da reunião. Nem todo culto exige um período de adoração longe.

LIDAR COM A ROTINA NA ADORAÇÃO

Toda igreja tem a tendência natural, com o passar do tempo, de desenvolver rotinas na adoração. Como uma igreja desenvolve sua cultura e tradições, nós achamos maneiras de adorar que se encaixam confortavelmente no estilo da nossa igreja. E nós ficamos com elas. Depois de um tempo, pode se tornar uma rotina.

Alguém uma vez descreveu uma rotina como um caixão com a tampa levantada. Rotinas podem ser mortais. Suaves, mas mortais. Confortáveis, mas mortais. Previsíveis, mas mortais. Quando um culto de adoração é suave, pode significar que Deus está fazendo uma obra profunda em Seu povo, mas também pode ser que estejamos presos numa rotina. Quando nós somos negligentes e caímos na rotina padrão de adoração, o Senhor está disposto a trabalhar conosco e nos ajudar. Ele não quer que nos acomodemos com cultos de adoração tão confortáveis que nos desligamos e só deslizemos em frente.

As rotinas são normalmente abandonadas quando fazemos algo desconfortável, novo ou fora do padrão. Algumas vezes precisamos dar um passo ou um salto em uma nova direção. Seja cuidadoso para seguir a direção do Espírito. Sair de uma rotina pode ser uma experiência chocante e abaladora, mas depois pode fluir vitalidade nova na adoração.

A maioria das pessoas naturalmente resiste à mudança. As rotinas são familiares, previsíveis e confortáveis. Pode ser tentador para os líderes de adoração recuarem, só mantendo o *status quo*. Mas algumas vezes o Espírito constrangerá os líderes a seguir em frente, buscando algo novo Nele.

Quando desejamos por algum movimento novo do Espírito Santo, algumas vezes tudo que podemos fazer é esperar em silêncio no Senhor por Sua direção. Algumas pessoas não sabem o que fazer com o silêncio coletivo. Eles acham que é errado e precisa ser consertado, então eles só dizem algo ou cantam algo. É verdade, o silêncio coletivo pode ser estranho; entretanto, ele também pode ser profundamente significativo. Pode produzir um senso de reverência, espanto, ouvir cuidadosamente, desejo santo e expectativa.

Recusar-se a deslizar pelo culto em nossa rotina de igreja exige coragem. Uma das coisas mais corajosas que um líder de adoração faz é recuar do microfone e dar espaço ao Espírito Santo. Você já pensou em convidar todo mundo para ajoelhar-se em rendição ao Espírito Santo?

É possível sair de um culto de adoração satisfeito e alegre enquanto o Senhor Jesus quer muito mais para nós? Fundamentalmente, o propósito da adoração coletiva é cumprido não quando as pessoas estão felizes, mas quando o Senhor está feliz. Afinal, o culto de oração foi feito para Ele desde o começo. Agora, veja o outro lado disso. Enquanto é ocasionalmente apropriado fazer algo "fora da caixinha" para escapar de uma rotina de adoração, também é apropriado às vezes evitar mudanças agudas de direção num culto. Os encontros liderados pelo Espírito Santo têm um fluxo suave que é decente e ordeiro (1Co 14.40). Na Bíblia, os movimentos do Espírito Santo são comparados com vento, água, óleo e fogo. Quando o óleo do Espírito flui suave e gentilmente, vamos nos ajuntar a Ele evitando curvas acentuadas ou paradas repentinas.

ESTABELECER OBJETIVOS PARA A ADORAÇÃO

Considerem estabelecer alguns objetivos para a vida da adoração coletiva na sua congregação. Sem uma visão progressiva, tendemos a perder o impulso e nos tornamos estagnados. Buscar uma visão que seja mais do que só vir no Domingo, mas que olha em direção ao futuro.

A nossa visão para a adoração deve ser progressiva, de modo que quando objetivos estabelecidos são alcançados, novos objetivos podem ser articulados. Se nossa visão para a adoração foi moldada a alguns anos atrás, possivelmente ela está ultrapassada e precisa ser revisitada.

Eu recomendo adotar objetivos para a adoração coletiva que sejam tão claros que na verdade estejam escritos. As pessoas gostam de seguir líderes que podem articular para onde estão indo. Considere escrever os objetivos de acordo com as seguintes diretrizes.

Estabeleça objetivos *tangíveis*. Em outras palavras, faça-os concretos o suficiente para que saibamos quando os alcançarmos. Nós não queremos objetivos que sejam abstratos, etéreos ou vagos. Não coloque um alvo simplesmente de "melhor louvor". Nós todos queremos adoração melhor, mas o que isso quer dizer? O que isto parece? Como pode ser reconhecido quando o alcançarmos?

Adote objetivos que sejam *alcançáveis*. Se os nossos objetivos não são realistas, nossa equipe pode ficar desencorajada na jornada. Estabeleça alguns objetivos de curto prazo que produzam a alegria de alcançá-los rapidamente e então alguns objetivos de longo prazo que nos deem um senso de visão e propósito.

Traduza os objetivos em *iniciativas de ação*. Explique os passos que planejamos dar para alcançar os objetivos. Será que não poderíamos colocar datas ou prazos para certas ações?

Eu gostaria de sugerir uma maneira para seu ministério de adoração formular estes objetivos. Estabeleça um bloco de tempo, talvez uma sexta-feira à noite, ou sábado para que todo o ministério de adoração se reúna.

Sirva pizza e depois de orarem, tenham um tempo para lançar a visão. Simplesmente pergunte à equipe "Que objetivos devemos estabelecer para o nosso ministério de adoração?" Você pode ficar impressionado com quão vibrante a discussão será porque sua equipe é mesmo dedicada.

Trabalhe os objetivos até que estes sejam claros e concretos. Vou deixar aqui algumas hipóteses para ajudar a perceber como seus objetivos poderiam ser expressados:

- Ter 90% da congregação cantando de verdade ao invés de só ficar de pé e observar.
- Ter 25% da congregação frequentando eventos ocasionais de adoração nos quais foquemos no Senhor por períodos de tempo mais longos.
- Desenvolver um sistema de treinar músicos da nossa congregação.
- Usar a Bíblia mais intencionalmente para inspirar a adoração.
- Escrever mais canções em colaboração com dois ou mais compositores da igreja.
- Receber mais cinco músicos adolescentes atuando em nossa equipe até o próximo ano.
- Produzir um registro de canções de adoração escritas por compositores de nossa igreja local.
- Escrever uma nova canção para cada série de sermões que nosso pastor pregar este ano.
- Fortalecer o vocabulário de adoração da nossa igreja este ano em certo temas específicos (tais como a cruz, intimidade, fé, esperança, etc.)
- Encontrar maneiras de tornar os hinos antigos mais significativos para nossa igreja.
- Ajudar a nossa congregação a tornar-se mais espontânea e expressar-se por conta própria na adoração, ao invés de ser completamente dependente das músicas.
- Usar mais canções que foquem especialmente em Jesus.

Todo ministério de adoração deve ter um objetivo de criar adoradores que adorem a Jesus como um modo de vida e não apenas em ajuntamentos coletivos. Não estamos trabalhando por meros 20 minutos intensos num domingo. Estamos nos esforçando para desenvolver discípulos que adorem a Jesus numa realidade constante. Que o Senhor Jesus nos mostre como podemos inspirar os crentes a amá-lo apaixonadamente sete dias na semana e então trazer este fogo para nossos encontros coletivos de adoração.

Ao mesmo tempo em que queremos estabelecer objetivos para a adoração, nós também queremos no deliciar no Senhor bem onde estamos. Nós deveríamos ficar tranquilos simplesmente por estar na companhia do Senhor. Não tornemos tão visionários a ponto de perder a oportunidade de hoje de nos aquecermos em Sua presença. Sim, nós queremos ser visionários; mas nós também queremos estar presentes no presente. Estar com Ele, aqui e agora, é tudo o que precisamos.

Existe um equilíbrio aqui que Paulo expressou no livro de Filipenses. Ele falou de estar contente em qualquer estado que ele estivesse (Fp 3.13). Então nós fazemos *as duas coisas*. Estamos contentes com Jesus no presente, mas nós buscamos o que Ele tem para nós adiante.

Este novo milênio tem visto uma onda poderosa de adoração crescendo através do corpo de Cristo. Novas canções explodiram por todo o globo. Denominações inteiras foram revitalizadas. A igreja está cantando como nunca antes. Nova vida está brotando em todos os lugares! E a canção ainda está crescendo. Isaías profetizou sobre isso:

Eis que as primeiras coisas passaram, e vos anuncio coisas novas; antes que venham à luz, eu as anuncio a vós. Cantai ao Senhor um cântico novo, e seu louvor desde o fim da terra; vós, os que navegais pelo mar, e tudo quanto há nele; vós, ilhas, e seus habitantes. Alcem a voz o deserto e suas cidades, com as aldeias que Quedar habita; exultem os que habitam nas rochas e clamem do cume dos montes. (Isaías 42.9-11)

O propósito de Deus para a música e adoração na igreja são crescimento e florescimento. Deus está incutindo a batida do Seu coração nos líderes de adoração e nos adoradores hoje para que possamos participar em Seus propósitos. Onde Deus está nos levando na adoração nestes últimos dias? Na verdade, eu escrevi um livro em resposta à esta pergunta – *Segredos da Adoração* (Atos, 2015)). Ele fala sobre onde Deus está nos levando na adoração neste tempo.

Que o seu coração possa ser parte da expansão do Reino de Deus nesta hora crucial da nossa história. Jesus está voltando em breve!

CAPÍTULO NOVE

A EQUIPE DE ADORAÇÃO

Um fenômeno explodiu no cenário da adoração coletiva nos últimos anos: a adoração congregacional está sendo liderada nos dias de hoje por *grupos* de músicos e cantores. O rei Davi teve Levitas ministrando em grupos em seu reinado, mas a prática caiu em desuso durante séculos e somente agora foi redescoberta.

Apenas há umas poucas décadas atrás, a maioria da adoração congregacional era feita por um líder auxiliado por um ou dois músicos. Hoje, as coisas são radicalmente diferentes. Uma pessoa ainda funciona como líder de adoração, mas agora é rodeada por uma equipe completa que ministra em conjunto em prol de um propósito compartilhado.

O objetivo da equipe de adoração não é simplesmente adorar ela própria ao Senhor, e sim dar à congregação a melhor oportunidade possível para adorar. Não estamos apenas tentando acender uma fogueira no altar, estamos tentando começar um incêndio florestal na congregação. Em outras palavras, um culto de adoração não é bem-sucedido até que toda a congregação tenha experimentado uma liberação no louvor.

A equipe abre caminho e as pessoas os seguem. Miqueias retratou [este acontecimento] assim: "Subirá diante deles o que abre caminho; eles romperão, entrarão pela porta e sairão por ela, e o Rei irá adiante deles, sim, o Senhor, à sua frente" (Mq 2.13). No mesmo espírito, a equipe de adoração rompe [as barreiras, faz] um caminho na música e canta a fim de que a congregação possa seguir.

Enquanto alguns ministérios de adoração se denominam como *bandas de louvor*, neste livro vou usar o termo *equipe de adoração*. Seja qual for o nome que você preferir, vamos dar uma olhada como os grupos de adoração ministram juntos.

OS BENEFÍCIOS DOS MINISTÉRIOS COM EQUIPES

Em geral, há duas maneiras com as quais uma equipe aumenta a eficácia do ministério de adoração. Primeiro, em uma equipe existe segurança e amparo.

Eu viajei com uma equipe de adoração por alguns anos, conduzindo cultos em muitas igrejas, e aprendi [o que é] a benção de ter uma equipe para lhe apoiar. Para ser honesto, eu não fluo na mais completa unção do Espírito [Santo] 100% do tempo. Nos meus momentos de fraqueza, precisei das forças de outros membros da equipe. Muitas [foram as] vezes em que agradeci a Deus, em meu coração, por todos aqueles que faziam parte da minha equipe de adoração; porque quando eu estava fraco, eles me apoiaram e exerceram sua autoridade. O primeiro benefício de se ter uma equipe ministerial é, portanto, o apoio.

Segundo, uma equipe provê união, e a união aumenta o impacto espiritual. Um líder pode ter um bom ministério de adoração; mas se ao redor deste líder houver uma equipe de músicos cheios do Espírito, a eficácia desse ministério é multiplicada.

O Senhor disse à nação de Israel, "Cinco de vós perseguirão um cento, e cem de vós perseguirão dez mil. Vossos inimigos cairão à espada diante de vós" (Lv 26.8). Em outras palavras, a união produz um impacto exponencial. Quando uma visão é comunicada com clareza e a equipe se reúne em oração ao redor desta visão, o reino de Deus avança de maneira dinâmica na região.

Muitas equipes de adoração contêm essas três classificações mais comuns: líder de adoração, músicos e cantores. Algumas equipes podem adicionar classificações para operadores de mídia, técnicos de som, bailarinos, intérpretes de linguagem de sinais, carregador de banners, etc. Seja qual for a classificação, todos são parte da equipe.

Vamos trabalhar em nossa discussão sobre a equipe de adoração a partir do diagrama a seguir:

```
                    ┌─────────────────┐
                    │     PASTOR      │
                    └────────┬────────┘
                             │
              ┌──────────────┴──────────────┐
              │    LÍDER DE ADORAÇÃO        │
              │      MÚSICO LÍDER           │
              └──────────────┬──────────────┘
                             │
         ┌───────────────────┴───────────────────┐
   ┌─────┴─────┐                           ┌─────┴─────┐
   │ CANTORES  │                           │  MÚSICOS  │
   └───────────┘                           └───────────┘
              ┌──────────────────────────┐
              │      CONGREGAÇÃO         │
              └──────────────────────────┘
```

Para os iniciantes, o papel do pastor é o mais importante para determinar o sucesso do ministério de adoração. Vamos dar uma olhada.

O PAPEL DO PASTOR

A adoração coletiva na igreja local nunca deveria exceder a visão e os valores do pastor. Na maioria das igrejas, o pastor controla a cultura de adoração da igreja. Os pastores idealizam, cuidam, liberam, monitoram e apoiam aqueles que estão no ministério de adoração. Ninguém mobiliza e motiva a equipe de adoração com maior eficácia do que o pastor. A teologia de adoração adotada pelo pastor e a filosofia ministerial são fatores importantíssimos para moldar e determinar o curso do ministério de adoração.

Os pastores devem procurar maneiras estratégicas para interagir com a equipe de adoração em momentos importantes. Por exemplo, alguns pastores se encontram para orar com a equipe de adoração antes dos cultos. Quem melhor para ensinar a equipe como orar? Este pode ser um grande momento para informar sobre onde esperamos chegar com o culto.

Os pastores têm papel chave no ministério de adoração em seu papel como *principal adorador*. Os pastores que demonstram uma adoração sincera na presença da congregação irão ajudar a criar uma igreja adoradora. É excelente quando os pastores pregam sobre adoração, mas é ainda melhor quando eles demonstram um amor fervoroso por Jesus de uma forma visível.

Os pastores ocupam um lugar de influência na congregação que é muito visado. Para ilustrar melhor o que eu digo, suponha que um palestrante convidado diga alguma coisa no púlpito que esteja a beira da controvérsia. Qual a primeira coisa que as pessoas fazem? Elas olham para seus pastores para ler a linguagem corporal deles. As pessoas leem as reações de seus pastores para determinar como elas mesmas devem reagir. Às vezes algo semelhante acontece nos cultos de adoração. Conforme o culto vai progredindo, às vezes os adoradores irão dar uma olhada na direção de seus pastores para ver como eles estão reagindo ao culto de adoração.

Um líder de adoração pode exortar a congregação em uma certa expressão de louvor, mas se o pastor falhar em seguir a exortação do líder de adoração, a maioria das pessoas irá ser lenta em seguir. O oposto também é verdadeiro. Se o pastor for um dos primeiros a bradar de alegria diante do Senhor, outros provavelmente seguirão seu exemplo. Em algumas igrejas, a conduta do pastor pode ter mais influência na participação da congregação do que todos os esforços dos músicos, cantores e líderes de adoração em conjunto.

O culto de adoração não é momento para os pastores contarem os presentes ou checarem quem preparou o culto. Também não é hora para rever a ordem do culto com a equipe pastoral. É hora da adoração ao Senhor dos céus e da terra. O que, neste momento, poderia ser mais importante do que ministrar ao Senhor?

No livro de Apocalipse, os anciãos servem como líderes de adoração, muitas vezes caindo prostrados diante do Rei de uma forma que inspira todo o céu a seguir o exemplo deles (Ap 5.8,14). Se os anciãos conheciam o Senhor há mais tempo e mais profundamente do que os outros, então parece mais natural para eles liderar a maneira de adorar. Ao mesmo tempo, tudo está ajustado para que o Senhor seja exaltado na assembleia dos anciãos (Sl 107.32), é adequado que os pastores e anciãos liderem o rebanho na exaltação ao nome de Jesus.

Como o "pastor" da nação de Israel, o rei Davi era o adorador número um entre o povo. Ele é um grande modelo para os pastores de hoje. Ele, deliberadamente, adorava na presença de todo povo. Quando a arca foi trazida para Sião, ele vestiu um éfode de linho e dançou diante do Senhor com toda sua força. Por quê? Porque o seu amor por seu Salvador pulsava em de cada fibra de seu ser.

Quando [Davi foi] desprezado por sua esposa, Mical, por sua manifestação de exuberância, ele respondeu: "Perante o Senhor, que me escolheu no lugar de teu pai e de toda a casa dele, constituindo-me chefe sobre o povo do Senhor, sobre Israel, perante ele me tenho alegrado. Ainda mais do que isto me envilecerei e me humilharei aos meus olhos; contudo, serei honrado pelas servas de quem falaste" (2Sm 6.21-22).

Davi deixou seu orgulho de lado e se entregou para exaltar ao Senhor de maneira extravagante. Que os pastores e anciãos de hoje possam fazer o mesmo.

Pastores também cumprem o papel de líderes em determinar o nível de excelência no departamento de música da igreja. Uma maneira concreta que expressa [isso muito bem], é o orçamento da igreja. Pastores que valorizam a excelência musical garantem que a igreja destine recursos suficientes para financiar as necessidades do departamento de música, para que ele seja capaz de crescer e dar frutos.

Além disso, é de grande importância quando os pastores expressam sua apreciação publicamente pelo trabalho da equipe de adoração. Aqueles que estão envolvidos no ministério de louvor são, possivelmente, alguns dos que fazem um dos trabalhos mais árduos em toda a congregação.

Pastores, qual é a filosofia de vocês para adoração? Vocês encaram isso como um culto de *canções*, ou como um culto de adoração? As canções são meramente *preliminares* que preparam as pessoas para a pregação?

A música é um meio para a igreja crescer? Cantar é apenas algo que preenche o tempo – algo para fazer enquanto as ofertas são recolhidas? Ou é uma forma de dar às pessoas uma pausa depois de estarem sentadas por um longo tempo? Ou [será] um sinal, para as pessoas na entrada, de que o culto já começou e está na hora de entrar?

Eu quero sugerir que a adoração é algo muito maior do que apenas isso. É a razão principal porque nos reunimos. Nos ajuntamos para exaltar o nome de Jesus e ministrar a Ele na beleza da sua santidade. Nos reunimos para estabelecer a presença de Cristo em nossa cidade e em nossa região. Quando os pastores apreciam a natureza gloriosa do louvor coletivo, eles podem introduzir esse valor na cultura da igreja local.

O PAPEL DO LÍDER DE ADORAÇÃO

As equipes de adoração estão configuradas com todos os tipos de formatos nos dias atuais. Em muitas igrejas, o principal líder de adoração é também o líder de todo o ministério de adoração. Mas existem exceções. Portanto, o que se segue, não é uma tentativa de ditar como o ministério de adoração deve ser configurado. Ao invés, nosso foco está nos princípios que capacitam líderes para atuar efetivamente. Utilize apenas os princípios de forma que se adaptem ao seu contexto.

Os líderes de adoração exercem uma liderança total sobre a congregação, músicos e cantores. Eles estão preocupados tanto com a dinâmica musical, quanto com a espiritual do culto de adoração.

Os líderes de adoração selecionam e começam a maioria das canções que são cantadas. O discernimento espiritual é usado para determinar qual música deverá ser cantada, quando devemos passar para a próxima e qual deverá ser a próxima música. Uma das maneiras dos líderes discernirem qual será a próxima música, é perguntando a si mesmos que músicas eles *querem* cantar. Esta é uma maneira muito simples que o Espírito Santo toca nossos corações e nos ajuda a escolher a próxima música a ser cantada.

Os líderes de adoração não seguem através da sua lista de cânticos como se fosse a playlist de um ipod, onde uma faixa começa automaticamente após a outra. As músicas da lista de cânticos são vistas como opções ou sugestões – uma referência muito útil à medida que eles buscam fluir de acordo inspiração do Espírito Santo no momento.

Uma forma muito eficaz dos líderes de adoração liderarem a congregação, é mostrando que eles também são adoradores. Quando os líderes deixam seus limites de líderes do culto, e colocam a sua alma e o seu coração na adoração, as pessoas os seguem com satisfação. As pessoas amam a autenticidade no altar. Na verdade, é dessa forma que cada um da equipe de adoração lidera – mostrando um autêntico amor por Jesus em cada canção entoada. Em algumas ocasiões, a congregação verá que os músicos estão tendo um momento legal aproveitando a execução da música e não há problema. Mas nós [também] queremos que eles vejam mais do que isso. Queremos que vejam músicos proféticos que estão comprometidos espiritualmente em oferecer seu amor a Jesus Cristo.

Os líderes de adoração ou os músicos podem se distrair por um momento com a necessidade de dar atenção a um detalhe técnico (tal como um efeito no som, ou um problema no retorno, ou instruções aos músicos). Porém, uma vez que as especificações tenham sido repassadas e entendidas, eles devem voltar direto para o espírito do culto com todo o seu coração.

Os líderes devem ter sempre em mente o objetivo de treinar novos líderes, cantores e músicos. Novos líderes de adoração podem surgir ao serem colocados ao lado de um líder experiente. Os bateristas devem procurar ensinar outros bateristas; cantores devem trabalhar para levantarem outros cantores; líderes de adoração devem ser mentores de outros líderes. Este princípio se aplica para toda a equipe. Cada um da equipe de adoração deve se esforçar para reproduzir a si mesmo em outros.

Como podemos fazer com que os novos membros da equipe estejam prontos? Comece por treiná-los nos ensaios, e então deixe que eles estagiem em cultos de adoração reais. Durante o culto, você pode colocá-los próximos a um membro da equipe para que aprendam ao lado dele. Adapte o processo de treinamento de maneira única para cada indivíduo. Queremos que eles cresçam em sua competência musical, que aprendam como trabalhar em equipe e que se tornem alguém que inspire outros através de sua forma de adorar.

Após os cultos, considere uma prestação de contas com a equipe. Todos podem aprender com o que acabou de acontecer [durante o culto]. Com a ajuda de informações e o feedback para aqueles que estão sendo treinados, a equipe de adoração se torna como uma estufa de plantas para que os novos membros cresçam, amadureçam e floresçam.

Líderes de adoração, usem os ensaios da equipe como uma oportunidade para transmitir a visão. Deixe que a graça que repousa sobre sua vida se torne contagiosa. Peça ajuda para compartilhar a paixão e a visão para cada pessoa da equipe.

O RELACIONAMENTO DO PASTOR/LÍDER DE ADORAÇÃO

O relacionamento do pastor/líder de adoração tem o potencial de ser uma das parcerias mais poderosas na vida da igreja local. Vejo um padrão bíblico para este relacionamento em Salmos 149.6: "Estejam na sua garganta os altos louvores de Deus, e espada de dois fios, em suas mãos". Uma sinergia explosiva pode ser constatada quando o ministério dos altos louvores (líder de adoração) se une com o ministério da espada de dois gumes da palavra de Deus (o papel doutrinário do pastor).

Ao invés de competirem pelo tempo de permanência no altar esses dois cooperam e trabalham juntos pela edificação da igreja. Eles celebram os dons únicos que cada um tem e se deleitam na alegria de trabalharem juntos no ministério. Ajudam um ao outro a serem mais eficientes em seu chamado. E afinal, eles se apoiam verdadeiramente. Um pastor precisa de um líder de adoração forte e ungido; um líder de adoração precisa de um pastor ungido e capaz.

Quando essas duas coisas acontecem juntas, algo explosivo acontece. Uma igreja muito ligada à música sem um ministério sólido na palavra, irá voar em círculos como uma ave de uma asa só; mas uma igreja com um ministério pastoral sólido vai florescer. Quando oxigênio se une ao combustível, é só esperar pela combustão!

Três ingredientes ajudam a manter um relacionamento saudável entre o pastor e o líder de adoração: *respeito, consideração e comunicação*.

1. Respeitem um ao outro

Nós respeitamos a integridade, o chamado, os dons, a sinceridade, a sabedoria e habilidade do outro. Respeito significa que o líder de adoração permanece dentro do limite de tempo designado no culto. E respeito [também] significa que, se o líder de adoração passar um pouco do horário, o pastor supõe que houve uma forte razão dada pelo Espírito Santo. Respeito significa que o pastor dá ao líder de adoração espaço para que ele siga seus instintos e seu coração. Também quer dizer que o líder de adoração quer ter certeza que toda a equipe está presente [durante] o sermão. Significa que damos espaço um ao outro para cometer um erro. E também significa não tentar realizar a função do outro.

2. Tenham consideração

Temos consideração um com o outro quando nos importamos mais a com os interesses do outro do que com os nossos próprios interesses. Como [o apóstolo] Paulo escreveu, "Não atente cada um para o que é seu, mas cada qual também para o que é dos outros" (Fp 2.4). Os líderes de adoração devem levar em consideração que os pastores têm mais coisas em seu "radar" do que apenas o período de cânticos; e pastores devem levar em consideração que os líderes de adoração investiram *horas* de preparação para o culto. Os líderes devem levar em conta que os pastores às vezes podem ser práticos e objetivos; os pastores devem levar em conta que os líderes às vezes podem estar emocionalmente vulneráveis.

O quanto de consideração temos um com o outro pode ser testado no momento em que existem diferenças de opinião – por exemplo, como sobre o que deve acontecer a seguir no culto de adoração. O líder de adoração pode sentir que é hora de passar para a próxima canção e o pastor pode sentir que é preciso cantar a primeira música outra vez. Quando há uma diferença de opinião, qual dos dois tem a mente do Senhor? Em tais casos, nós poderíamos seguir qualquer opção e mover com o Espírito de Deus. A questão não é qual discernimento está certo. A questão é: estamos considerando um ao outro nestes momentos de decisão?

Você vai recordar-se do que [o profeta] Amós disse: "Bramiu o leão, quem não temerá? Falou o Senhor Deus, quem não profetizará?" (Amós 3.8). Em outras palavras, quando Deus está falando, quase *todos* podem se sentirem inspirados a profetizar. Uma dinâmica semelhante pode acontecer na adoração coletiva. Quando o Espírito de Deus está se movendo no culto de adoração, quase *todos* da liderança podem ver uma grande direção a ser tomada. Quando ambos, o pastor e o líder de adoração, estão conscientes de que o Espírito Santo está trabalhando dinamicamente, e ambos sentem-se inspirados pelo Espírito mas, em direções diferentes, eles precisam considerar um ao outro.

Uma das maneiras com a qual os pastores podem considerar os líderes de adoração, é deferir a eles; mesmo quando sabem que poderiam prover uma liderança mais capacitada naquele momento. E uma forma que os líderes de adoração podem considerar os pastores é se alegrando no fato de que são habilidosos para levar as pessoas a encontros poderosos com Deus.

3. Comuniquem-se constantemente

Amós perguntou: "Andarão dois juntos, se não estiverem de acordo?" (Amós 3.3). Caminhar juntos em concordância exige comunicação. Se o pastor e o líder de adoração não interagem o suficiente, é provável que a parceria se desgaste e se deteriorar.

A primeira coisa que vamos definir é a de sua filosofia do ministério de adoração. Quais são os valores e objetivos do louvor coletivo? Quão importante é a adoração na vida de nossa congregação em particular? Quanto tempo será destinado a adoração em nossos cultos? É absolutamente essencial que haja concordância [nestes aspectos].

Os pastores podem ajudar os líderes de adoração a concordar com a cultura da igreja e com estilo do altar. Quando os líderes de adoração estão a par [dos limites], e sabem por que eles foram colocados, eles podem alegremente permanecer dentro desses limites.

Este relacionamento é de vital importância para a saúde da igreja local, e o adversário sabe disso. Portanto, o relacionamento é vulnerável e geralmente atingido pelo inimigo de maneiras que podem produzir frustrações, mal-entendidos, aborrecimentos, exasperação, desapontamentos, suposições erradas e até mesmo ofensas. Um pastor pode ser perturbado por um líder de adoração aparentemente insensível ao mover do Espírito; um líder de adoração pode ser frustrado pelas expectativas de um pastor. Um pastor pode supor que o líder de adoração não está suficientemente comprometido; um líder de adoração pode supor que o pastor não os valoriza. Um pastor pode ficar frustrado com a resistência do líder de adoração a um feedback construtivo; um líder de adoração pode sentir como se o pastor fosse intimidador; um pastor pode sentir que o líder de adoração não é totalmente submisso; um líder de adoração pode sentir que o pastor não confia em seu discernimento.

Sentimentos como estes podem produzir um rompimento nesta parceria se não forem esclarecidos; se o assunto não for conversado e trabalhado.

Eis um exemplo verdadeiro: Um pastor levantou-se no meio do culto de adoração, agarrou um microfone e espontaneamente levou a reunião para uma direção totalmente diferente daquela que o líder de adoração estava esperando. No dia seguinte, o líder de adoração sentou-se e perguntou ao pastor: "Você sentiu que precisava salvar o culto da minha incompetência?" Ao ouvir isso, o pastor riu e disse: "Foi exatamente ao contrário! Você estava fazendo um trabalho tão fantástico que o Espírito de Deus desceu sobre mim, e eu não pude evitar!" O acusador não quis que eles conversassem, mas quis a ofensa para colocar um contra o outro. A comunicação desarmou o que poderia ter se tornado uma raiz de amargura, e transformou a ocasião em encorajamento e confirmação.

Quando encontrar uma diferença, uma maneira para se expressar é dizer algo do tipo: "Eu sei que você não pretendia fazer isso, mas é assim que me senti quando você fez aquela mudança no culto". Este tipo de aproximação é honesta sem ser acusadora.

Muitas parcerias ministeriais poderosas foram sendo fragmentadas pelo adversário, porque as pessoas não conversaram. Algumas vezes, os líderes de adoração nutrem frustrações até que chegam ao seu limite e deixam a igreja. Muitos pastores foram pegos de surpresa, ignorando totalmente que uma brecha havia sido cozida em banho-maria por muito tempo. [É por isso que] a comunicação é tão importante.

Um pastor pode abrir caminho estabelecendo regras no relacionamento onde seja seguro para ser honesto e vulnerável. Além disso, pastores [dotados de] sabedoria irão fazer, de vez em quando, perguntas do tipo: "Como você se sente sobre o nosso relacionamento de trabalho?" "Você tem gostado de liderar os cultos?" "Você gosta da direção em que nossos cultos caminham?" "Você está satisfeito com o seu ministério?"

A [boa] Comunicação irá ajudar o pastor e o líder de adoração a aumentarem em sua apreciação um pelo outro. Eles virão a depender cada vez mais da força um do outro. Se as linhas de comunicação estão abertas, um rápido olhar para o pastor pode dizer "Realmente não sei o que fazer a seguir... [Você] tem alguma ideia?" E, [de maneira] semelhante, ao invés de pegar o microfone da mão de um líder de adoração relutante, o pastor pode sussurrar de forma tranquilizadora: "Estou aqui para ajudar, se você precisar de mim".

A apreciação de um pelo outro deve ser comunicada tanto particular como publicamente. É quase impossível expressar apreciação em demasia um pelo outro. Diga isso mais e mais: "Sou muito grato a Deus por você!"

Na minha opinião, os pastores não deveriam ser tão restritivos a respeito do que eles permitem os líderes fazer. A alguns líderes de adoração não é permitido fazer nada além de liderar as canções, e isso pode se tornar frustrante em suas limitações. Digo isso por que liderar a adoração é, na verdade, uma função pastoral. Os líderes de adoração guiam o rebanho até verdes pastos e águas tranquilas. Em um culto de adoração, a congregação está indo junta a algum lugar. Os líderes têm um coração pastoral para ajudar o rebanho a chegar lá, e às vezes as canções não são tudo o que a jornada precisa. Coisas poderosas podem acontecer na adoração coletiva quando os líderes têm liberdade para fazer coisas como orar, ler a Bíblia, fazer uma exortação, conduzir o ofertório, liderar a Santa Ceia, orar pelos doentes ou convidar as pessoas a reagir a uma liderança do Espírito Santo, tal como um chamado ao arrependimento. Cada igreja tem que estabelecer suas próprias diretrizes sobre o que é permitido ao líder de adoração fazer. Estou advogando em nome da generosidade e da liberdade no Espírito Santo.

Tenho uma última coisa a dizer para os líderes de adoração acerca de seu relacionamento com o pastor: nunca seja uma caixa amplificada para aqueles que estão descontentes com o pastor. Se alguém vem até você com uma queixa contra o pastor, não deixe que ele encontre um ouvido disponível. Ao invés disso, diga a pessoa para marcar uma reunião com o pastor (no espírito de Mateus 18.15). Mantenha sempre o seu espírito de lealdade.

O PAPEL DO MÚSICO LÍDER

Deixe-me explicar por que estou usando o termo, *músico líder*. [Esse termo] era comumente usado nos dias [do rei] Davi, [e pode], ser visto nos títulos de cinquenta e cinco salmos. Por exemplo, o título do salmo 4 diz: "Para o Músico Líder. Para instrumentos de cordas. Salmo de Davi" (Sl 4).

No tempo de Davi, novas músicas eram entregues ao Músico Chefe, para que então elas pudessem ser incluídas no vocabulário de adoração da nação.

O que quero dizer quando uso este termo? Para mim, o músico líder é a pessoa na equipe de adoração que provê a principal liderança musical para toda a equipe de músicos. Você pode usar outra designação funcional, tal como *líder de banda*. O título escolhido não é tão importante. O que é importante é que a sua equipe de adoração saiba que pessoa do grupo oferece a liderança primordial para os músicos. Alguém precisa ter a palavra final [sobre] a música.

Este é um papel estrategicamente importante e deve ser escolhido [através de] muita oração. O músico líder deve ter o respeito da equipe por sua destreza musical e habilidade em construir um trabalho em equipe. Entre suas obrigações, ele provavelmente irá escolher ou criar arranjos musicais, decidir como as cifras serão escritas, ensaiar as músicas com os músicos e a orquestra de músicos de maneira que ajude cada um a saber seu lugar em cada canção.

Em algumas equipes, o líder de adoração e o músico líder são a mesma pessoa. Nem sempre é assim, por que nem todos os líderes de adoração são músicos tão capacitados em um instrumento.

Mesmo nos casos em que o líder de adoração e o músico principal são duas pessoas diferentes, a equipe de adoração pode funcionar muito efetivamente. Deixe-me mencionar algumas coisas para serem mantidas em mente.

Antes de tudo, na maioria dos casos o músico líder trabalha na qualidade de suporte sob a liderança do líder de adoração.

O músico líder é geralmente habilitado para tomar as decisões musicais finais – tais como quais acordes serão tocados, quais harmonias serão cantadas, o papel de cada instrumento deve ter, etc. Líderes de adoração inteligentes irão maximizar os talentos do músico líder deixando-os atuar livremente. Quando os músicos líderes são liberados para exercer suas habilidades, a excelência do ministério crescerá e a graça [de Cristo] sobre a equipe se ampliará.

Volte um pouco no que dissemos anteriormente neste capítulo sobre o relacionamento entre pastor/líder de adoração. Os princípios que orientam este relacionamento *(respeito, consideração e comunicação)* devem orientar [também] o relacionamento líder de adoração/músico líder.

Toda igreja necessita de um músico líder capaz. O que deve fazer uma igreja menor que não tem um músico líder em seu meio? Orar! E melhor ainda: orar e vigiar! O que quero dizer é, *orar* para que Deus envie um músico líder, e então *vigiar*, estando atentos às pessoas que aparecem. Já soube de igrejas pequenas que contataram igrejas maiores das redondezas e encontraram lá um músico qualificado que estava desejoso para visitá-los e ajudar.

O PAPEL DOS MÚSICOS

Músicos fazem mais do que *acompanhar* o canto. Eles são ministros investidos pelo Espírito [Santo] que estão imbuídos com a tarefa sagrada de conduzir o povo de Deus em adoração. Eles inspiram, e rompem, apoiam e profetizam sobre seus instrumentos.

Davi lidou com o ministério de música no tabernáculo do Senhor [de forma] muito criteriosa, como pode ser visto neste texto:

> Disse Davi aos príncipes dos levitas que constituíssem seus irmãos, os cantores, para que, com instrumentos musicais, com alaúdes, harpas e címbalos se fizessem ouvir, levantando a voz com alegria (1Cr 15.16).

Com eles deixou Hemã e Jedutum e os demais escolhidos, que foram nominalmente designados para louvarem o Senhor, porque a sua benignidade dura perpetuamente. Hemã e Jedutum estavam encarregados das trombetas e dos címbalos, para os que os tocavam, e dos outros instrumentos de música de Deus (1Cr 16.41-42).

Nas Escrituras que descrevem como os músicos foram colocados no tabernáculo de Davi, você encontrará palavras tais como: nomeados, encarregados, designados e escolhidos. Os músicos não eram reunidos de repente, às pressas, vindos de um grupo de voluntários. Ao invés disso, eles eram indicados e consagrados para seus postos por que eram qualificados para ministrar para o Senhor.

Nós devemos lidar com o ministério de adoração da igreja local com critérios semelhantes. Ser um músico capacitado não é a única exigência. Olhamos além da arte e consideramos o coração. Os músicos devem ser verdadeiros adoradores que são chamados pelo Senhor e indicados pelos líderes da igreja.

Os músicos são *promotores* da adoração. Portanto, procuramos neles algumas qualificações básicas. Mesmo que essas qualificações ainda não tenham florescido completamente, queremos músicos que estejam sinceramente buscando alcançar os seguintes objetivos:

1. Acima de tudo, adoradores

Queremos aqueles que sejam adoradores em primeiro lugar, e que músicos em segundo. Em outras palavras, queremos que eles vivam o primeiro mandamento em primeiro lugar. Queremos que eles sejam apaixonados por Jesus e dedicados a demonstrar esse amor. Eles podem demonstrar que são adoradores quer estejam no altar ou fora dele; quer estejam no meio da congregação ou em algum lugar onde ninguém os está observando.

2. Adorador sobre o instrumento

Em segundo lugar, queremos músicos que louvem a Deus sobre o seu instrumento. Eles não *tocam* o instrumento simplesmente; eles *adoram* sobre seu instrumento. Eles não apenas improvisam, eles profetizam. Eles não estão simplesmente envolvidos com a música; eles estão envolvidos com Jesus. Nós estamos procurando por músicos que adorem ao Senhor sobre seu instrumento quando estiverem sozinhos em casa. Não sejamos tentados a trazer para o altar músicos "maneiros" porque eles elevam o nível da competência musical da equipe, mas que em razão de seu estilo de vida comprometedor diluem a eficácia espiritual do ministério de adoração.

Algumas igrejas contratam não crentes para servir como músicos durante o louvor, porque não tem músicos crentes na congregação. Se músicos não crentes forem a única opção, sugiro que você ore insistentemente para que o Espírito [Santo] os tome no meio do culto e os leve à fé salvadora. Até que despertem para o amor de Cristo, suas habilidades em liderar a congregação serão limitadas.

Queremos que o pregador da palavra seja um crente em Jesus que possa inspirar os santos através de seu conhecimento de Cristo. Por que não pedir também a Deus por músicos crentes que são chamados para liderar o povo de Deus em louvor e adoração?

3. Discípulo de Jesus

O músico deve moldar um caminho cristão consistente. Os músicos têm lugar de destaque em nossas assembleias e os jovens da igreja olham pra eles como modelos, exemplos. Queremos em nossos altares, modelos que irão inspirar os jovens a serem dedicados seguidores de Jesus.

4. Chamado

Músicos devem ser indicados para a equipe. Eles devem acreditar que foram chamados por Deus para conduzir a outros em adoração, e que o chamado deve ser confirmado pela liderança da igreja em concordância com o testemunho do Espírito.

5. Compromisso

Nós queremos músicos que sintam que o Senhor os uniu a nossa igreja local, pelo menos um tempo Eles devem realmente se importar com a saúde e o crescimento desta comunidade de cristãos.

6. Habilidade Musical

E finalmente, os músicos da igreja devem conhecer os padrões de competência musical da igreja. Na época do rei Davi, os músicos eram indicados por serem *instruídos* e *mestres* (1Cr 25.7). Sim, nós queremos o coração; mas também precisamos de músicos que dominem sua arte.

Muitas igrejas têm perguntado se devem permitir que músicos crentes que também tocam em contextos seculares, tais como clubes noturnos, se juntem à equipe de adoração. Não estou certo de que exista uma resposta única que sirva para tudo. Conheço músicos de igrejas que se sentiram chamados para consagrar seus dons musicais apenas para o Senhor; e que se recusam, por princípios, a prostituir estes dons em um contexto mundano. De acordo com 2Crônicas 7.6 e 30.21, eles veem seu instrumento como [sendo] exclusivamente do Senhor. Mas conheci outros músicos de adoração que sentem um chamado divino para levar sua habilidade musical a lugares onde não crentes se reúnem, e ser luz e sal em lugares de trevas. Portanto, a resposta para esta pergunta repousa em cada caso e é encontrada buscando a mente do Espírito Santo (Rm 8.14).

O PAPEL DOS CANTORES

Os cantores servem para apoiar o líder de adoração e ajudar a conduzir a congregação no canto. Eles reforçam a melodia e também cantam harmonias que tornam o som da canção mais agradável. Geralmente eles usam microfones para serem mais eficientes neste papel.

Nós amplificamos as suas vozes não para abafar, mas para ajudar [a congregação].

Quando consideramos as qualificações para os cantores da equipe de adoração, queremos que eles conheçam algumas das qualificações dos músicos listadas acima, a saber:

1. Seguidores de Jesus
2. Acima de tudo, adoradores
3. Chamados
4. Comprometidos

Além disso, deixe-me acrescentar algumas outras qualificações para os cantores:

5. Habilidades Vocais

Os cantores devem estar aptos a passar em uma audição de admissão para a equipe de adoração. Uma audição avalia o controle vocal, controle do volume, ouvido musical, habilidade para harmonizar, extensão vocal e a habilidade de sustentar uma melodia de forma que outras pessoas possam facilmente acompanhar.

6. Liberdade

Os cantores devem ter confiança para expressarem livremente a linguagem corporal na adoração. Isto é, eles não devem ter reservas ou inibições a respeito de expressões bíblicas tais como: erguer as mãos, dançar, ajoelhar, bater palmas, gritar, inclinar-se, chorar, etc.

7. Contagiantes

Queremos cantores que tenham um amor contagiante por Jesus. Seus rostos devem refletir a alegria da presença do Senhor e [estarem] fitos no rosto de Cristo. Uma de suas funções principais no altar é inspirar a congregação a unir-se a eles [em adoração]. As pessoas são, em geral, mais fortemente influenciadas por aquilo que *veem* do que por aquilo que *ouvem*. Não ajuda muito se os cantores encaram a congregação como se estivessem sofrendo enquanto estão adorando. Queremos cultivar um semblante que inspire e não que distraia. Com treinamento, mesmo alguém que tem o semblante naturalmente carrancudo, pode aprender a adotar uma aparência agradável quando está de pé, diante das pessoas.

Algumas pessoas sorriem e brilham quase que sem nenhum esforço, enquanto adoram ao Senhor. Essas são ótimas pessoas para estarem em nossa equipe de adoração! Eu considero esta habilidade de irradiar a paz e a alegria de Cristo mais valiosa até mesmo, do que suas habilidades vocais.

O que devemos fazer se temos alguém em nossa equipe que não é um cantor tão bom, mas é contagiante e inspirador como adorador? É assim que lido com isso: dê a essa pessoa um microfone – e o desligue. Mesmo que não consiga ficar dentro do tom, vai inspirar a congregação a abrir [o coração] para o Senhor.

Além de um grupo seleto de cantores com microfones, algumas igrejas também têm um *coro de adoração* que canta no altar mas não usa microfones. Para igrejas que escolhem essa opção, eu vejo três benefícios em potencial. Primeiro, isso quer dizer que eles têm ainda mais adoradores zelosos no altar, trazendo um espírito de adoração à congregação. Segundo, isso torna possível a participação de mais pessoas na equipe, dando aos participantes ainda maior alegria e propriedade no corpo [de Cristo]. E terceiro, isso significa que a pessoa que faz a seleção dos cantores não tem que dizer tantos "*nãos*" como de costume. Aqueles que não se qualificarem como cantores, podem se qualificar para o grande coro.

SOM, MÍDIA E TELAS

Os operadores de som são parte da equipe. Eles são parte central, e não periféricas, para este ministério. Eles preparam o som para os ensaios e depois deixam o som novamente configurado e pronto para a reunião coletiva. Quando eles se juntam à equipe nos ensaios, um sentimento de solidariedade é cultivado entre a equipe. Aqueles que estão no altar não poderiam fazer o que fazem sem os técnicos de som.

Os técnicos de som ficam em alerta máximo durante o culto de adoração. Eles mantêm os olhos cravados no altar e não perdem nada. Se alguém pega um microfone que não está ligado, eles percebem e ligam imediatamente. Se um músico está tentando sinalizar alguma coisa, eles compreendem rapidamente e fazem os ajustes necessários. Os líderes de adoração *amam* técnicos de som atentos que entendem seus sinais instantaneamente e fazem os ajustes de acordo [com a necessidade].

Os líderes devem encontrar formas de encorajar e agradecer aos operadores de som em particular e publicamente por seu papel no ministério de adoração. Para o observador desatento, eles não fazem muito, além de ficar atrás da mesa de controles. Mas, para aqueles que estão por dentro do assunto, eles trabalham duro para possibilitar a adoração coletiva.

Os operadores de multimídia também são membros importantes da equipe de adoração. Algumas equipes não esperam que os operadores de multimídia – a pessoa que seleciona as letras das músicas [para serem projetadas] – estejam presentes nos ensaios. Porém, em minha opinião, a presença deles seria muito útil. E por quê? Porque a projeção das letras durante a adoração é um elemento de importância vital na adoração congregacional. Quando o operador de tela não está familiarizado com a música, ele pode cometer certo número de erros. Ele pode projetar a letra tarde demais, pode pegar a tela errada e perder as nuances de algumas palavras que estão faltando. A cada erro, as pessoas ficam distraídas e o espírito de adoração é comprometido. Se o operador de mídia vem ao ensaio e projeta as letras, ele domina o conhecimento da canção e se torna apto para servir a congregação sem problemas.

Operadores de multimídia devem ter habilidades musicais porque é preciso um ouvido musical para acompanhar uma música e saber qual tela projetar a seguir. O operador deve estar apto a cantar qualquer canção da lista de cânticos, assim como os cantores da equipe. Quando o líder de adoração é criativo e vai para um verso ou para a ponte[11] fora da sequência, um operador esperto reconhece a mudança instantaneamente e compensa [isso] na velocidade da luz. Sim, habilidades musicais são importantes para este papel.

Eis uma coisa a respeito dos operadores de som e mídia: quando eles fazem o trabalho de maneira competente, ninguém nota. Contudo, se cometem um erro *todos percebem*. Portanto, seu papel na equipe de adoração é de altíssima importância.

QUANDO ESPERAR PELOS SINAIS

Muitas equipes de adoração usam o microfone talkback, que é um sistema de comunicação entre seus membros. O microfone talkback funciona da seguinte forma: O líder de adoração pode acionar o interruptor com os pés em um pedal e ativar a função talkback no microfone. Com o interruptor ligado, o líder pode falar em seu microfone e sua voz será ouvida exclusivamente nos fones de ouvido dos membros da equipe. Ninguém na congregação pode ouvir o que está sendo dito. Então, ele poderá dizer algo do tipo: "Parem o 'clique'[12], vamos mais devagar, e então vamos passar para a próxima música". Quando ele desliga a função talkback no pedal, a equipe pode reassumir a música cantando novamente no sistema de som do local.

Os microfones talkback são uma maneira brilhante das equipes de adoração de comunicarem. Qualquer um que tenha necessidade pode usar um – quer seja operador de som, o líder de adoração, o músico líder, etc. Isto torna a comunicação das instruções para os músicos, para os cantores e para os técnicos de som, mais fácil do que nunca. Eu aposto que o rei Davi gostaria de ter tido acesso a esse tipo de equipamento no tabernáculo de Sião. Às vezes, a tecnologia pode ser uma coisa linda.

As igrejas que não possuem esta tecnologia podem querer desenvolver um conjunto de sinais com as mãos para a comunicação da equipe

---

11 N.T.: A "ponte" é uma parte instrumental que costuma ser usada para pausar e fazer a ligação entre as partes anteriores da música ou conduzir a música para a parte seguinte.

12 N.T.: Click Track é um amplificador de fone de ouvido, ligado à mesa de som, que conecta até 6 músicos com a mesma batida de um metrônomo digital. No Brasil é conhecido entre os músicos como Power Click, e às vezes chamado apenas de "clique".

enquanto a adoração está acontecendo. Para os sinais com as mãos funcionarem, é necessário que haja *contato visual* contínuo entre os membros da equipe. Contato visual entre os membros da equipe é especialmente importante nos seguintes pontos em *cada música*:

1. No começo

2. Nos pontos de transição das músicas

Quando você está no final de um coro, ou ponte, ou verso observe [e espere por] algum sinal. O líder de adoração pode querer pausar e dizer alguma coisa, ou repetir um verso de uma forma não planejada.

3. Repetidamente durante a música

Alguma vez, você já percebeu o líder de adoração tentando se comunicar com um dos músicos ou um dos cantores, mas não conseguiu a atenção deles? É frustrante para o líder e distrai a todos que percebem. Músicos, façam um favor a seu líder e olhem pra ele repetidamente durante a música.

4. No final

O líder de adoração pode querer repetir a música, ou passar direto para a música seguinte, mudar de tom, [ou que] todos juntos parem de cantar, ou acrescentar um final mais lento. O contato visual com o líder é fundamental no final da canção, por isso toda a equipe deve estar junta, em sincronia.

TIPOS DE SINAIS A SEREM USADOS

Cada equipe de adoração deve desenvolver seu próprio *grupo de sinais* para se comunicar uns com os outros durante o culto. A maioria dos sinais usados pelas equipes são sinais com as mãos, mas alguns líderes podem erguer o braço de sua guitarra ou encontrar algum outro meio criativo de sinalizar.

Os sinais escolhidos variam em cada equipe, mas os significados são geralmente estes, ao longo destas linhas:

1. O tom da música

Por exemplo, dois dedos apontados para cima significam 2 tons sustenidos, e dois dedos apontados para baixo significam 2 tons bemóis. Se o líder quer cantar uma música que não estava planejada, um sinal para um músico pode indicar: "Me dê um acorde em D"[13]. Então o líder poderia iniciar a nova música.

2. Subir de tom (um polegar para cima é o suficiente)

3. Mudar o volume

Um movimento da palma da mão para cima ou para baixo, pode comunicar o desejo de aumentar ou diminuir o volume.

4. Os acordes da música

Se uma música não ensaiada inicia de repente e os músicos não sabem seus acordes, sinais manuais podem comunicar os acordes da canção. Por exemplo, três dedos poderiam indicar um acorde de três notas, cinco dedos indicariam um acorde de cinco notas e etc.

5. Somente as vozes

É de grande ajuda ter um sinal que comunique a todos os músicos que eles devem parar de tocar; e portanto, a música continuará apenas com as vozes ou vozes e bateria.

6. Repetir

Crie um sinal que comunique a todos da equipe que será repetido o que acabou de ser cantado ou tocado.

7. Ir para o coro

8. Mudar o andamento

Serão necessários dois sinais para isso – um que signifique acelerar e outro que signifique ir mais lentamente.

---

[13] D – Um acorde da nota musical Ré.

9. Ir para o final (terminar a música)

AS EXPECTATIVAS DA EQUIPE

Uma equipe de adoração deve ter uma lista de expectativas para todos que façam parte dela. Uma folha com a cópia desta lista deve ser entregue a cada pessoa que se candidatar à equipe. Existem expectativas que devem ser comuns a todos os que participarem, e talvez algumas exigências mais específicas para certas funções dentro do grupo.

Para lhe ajudar a rascunhar uma lista de expectativas para sua equipe, deixe-me sugerir alguns itens que você pode querer incluir em sua [própria] lista.

1. Entendimento do chamado divino
2. Confirmação pastoral da indicação
3. Frequência na igreja
4. Estilo de vida de adoração
5. Disciplina espiritual (oração, leitura bíblica)
6. Estabilidade espiritual
7. Mordomia financeira
8. Integridade irrepreensível
9. Frequência aos ensaios
10. Obediência às instruções do líder
11. Aberto à correção
12. Pontualidade nos ensaios
13. Ensaio musical particular
14. Padrões de vestimenta
15. Participação na oração pré-culto

Deixe-me acrescentar um comentário sobre o número onze, *ser aberto à correção*. Ajude os músicos a compreenderem este item antes que eles se juntem à equipe, por que é fácil para os músicos levarem as correções mais para o lado pessoal do que o necessário. Eis o que eu penso: os músicos, em alguns casos, veem seu estilo musical como uma extensão de suas personalidades. E, se você critica o seu estilo musical, eles podem tomar isso como ataque pessoal. Por isso, é bom conversar sobre esta dinâmica antes de começarem a trabalhar juntos. Nos recusamos a ficar ofendidos se nos pedem para ajustar nossa maneira de tocar. Às vezes precisamos desistir de insistir nossa preferência musical pelo bem da equipe. Se pudermos fazer isso de forma educada, haverá outras vezes quando nossa preferência será precisamente o que é necessário e escolhido.

O culto de adoração coletiva não é a hora para os músicos exibirem suas habilidades e sua refinada experiência. Ao invés, aproveitamos nossas habilidades e as canalizamos para a habilidade musical profética – usamos nossos dons musicais e espirituais para apoiar uma liberação da adoração na congregação.

O ENSAIO DA EQUIPE

Os ensaios da equipe de adoração são essenciais para o sucesso do ministério e, já que a adoração acontece semanalmente, o ensaio para essa apresentação teve ter bases semanais. O ensaio nos faz um – tanto na música quanto no coração.

Se for possível, eu aconselho a equipe de adoração que ensaie em outro dia que não seja o domingo. Então, tudo o que é preciso domingo pela manhã é uma checagem relativamente breve do som. Isso deixa o tempo antes do culto disponível para oração.

Novamente, o ensaio da equipe de adoração é mais do que um evento musical. Logo, um ensaio típico provavelmente incluiria os seguintes elementos:

1. Louvor e adoração

Isso é o que fazemos. Visto que este é o nosso ministério, por que não gastar tempo juntos adorando? Como uma equipe de ministros reunida para o Senhor, vamos desenvolver a autenticidade e a união do [nosso] propósito – o tipo de união que produz poder e um culto espiritual eficaz.

2. Ensino e estudo

Usem um pouco [de tempo] dos seus ensaios semanais para ensinar e discutir verdades bíblicas relacionadas à adoração. Estudem a Bíblia juntos.

Leiam em conjunto livros significativos sobre adoração e discutam sobre ele. Também encorajo as equipes de adoração a frequentarem uma conferência sobre adoração a cada um ou dois anos, para manter a visão renovada e permanecer afinado com o que Deus está fazendo através do corpo de Cristo.

3. Compartilhar

Separe um tempo para os membros de a equipe expressarem seus sentimentos e seus interesses. Façam coisas da vida comum juntos. Conversem sobre os cultos de adoração e discutam a saúde do ministério de adoração. Lancem a visão em conjunto.

4. Oração

Orar pelos assuntos importantes de cada um da equipe é dar apoio a eles. Ore pela congregação e pelos cultos que virão. Faça da sua equipe de adoração uma equipe de oração. Que o espírito de intercessão possa repousar sobre tudo que fazemos.

5. Prática

Eu deixei por último o ensaio musical, mas não se engane, ele é muito importante. Na dedicação do Templo de Salomão foi dito que: "Eles uniformemente tocavam as trombetas e cantavam para fazerem ouvir uma só voz, bendizendo e louvando ao Senhor" (2 Cr 5.13). Esta unidade de som só pode ser conseguida através da prática.

A equipe de adoração na dedicação do templo de Salomão era certamente [bem] grande. Somente trompetes havia 120, sem mencionar os outros músicos, assim como um imenso coro. Eles estavam [bem] ensaiados e prontos para fazer *um único som* em louvor ao Senhor; e quando eles o fizeram está registrado que "a casa do Senhor se encheu de uma nuvem. Não podiam os sacerdotes manter-se em pé para ministrar por causa da nuvem; porque a glória do Senhor encheu a casa de Deus" (2Cr 5.13-14). Deus respondeu em sua glória a unidade [daquele grupo].

Como eles conseguiram tamanha unidade? Eles praticaram!

Salomão queria esta ocasião majestosa marcada pela pompa, gala, organização e precisão. Logo, tudo era bem ensaiado antecipadamente.

Quando a glória do Senhor apareceu, eles colheram os frutos dos seus dedicados ensaios. É encorajador ver como Deus respondeu a ordem, a organização e o planejamento daquelas pessoas. Ele se alegra quando levamos o ministério de adoração a sério.

Eu encorajo as equipes de adoração a orarem juntos antes dos cultos começarem. A prática vai unir a equipe musicalmente, mas a oração vai uni-la espiritualmente. Não há limites pelo que vocês podem orar – pelos integrantes da equipe, pela igreja, pelo grupo de adoração, pelo pastor, pelos visitantes, pelos ajudantes do estacionamento, pelos recepcionistas, pelo ministério infantil, etc.

Agora vamos falar um pouco sobre planejamento e preparação para a adoração coletiva.

CAPÍTULO DEZ

PLANEJANDO O CULTO DE ADORAÇÃO

A adoração coletiva exige preparação e planejamento. Assim como os pastores gastam horas toda semana na preparação do sermão, os líderes de adoração devem investir tempo planejando o culto de adoração.

Eis aqui porque a preparação é tão importante. Quando Paulo descreveu a armadura espiritual, ele disse que nossos pés são calçados "com a preparação do evangelho da paz" (Ef 6.15). Nossos pés não são calçados com paz; nossos pés são calçados com preparação. Se formos para um culto de adoração sem lista de cânticos e sem um ensaio por trás, é como ir para a guerra sem sapatos. A preparação é tão essencial para a adoração coletiva quanto os sapatos são no equipamento do soldado.

Quando falhamos em planejar a adoração adequadamente, os cultos tendem a ficar sem direção. Planejar nos ajuda a dar foco e propósito ao culto. A adoração coletiva é como uma jornada – nós estamos tentando ir a algum lugar juntos. Planejar nos dá condições de irmos juntos a algum lugar no coração de Deus.

É sabido, existe uma tensão entre a preparação e a espontaneidade. Mas mesmo para as igrejas que dão grande valor à espontaneidade da adoração, a preparação é essencial. A preparação na verdade capacita a espontaneidade. A preparação lhe dá a confiança de ser espontâneo no momento porque você sabe que tem uma lista para a qual voltar.

A preparação não precisa produzir inflexibilidade. Mesmo quando nós estamos totalmente preparados para a adoração, não precisamos nos sentir amarrados além do necessário à nossa programação, mas ainda podemos fluir com mudanças inesperadas no culto. Você não pode prever o inesperado. Por exemplo, eu estava bem preparado numa ocasião para liderar o louvor em um certo culto mas, quando eu cheguei na reunião, eu descobri que o pastor queria que eu levasse o culto numa direção totalmente diferente. Foi desafiador, mas eu deixei de lado minha preparação e fluí criativamente de acordo com a vontade do pastor.

Prepare-se, mas então esteja pronto para seguir a liderança do Espírito Santo. Mesmo quando estivermos totalmente preparados, nós ainda precisamos ouvir cuidadosamente a voz do Espírito e nos inclinarmos conforme Sua ajuda no culto se revela. A adoração coletiva não é bem-sucedida porque fechamos uma lista de cânticos, mas porque descobrimos o coração do Senhor para nosso tempo juntos. Não podemos abordar um romance de forma orquestrada e mecânica. O amor sempre tem um elemento de espontaneidade nele.

Líderes de adoração sábios, portanto, equilibram a tensão entre uma preparação forte e a sensibilidade do Espírito Santo.

NAVEGUE PELA INCERTEZA

Quando planejamos a adoração, algumas vezes as coisas ficam claras rápida e facilmente. Louvado seja Deus! Mas em outros momentos, os líderes de adoração lutam para ganhar clareza sobre que direção tomar. O tempo gasto em oração nem sempre ajuda. Se você já experimentou isso, não está sozinho – normalmente, líderes de adoração experimentam isso em todo o lugar. Não importa o quanto você ore e se prepare, as coisas permanecem nebulosas às vezes.

Tendemos a nos tornar introspectivos em tais momentos, imaginando o que está errado conosco. Se o Senhor revela que você está tentando pegar um atalho, então arrependa-se. Mas com frequência a questão não é um atalho em nossas vidas. Normalmente é algo que está acontecendo no campo espiritual que não podemos ver. Quando fatores que não vemos estão em ação, Deus não quer que nos sintamos confiantes a respeito de nossa preparação. Porque ser estivermos confiantes, vamos seguir em frente e não vamos ver a direção de Deus. Algumas vezes Ele nos deixará hesitantes e inseguros intencionalmente, porque quer nos apoiemos com mais força ainda Nele.

Já houve vezes, liderando a adoração, quando eu senti que estava sobre os meus calcanhares, abanando meus braços para encontrar equilíbrio e eu não sabia se cairia para trás ou para a frente. Já teve um sentimento assim? Eu acho que Deus às vezes nos põe sobre nossos calcanhares, permitindo que fiquemos sem equilíbrio e incertos para que possamos ser movidos mais facilmente pelo sopro gentil do Seu Espírito. A incerteza fixa os nossos olhos Nele. Algumas vezes Ele até mesmo vai projetar um culto de adoração desastroso para que retornemos completamente para a dependência Dele.

Se você se sente super ameaçado pela incerteza, então talvez a liderança da adoração não seja a vocação para você (sorrisos). Mas se você puder aguentar a incerteza, o Senhor treinará você para se tornar um seguidor melhor do Seu Espírito.

PREPARAÇÃO PESSOAL

Líderes de adoração não apenas preparam uma lista de cânticos para o culto, mas também se preparam. Preparar uma lista é bem objetivo, mas preparar a si mesmo pode ser muito mais desafiador.

Como nos preparamos para liderar? Passando tempo em adoração, oração e com a Palavra. Quando orar no Espírito em um lugar secreto, um líder está buscando a sensibilidade do Espírito Santo. Nós expressamos nosso desejo de uma unção maior pelo Espírito na nossa vida e ministério – assim como Deus ungiu Jesus com o Espírito Santo e poder (At 10.38). No lugar secreto, nós passamos tempo ministrando ao Senhor, o que é nosso primeiro e maior chamado. Nossa ministração ao Senhor diante do Seu trono em particular vai refletir em como nós ministramos em público.

Se alguém passa trinta minutos escolhendo as canções e depois só cinco minutos em oração pedindo que Deus abençoe a lista, ele têm algo a aprender sobre preparação.

A autopreparação é uma perspectiva mais rigorosa do que uma preparação de canções. Para começar, leva mais tempo. A escolha das canções pode levar trinta minutos, mas a preparação pessoal é uma realidade integral. Cultivamos o nosso coração constantemente vivendo uma vida de adoração. Cobiçamos um nível de sensibilidade espiritual que vem apenas através de uma caminhada disciplinada, diária e íntima com Jesus. Sem Ele não podemos fazer nada.

Quando nossos corações estão endurecidos por causa dos cuidados da vida, não esperamos pelo culto de adoração para labutar por um avanço na adoração. Buscamos este avanço com antecedência, para que quando o culto começar estejamos livres em nossos corações para liderar a seguir o Espírito Santo. É por isso que nós guardamos nossos corações em oração durante as 24 horas antes de um culto. Queremos trazer ao encontro um coração que já está conectado com o Senhor em adoração e afeição.

Além do mais, evite se *apressar* ante do culto. Em outras palavras, faça o que puder para evitar ter que correr para poder subir no palco na hora certa. Pode ser que algo aconteça inesperadamente, além do seu controle e você chegue ao encontro estressado e suado. Todo mundo tem um momento deste tipo de surpresa. Mas é importante fazer o nosso melhor para abrir espaço em nosso horário para detalhes não planejados para que eles não nos perturbem. O inimigo ficaria extasiado se pudesse nos distrair de um jeito que nos fizesse liderar a adoração com as emoções desgastadas. Esteja disposto a dizer não para atividades que poderiam potencialmente distraí-lo para preservar seu foco para o encontro. Chegue cedo no prédio, para que possa acalmar seu coração diante do Senhor. A dignidade e o significado de nosso chamado merecem este tipo de atenção.

DEUS USA LIDERANÇA HUMANA

Deus escolhe *pessoas*. Ele usa os líderes fracos e quebrados. Se Deus nos chamou para liderar a adoração, esteja certo de que Ele ajudará e capacitará você para cumprir o seu chamado.

Todos somos suscetíveis a sentimentos de inadequação de vez em quando. Nossos sentimentos podem nos distrair *"A ideia para esta canção foi um pensamento carnal meu, ou foi realmente guiado pelo Espírito Santo?" "Eu estou realmente sendo guiado pelo Senhor agora ou este é o meu pensamento natural?"* Não permita que tais pensamentos perturbem ou distraiam você durante o culto de adoração. Você já passou tempo preparando seu coração através da oração, então quando tiver um impulso de ir em certa direção num culto, aceite, pela fé, que isto veio de Deus e dê um passo com confiança Nele. Depois, se você perceber que não foi inspirado por Deus, então medite na situação e aprenda com ela. Mas no imediatismo do momento, siga em frente pela fé, sabendo que o Senhor honra os líderes humanos e dirige seus corações.

Deus honra a liderança humana de tal forma que podemos fazer uma asneira e Ele ainda honrará a sinceridade de nossos esforços. Deus não envergonha Seus líderes publicamente só porque ele liderou a canção errada. Se precisarmos ser corrigidos, isso deve ser feito em particular, com os líderes certos, e não no meio do culto de adoração. Então, os líderes de adoração podem relaxar. A adoração coletiva é um lugar seguro para jovens líderes crescerem a aprenderem no Espírito.

SERÁ QUE A LISTA É SAGRADA?

Existe uma lista de cânticos perfeita para cada culto de adoração? Em outras palavras, se realmente tivéssemos a mente de Cristo, haveria apenas uma combinação de canções que seriam certas para um determinado culto? Em minha opinião, provavelmente não.

Seria interessante conduzir o experimento a seguir. Suponha que vamos pedir a cinco líderes de adoração, experientes, excelentes para jejuar e orar com relação ao próximo culto e então peça que eles produzam uma lista de canções que sintam ser inspirada pelo Senhor. Meu palpite é que eles criariam cinco listas diferentes, com canções diferentes, e um tema diferente em cada lista. E eu também imagino que se usássemos qualquer das listas para o culto, ela funcionaria. Por quê? Porque Deus não está preocupado com as canções que cantamos ou a ordem na qual as cantamos. Ele quer nossos *corações*, independentemente das canções que cantamos.

Eu posso imaginar um líder de adoração clamando ao Senhor "Ah, Deus, que canções devemos cantar neste domingo? Devemos começar com a música A ou a música B? Por favor, por favor, me mostre Sua vontade!" E eu posso imaginar o Senhor respondendo algo do tipo, "Na verdade, eu não ligo para qual *música* vocês usem. Qualquer que seja a música que vocês escolham para iniciar, me deem os seus corações. Eu quero que vocês se alegrem por estarem juntos e porque estão Comigo. Vamos desfrutar uns dos outros!"

Quer cantemos uma ou vinte músicas, Ele quer nossas afeições sinceras.

Alguns líderes de adoração se enganam quando pensam que a solução para qualquer problema na adoração seja a música correta. Então se o culto de adoração não encontra seu impulso, eles seguem para a música seguinte. E depois a seguinte. Cantar rotineiramente uma música após a outra não necessariamente torna um culto de adoração vibrante. Algumas vezes a última coisa de que precisamos é outra música. Algumas vezes, ao invés de automaticamente seguir para a próxima música na lista, precisamos dar uma pausa e buscar o que abrirá a congregação para o desejo do Espírito.

Nossa lista não é algo sagrado que não ousamos violar; ao contrário, é um recurso de possibilidades. As canções são ferramentas para nos ajudar a conectar com o coração de Deus. Normalmente, as canções que preparamos nos levarão até lá. Mas se na jornada ao coração de Deus, uma direção diferente emergir ou uma canção diferente vier à mente, você está livre para seguir. Mais uma vez, a lista não é sagrada.

Por outro lado, desviar-se da lista não garante necessariamente um culto de adoração mais poderoso. Nosso objetivo não é ficar ou desviar da lista, mas encontrar Jesus.

PREPARAR UMA LISTA

Um líder de adoração deve preparar uma lista para todo culto de adoração coletiva. Uma lista de cânticos não é rigorosa mas, sim, libertadora. Como? Ela nos libera de nos preocuparmos com qual será a próxima música. Ela libera a todos na equipe de adoração porque sabemos para onde estamos indo.

No meu livro *Segredos da Adoração*, eu comparo uma lista de cânticos a um barco. Quando navegamos nas águas do Espírito na adoração coletiva, um líder de adoração deve vir para o culto preparado com uma lista de cânticos – um barco. Mas há momentos na adoração quando o Espírito parece nos acenar para sairmos do barco e andar na água – ou seja, desviar da nossa lista preparada e seguir para uma expressão de adoração que não tínhamos preparado. Quando você tem um barco, você ganha coragem para sair dele. Por quê? Porque se você começar a afundar, você tem um barco para onde nadar de volta. Veja o que eu quero dizer com isso. Se você tentar seguir a liderança do Espírito Santo e tentar uma canção que não tinha preparado, e então o culto começa a perder a energia e o impulso, você sempre tem uma lista para onde voltar. Portanto, esteja preparado com uma lista e também esteja pronto para tornar-se espontâneo em resposta à liderança do Espírito Santo.

Eu recomendo que todo líder de adoração tenha uma Lista Principal com todas as canções que estão atualmente no repertório da equipe. Canções ultrapassadas podem ser deletadas na hora certa e as novas podem ser incluídas conforme são aprendidas. Quando planejamos uma lista de cânticos (uma lista para o culto), esta Lista Principal é amiga do líder de adoração.

Uma Lista Principal pode ser organizada em:
- Ordem Alfabética
- Tom
- Andamento (rápida ou lenta)
- Nova ou antiga
- Hinos históricos

Canções no mesmo tom e andamento devem ser agrupadas juntas porque é mais fácil mover-se de uma para a outra.

Um líder pode criar uma lista de cânticos revendo a Lista Principal. O processo de criar uma lista não é idêntico todas as vezes, mas deixe-me sugerir alguns elementos que deveriam ser parte do seu processo de preparação.

Comece com uma oração. Provérbios 21.1 diz "Como ribeiros de águas, assim é o coração do rei na mão do Senhor; a tudo quanto quer o inclina". No espírito deste verso, você pode orar "Senhor, eu escolho canção para adoração, incline o meu coração na direção das que eu devo escolher primeiro". Então, quando você analisar a Lista Principal, espere que o Senhor coloque interesse em seu coração quando os seus olhos virem as canções certas. Quando você sentir o seu coração interessado em cantar uma certa canção, coloque-a na lista.

Seu primeiro rascunho pode ter mais músicas do que você precisa, e seu próximo passo será reduzi-la ao número adequado de canções. Depois disso, você as colocará na ordem correta.

Em outros momentos, as músicas que tocam você, podem não ser suficientes para encher a lista e precisará revisar a Lista Principal uma segunda vez para preencher o esqueleto de canções diante de você. Olhe o tom, o andamento e o tema das canções que já escolheu e veja se você pode encontrar outras canções que compartilham elementos semelhantes.

Quando compilar a lista de cânticos, pense em unir as canções baseado em tema e estado de espírito. Para identificar o tema de uma canção, olhe o conteúdo da letra; para identificar o estado de espírito da canção, examine o andamento e a força rítmica (se é suave e fluida ou combativa e vigorosa). Coloque as canções na sua lista em uma ordem que promova transições suaves entre os andamentos e tons e também lhe forneça uma progressão no grupo. Na adoração coletiva, nós não estamos apenas cantando um monte de notas colocadas juntas, mas estamos numa jornada coletiva. Estamos indo para algum lugar. Planeje uma lista que anteveja uma progressão no Espírito.

Seja estratégico ao planejar como você apresentará novas canções à sua congregação e então como você vai reforçá-las nas semanas subsequentes para que todos as aprendam.

Uma vez que a lista para o culto tiver sido compilada, dê uma cópia para todos que precisam de uma, como os membros da equipe, os operadores de mídia, a equipe pastoral, etc.

Quantas canções devemos ter na nossa lista de cânticos? Talvez umas duas a mais do que realmente precisamos. Por exemplo, se você acha que terá tempo para cantar quatro músicas, faça uma lista das quatro canções e então talvez uma ou duas de reserva. Ter mais algumas canções na sua frente do que você realmente precisará pode lhe dar flexibilidade de movimento conforme o culto avança.

Mudar de um tom para outro é às vezes uma transição turbulenta, e é por isso que alguns líderes reduzem as mudanças de tom a um número mínimo em qualquer culto. Como você vai operar a mudança? Crie estratégias para mudança de tons porque alguns vão até exigir uma parada completa.

Conforme você planeja para o culto, pense em planejar um *prelúdio* musical. Um prelúdio é normalmente uma música tocada suavemente enquanto as pessoas estão entrando no santuário. Quando feito com bom gosto, o prelúdio pode preparar as pessoas para a adoração estabelecendo uma atmosfera de oração.

Também pode ser uma boa ideia colocar um poslúdio, que é a música que é tocada ou cantada enquanto as pessoas saem do prédio. Procure palavras e música que reforcem a essência da mensagem. Às vezes o estado de espírito pode ser quieto, em outras vezes alegre e exuberante. Algumas igrejas têm a prática de convidar os adoradores para vir à frente em resposta à mensagem. Nestes momentos, o toque certo reforça uma atmosfera de oração e dá às pessoas o vocabulário para expressar sua consagração ao Senhor.

UM TEMA PARA O CULTO

Algumas vezes o tema da adoração é ditado pelo calendário da igreja. Por exemplo, no Natal, na Páscoa ou Ação de Graças, o tema é evidente. Mas normalmente os líderes buscam o Senhor por um tema para o culto de adoração. Ocasionalmente, uma certa passagem bíblica lhe fala mais fundo e lhe dá o foco geral do culto.

Algumas vezes um tema não emerge até que o culto esteja acontecendo. No meio do culto de adoração, você pode de repente perceber que uma certa ideia insiste na sua mente. Você pode até decidir expressá-la verbalmente para que a congregação perceba isso também. Você pode expressá-la cantando uma determinada linha repetidamente ou oferecendo uma oração específica.

Algumas vezes o tema do sermão do pastor pode ajudar a trazer um tema para a adoração. Este tema pode não surgir em cada canção mas pode estar fortemente presente em pelo menos uma canção. É sempre sábio consultar a equipe pastoral antes de planejar a lista de cânticos para ver se eles têm sugestões ou preferências para o culto de adoração.

Nem todo culto de adoração tem que ter um tema. Na verdade, é possível trabalhar muito para criar um tema para a adoração e o culto tornar-se custoso e artificial. Um culto de adoração nada mais é do que uma dança entre o Noivo e Sua noiva e o amor não precisa de um tema especial. O amor só quer ser expressado e oferecido. A adoração é basicamente uma questão de amor. Dificilmente você vai errar fazendo da adoração coletiva um momento simples de dar e receber afeição e adoração. Quer um tema apareça, quer não, nós vamos desfrutar da presença de Jesus.

ALERTA DE ROTINA

Seja criativo em oferecer variedade na adoração. Se a adoração se tornar muito previsível, as pessoas perderão interesse e se desligarão. Já que é uma coisa viva, o amor deve ser renovado e espontâneo.

Existem tantos estilos diferentes de adoração quanto existem igrejas. Independente da nossa forma, nós todos lutamos contra a tendência de deixar a nossa forma virar uma rotina. Quando estamos em uma rotina, os adoradores tendem a entrar no piloto automático.

Veja aqui algumas perguntas de "alerta de rotina" que podem nos ajudar a discernir se estamos caindo numa rotina de adoração.

1. Eu fico facilmente distraído pela dinâmica horizontal ao meu redor? Quando estamos numa rotina, nosso olhar tende a deixar de se fixar na beleza de Cristo e fica distraído pelas pessoas no ambiente.

2. A adoração raramente me surpreende ou intriga? Deus é cheio de surpresas, mas as rotinas são confortavelmente previsíveis. Nada inesperado acontece numa rotina.

3. A minha linguagem corporal já caducou? Rotinas são repetitivas e não exigem ligação mental. Se uma certa canção é tão familiar para a congregação que eles podem cantar sem pensar, talvez seja uma boa ideia guardá-la por uma temporada. Volte a ela em um ano ou dois e provavelmente haverá uma novidade nela.

4. A maioria da congregação não está conectada com a adoração? Se a adoração não mexe mais com eles, talvez nós precisemos de ajuda para sair da rotina.
5. Eu me encontro silenciosamente antecipando o que acontecerá a seguir no culto? Esta é uma maneira do detector de rotina me alertar.
6. Tudo nos nossos cultos é suave? As rotinas são suaves. Cultos suaves podem passar bem ao lado do Espírito Santo. Para sair de uma rotina suave algumas vezes precisamos de algo dramático, ou mesmo chocante.
7. Novas abordagens à adoração me aborrecem? Se uma mudança no estilo de adoração parece desgastante, talvez eu esteja me segurando ao que é excessivamente familiar e precise de ajuda para sair da rotina.
8. O tempo reservado para a adoração está cada vez menor? Quando estamos em uma rotina, nenhum dos adoradores entediados se sente prejudicado quando o tempo da adoração é encurtado.
9. Os visitantes têm dificuldade para conectar-se com nosso estilo de adoração? As rotinas têm a tendência se tornarem-se encravadas e perdem relevância para convidados e visitantes.

Agora que já estamos cientes das rotinas nas quais temos a inclinação de cair o que podemos fazer para evitá-las?

MANTENHA A ADORAÇÃO ATUALIZADA

Eu encorajo os líderes de adoração a intencionalmente inserir variedade e criatividade na adoração coletiva. Nós queremos que nossos cultos sejam vivos, respirando, engajados, até mesmo provocadores. Posso compartilhar algumas ideias sobre como fazer isso? Não que eu queira limitar sua criatividade com minhas ideias, pois a criatividade não tem limites. Simplesmente veja minhas ideias como maneiras úteis na busca pelos cultos de adoração inspirados pelo Espírito.

1. Um início diferente

Comece o culto de um jeito que você nunca fez antes. Coloque todos de pé e que se apresentem a alguém que não conhecem. Leia a Bíblia. Comece com uma oração. Não comece com uma oração. Sugira um tema para a adoração. Faça um momento de silêncio. Mostre um vídeo curto. Deixe que a primeira música seja apenas instrumental, enquanto todos permanecem sentados. Comece com a Ceia do Senhor. Em outras palavras, comece com algo inesperado.

2. Vá de acústico

Ocasionalmente, cante com a congregação sem acompanhamento musical. Ou faça o culto todo com apenas um instrumento acústico.

3. Escolha um grupo

Para algumas músicas, peça que seja cantada apenas pelos homens. Ou apenas pelas mulheres.

4. Ajoelhe-se

Convide aqueles que fisicamente podem fazê-lo a ajoelharem-se quando for a hora certa.

5. Mude a ordem

Se o seu culto tende a ter uma certa ordem, mude-a em algum domingo. Por exemplo, comece com o sermão e termine com a adoração. Deixe que a adoração naquela semana seja a resposta à mensagem.

6. Mova a mobília

Leve a adoração para um local diferente. Se você tipicamente fica no centro da plataforma, mova a equipe e lidere de um lado do palco. Ou desça do palco e lidere da área do altar, ou no banco da frente. Deixe a equipe de adoração de costas para a congregação e olhando para a frente, junto com todos os outros, para Jesus. Uma vez eu visitei uma igreja na cidade de Nova Iorque e quando a adoração teve seu impulso, eu podia ouvir a voz do líder, mas não sabia onde ele estava. Depois de olhar ao redor por alguns momentos, eu finalmente localizei o pastor, sentado no banco da frente da congregação com um microfone, olhando para a frente e dirigindo a canção. Ninguém prestou atenção nele porque as mãos e os rostos das pessoas estavam totalmente centrados no Senhor. Para mim, aquele momento foi muito renovador.

7. Vá sem lista

Diga para a congregação que você vai fazer todo o culto de adoração sem qualquer canção conhecida. Deixe que seja um culto no qual cantaremos a Bíblia e algumas frases ou o coro das canções espontaneamente e meditem. Quem disse que temos que cantar hinos para adorar? *Canções espirituais* (Ef 5.19; Cl 3.16) especialmente convidam à inovação. Canções espirituais são expressões espontâneas do nosso espírito que são improvisadas de um jeito não ensaiado e não premeditado. As possibilidades infinitas dentro da canção espiritual são como um universo ardente aguardando nossa exploração. (volte ao capítulo sete para mais sobre este assunto)

8. Mude os estilos musicais

Cante uma música que tenha um estilo musical totalmente diferente do que sua igreja geralmente usa. Sua igreja canta os hinos clássicos? Salsa caribenha? Sertanejo? *Blues*? Ópera? Se não canta, então escolha um destes. De vez em quando, coloque o tempero de uma música em tom menor. Salomão uma vez escreveu: "Achaste mel? Come o que te basta, para que, porventura, não te fartes dele e venhas a vomitar" (Pv 25.16). *Doce* adoração é *doce*, mas muito doce é nauseante. Misture. A adoração tem lugar para a diversidade – da guerra para à espera, do grito para o silêncio, da exultação à exaltação.

9. Comunhão

As abordagens criativas à Mesa do Senhor podem infundir um significado revigorante à Ceia. Ela pode ser administrada de incontáveis maneiras. Um tema diferente e um texto bíblico diferente podem ser enfatizados a cada vez. Se você faz isso toda semana, pule uma semana. Se faz duas vezes no mês, faça toda semana por um mês. Faça com que as pessoas venham à frente; sirva-os em seus assentos; faça com que troquem com quem está perto; deixe que as crianças sirvam a ceia. Faça desse momento uma oportunidade de orar uns pelos outros. Coloque-a num momento diferente do culto. Se a comunhão geralmente acontece antes do sermão, faça depois. Se for tipicamente depois da adoração, faça no meio da adoração. Ou planeje todo o culto ao redor da mesa com a Ceia do Senhor sendo o ponto alto do encontro. Peça ao Espírito Santo a direção para desenvolver maneiras de manter a Ceia renovada.

10. A Oferta

Além do mais, seja criativo no momento das ofertas. Se a sua igreja normalmente não faz coleta, mas recebe ofertas numa caixa lá no fundo, faça uma coleta em um domingo. Faça com que os adoradores ponham suas ofertas no chão da plataforma. Comece o culto com a oferta. Termine o culto com a oferta. Ponha a oferta e a Ceia juntas, com todos trazendo sua oferta e recebendo a Ceia. Use a pregação, a Bíblia e a música para fazer da oferta o ápice do encontro. Faça sempre esta pergunta: *O que podemos fazer para renovar o momento das ofertas, para que seja sempre uma expressão significativa, vinda do coração, uma expressão de adoração?*

11. Cante a Bíblia

Há espaço para tanta inovação no cantar das Escrituras. Uma das maneiras mais poderosas de fazer uma adoração criativa é encorajar as pessoas a cantarem com suas Bíblias abertas em Salmos. Tente algumas vezes. Enquanto cantar uma canção que todos conhecem, encoraje-os também é abrir as Bíblias em um verso e deixar que aquele verso cruzar com a letra da canção. A letra misturada com a Bíblia pode levar o coração do adorador a novos níveis de devoção a Jesus. Coloque o verso na tela de projeção para aqueles que não têm Bíblia.

12. Cantar nossa própria canção

Treine sua congregação a tornar-se verbalmente articulada na adoração. Em outras palavras, ajude-os a dizer mais para Jesus do que apenas as letras projetadas nas telas. Imagine que toda vez que eu quisesse dizer algo amoroso para minha esposa, eu pegasse um cartão e lesse o texto para ela. Ela provavelmente me interromperia um dia e diria "Isto é muito legal, querido, dizer estas coisas para mim – mas, sabe, como *você* se sente a meu respeito?" Cantar a letra na tela de projeção é como cantar para Deus as palavras de um cartão. É legal, mas Ele quer mais. Ele quer ouvir de cada um de nós da nossa própria maneira individual. Encoraje e treine os adoradores a aprender a expressar a si mesmos para Deus na sua própria linguagem do coração.

A adoração é amar e ter comunhão com Deus. Eu não quero que as minhas sugestões sobre criatividade compliquem esta simplicidade. Eu só quero nos ajudar a reconhecer e escapar das rotinas previsíveis. Várias vezes o apóstolo Paulo nos exorta a cantar ao Senhor uma *nova canção*, porque Ele quer que o nosso romance permaneça renovado e aventureiro. Livre-se de rituais ultrapassados. Nós queremos mais do que ficar com o que é confortável – queremos investir o esforço de manter o amor vivo e vibrante.

CANTE UMA NOVA CANÇÃO!

Os salmos repetidamente nos exortam a *cantar uma nova canção ao Senhor* (Sl 33.3; 40.3; 96.1; 98.1; 144.9; 149.1). Claramente, o Senhor se deleita quando trazemos uma expressão inovadora e criativa para a adoração. Mas isto não é simplesmente novidade por novidade. Novas canções nos ajudam a ficar longe das rotinas que são sempre prejudiciais. Uma linguagem nova e uma nova canção trabalham no sentido de acordar e reacender as chamas do amor. Além do mais, deixe-me mencionar alguns outros benefícios de novos cânticos.

Os cânticos novos nos forçam a pensar. É fácil se desligar mentalmente dos cânticos que já conhecemos, mas os novos prendem a nossa mente e coração de maneiras novas. E quando estamos mais ligados na verdade, a adoração fica mais profunda.

Os novos cânticos expandem nosso vocabulário de adoração. Cada canção que uma igreja aprende a equipa com uma envergadura de expressões mais grandiosa. Algumas vezes um líder de adoração desejará uma canção que expresse um tema específico e se lançará numa busca para achar a canção certa. Quanto mais temas o nosso repertório cobrir, mais completo a nossa adoração pode se tornar.

Um novo cântico é uma resposta a algo novo que Deus está fazendo. Deus já fez algo novo em sua vida? Escreva uma canção. Ele já fez algo novo em sua igreja? Escreva uma canção. Deus está enfatizando um certo tópico para sua igreja através da série atual de sermões? Escreva uma canção para apoiar esta ênfase. Algo estimulante acontece numa igreja local quando eles cantam canções que foram nascidas dentro da própria família.

Para saber mais a respeito do poder dos novos cânticos, veja o meu livro *Segredos da Adoração*.

BUSQUE NOVOS CÂNTICOS

Líder de adoração, eu quero lhe encorajar a buscar novas canções em duas direções. Primeiro, identifique as melhores novas canções que estão começando a ser produzidas do corpo de Cristo globalmente e use-as em sua igreja. Encontre maneiras de manter as canções chegando na sua tela. Nós queremos estar cantando as canções que a igreja no mundo está cantando nesta hora.

Em segundo lugar, estabeleça o objetivo de criar novos cânticos em sua igreja local. Eu creio que Deus quer dar à Sua igreja seu próprio som. Alguns dos principais compositores de hoje têm dicas sobre como compor no YouTube.com. Compartilhe os melhores clipes com os compositores na sua igreja. Ajude-os a destravar o que está dentro deles.

Compositores experientes podem lhe ensinar a como colecionar ideias para cânticos. Talvez você tenha um verso curto que você sabe que é forte, mas não sabe o que fazer com ele. Agarre esta ideia. Memorize e salve. Um dia, este pequeno verso pode lhe ajudar a terminar uma ótima canção.

Colecione ideias melódicas e então deixe-as incubadas. Em algum momento, a ideia pode crescer e virar uma música, ou pode se encaixar em outra música na qual você esteja trabalhando. Ou você pode achar outro compositor com quem possa colaborar e pôr as ideias juntas. Algumas das melhores canções de adoração surgiram através da colaboração de dois ou mais compositores trabalhando juntos.

A incubação às vezes é seguida pela inspiração. Em um momento, um verso que você incubou por meses pode de repente explodir em uma grande ideia – abrindo-se em uma canção completa bem na sua frente.

A inspiração é muitas vezes seguida por revisão. Agora que você sabe que já tem uma canção completa, ela é examinada e revisada. Cada palavra e nota são escrutinadas. É possível falar esta palavra de maneira melhor? Este gancho pode ser fortalecido?

Nem todas as canções são escritas através da inspiração. Algumas são escritas através da determinação e disciplina. Algumas vezes a pressão de um prazo final nos ajuda a escrever.

Busque escrever canções que os outros querem cantar. Se você é o único que gosta de cantar suas canções, talvez você deva aperfeiçoar sua habilidade e aprender a escrever canções com as quais um público geral se conecte. Cultive a sua arte. Cresça em sua habilidade.

Muitas igrejas têm retiros de composição para todos os compositores em sua igreja, para inspirar e investir neles. Os grupos de compositores irão colaborar com novas canções juntos e planejam trazer para casa com eles várias novas canções para suas igrejas aprenderem.

ELEMENTOS DE UMA CANÇÃO

Quando você escrever novas canções, considere os elementos a seguir.

1. Que seja apropriada ao canto

A música é fácil e divertida de cantar? Os intervalos melódicos entre as notas são fáceis de navegar? Ritmos criativos tornam as canções interessantes, mas se a síncope é muito intrincada, pode ser difícil cantar.

2. Gancho

Tem algo fácil de lembrar na melodia? Cânticos fortes têm um gancho que permanece com as pessoas. Quando uma canção tem uma garra melódica, as pessoas se pegarão cantando aquela frase durante o dia inteiro. As mudanças dos acordes são suaves e interessantes? Há um sentindo satisfatório de finalidade no fim da canção?

3. Mensagem

Este cântico realmente diz algo? A música reforça e apoia a mensagem? As palavras e música unidas comunicam uma mensagem? O estado de espírito da canção deve combinar com o temperamento das palavras. A nota mais alta na melodia deve reforçar a ideia mais importante na canção. Não tente dizer coisas demais numa canção só, mas limite-se a uma mensagem básica. Os maiores sucessos podem ser resumidos em uma palavra ou uma frase-chave. Faça com que a ideia principal da canção seja fácil de identificar.

4. Palavras

Use palavras e expressões conhecidas, mas evite os clichês. Escolha palavra que estimulam, que evoquem ideias mentais fortes. Se duas palavras podem ser usadas para dizer a mesma coisa, escolha a palavra mais colorida.

5. Repetição

Busque maneiras de repetir as ideias melódicas fortes, conceitos líricos poderosos e progressões de acordes sólidas. É possível colocar ideias musicais em excesso em uma só canção. Faça dela uma canção forte e então deixe-a simples através da repetição.

6. Ritmo

É importante como você alinha as palavras com a métrica de uma canção. A sílaba enfatizada de uma palavra normalmente cai sobre um tempo forte. Por exemplo, imagine que um verso numa canção diz "o *nome* do Senhor deve ser *louvado*". As palavras em itálico neste verso tipicamente devem coincidir com os tempos fortes do compasso.

Tudo bem, já chega de conselhos meus sobre composição. Eu sou o cara que está dando conselhos sobre como compor, logo eu, que nunca tive uma canção que viralizasse. Então, vamos ouvir alguém que teve. Vire a página e aprenda com alguém que é experiente em compor - Bryan Torwalt. Obrigado, Bryan, por escrever o próximo capítulo.

CAPÍTULO ONZE

COMPOR CANÇÕES
Por Bryan Torwalt

Bryan e Katie Torwalt têm sido compositores e líderes de adoração por mais de dez anos e fazem parte do selo Jesus Culture Music desde 2010. Bryan ama ver a igreja encontrar a Deus através da adoração. Compositor da canção vencedora do Grammy Award, És *bem vindo aqui*[14] e When You Walk Into The Room [Quando Você entra na sala] Bryan tem o compromisso de continuar a fazer canções que ajudem a tocar as pessoas em sua jornada com Cristo.

Isso [é algo que] acontece o tempo todo: alguém vem até mim e ansiosamente começa a conversa perguntando: "Você já ouviu essa música?!" Hoje, existe mais agitação do que nunca a respeito de novas canções, por que a música é uma parte imensa da nossa cultura.

As canções são poderosas. Uma canção pode despertar memórias nostálgicas de um período em nosso passado. Elas podem nos levar ao

---

14   N.T.: Versão em português gravada pelo cantor Paulo Cesar Baruk, no ano de 2016.

desespero e nos trazer de volta a esperança. Uma vez tendo conhecido uma música, você provavelmente vai se lembrar dela pelo resto de sua vida. Na verdade, as músicas têm o poder de moldar a cultura e as crenças.

Tendo crescido na igreja, muito do que eu aprendi sobre Deus e a vida de fé veio através de canções que me foram ensinadas. Aprendi até mesmo os livros da Bíblia com uma música! Em qualquer período em que estou escrevendo uma canção, sempre estou atento ao poder em potencial [que há] no processo diante de mim.

Este é um tempo incrível para se viver – quando a liberação de canções que mudam vidas está crescendo exponencialmente. Compositores estão surgindo em toda parte, dando voz àquilo que Deus está fazendo com os cristãos em todo lugar. Algumas dessas músicas estão fazendo sucesso na igreja de Cristo pelo mundo e até os confins da Terra. Novas músicas estão dando uma linguagem atual a verdades antigas e despertando nosso anseio por Jesus.

MINHA JORNADA

Deixe que eu me apresente e fale um pouco de mim. Eu comecei a compor quando estava no ensino médio. Embora sempre tenha amado a presença de Deus, naquele tempo eu escrevia canções principalmente para garotas. Eu não era um grande músico e, honestamente, ainda não sou tão bom assim; mas amo pegar minha guitarra, tocar uns poucos acordes que sei e criar minhas próprias letras e melodias. É um sentimento incrível ouvir a gravação de uma nova canção que de alguma forma fui eu quem criou.

A medida que comecei a compor canções de adoração, lutava para construir letras que tivessem significado. Parecia que tudo que eu queria falar sobre Deus já havia sido dito. Mas, eu amava a adorar a Deus e continuei trabalhando nisso. Então, me tranquei no meu quarto dedilhando, indo e voltando com dois acordes no violão, cantando letras e melodias simples. Algumas vezes sentia a presença de Deus de forma poderosa, mas quando ia compor ou gravar a música, ela não parecia nada original e eu a jogava fora.

ONZE. COMPOR CANÇÕES

Provavelmente, havia muitas músicas ruins nas minhas primeiras tentativas, mas agora, olhando para trás eu compreendo quão sinceras elas eram. A canção mostrava o que estava no meu coração. Percebi também, que as canções que tinham significado pra mim estavam começando a ter o mesmo efeito nas outras pessoas.

Depois que me casei com minha maravilhosa esposa, Katie, nos tornamos pastores de adoração em uma pequena igreja. Após liderarmos o que pareciam ser as mesmas canções todos os domingos, Katie começou a sugerir que nós também podíamos escrever canções de adoração. Foi aí que tudo começou para nós – começamos a compor, em conjunto, canções para a nossa igreja. E para um público de Um.

As canções eram muito simples, mas eram canções ousadas e honestas para Deus. Somente quando estávamos realmente envolvidos na igreja e ela conquistou o nosso coração foi que os louvores realmente começaram a fluir. Você não precisa ser da equipe da igreja para escrever canções de adoração, mas creio que precisa de um pouco do zelo de Jesus pela igreja. Algo aconteceu dentro de mim quando vi verdadeira a sede por Jesus no coração das pessoas, durante a adoração. Para mim, liderar aqueles crentes sedentos até a presença de Deus nunca perde a sua novidade.

UMA VOZ

Quase todas às vezes em que apresento uma nova música em nossa igreja – Jesus Culture Church, em Sacramento, Califórnia – observamos como ela estimula e unifica os crentes em seu amor por Jesus. Novas canções nos permitem dar fala às nossas experiências pessoais, porém mais do que isso, elas contam a história de nossa comunidade na fé.

Eu encorajo a cada igreja a cantar canções de sua própria comunidade. Algo lindo e libertador acontece quando os crentes começam a cantar as canções sobre sua própria jornada juntos. É pessoal. E algo que é pessoal para você, muitas vezes é significativo para outros também.

Temos sido imensamente abençoados pela graça de Deus, que nos permitiu compor canções que foram calorosamente recebidas e amplamente cantadas por muitas outras igrejas. A canção *És bem vindo aqui*, foi gravada por vários artistas e até ganhou um Grammy Award. Essa música estava em nosso primeiro álbum de 2011 e veja só – nós compomos todas as músicas do álbum enquanto estávamos no anonimato de uma pequena igreja na parte central da Califórnia. Olhando pra trás, não tínhamos ideia de que Deus iria pegar as canções que aquela pequena congregação amava e exportá-las pelo mundo.

Portanto, eu quero encorajar você a compor canções. Deus pode encontrar um Davi em qualquer lugar distante da Terra e levar suas canções aos quatro ventos. Ele pode encontrar uma canção em qualquer lugar.

MORDOMIA DOS DONS

Eu acho desafiador manter o frescor das composições. Uma vez que uma canção tenha atingido um certo nível de sucesso, fico tentado a voltar e copiar o mesmo tipo de coisa. Mas, tenho que seguir adiante. Quero que meu relacionamento com Jesus seja vivo, e quero que as músicas que venham deste relacionamento sejam vivas.

Depois de acabar nosso primeiro álbum, Katie e eu fizemos uma pausa nas composições. Poucos meses depois, quando comecei a sentar com meu violão novamente, ficava muito frustrado com o que estava surgindo. Era como se eu estivesse tendo um bloqueio de compositor. Após dez minutos no meu quarto, eu jogava meu violão em cima da cama e saía andando derrotado e desencorajado. Com o desespero crescendo, um dia, pedi a Deus por algum progresso. De repente, era como se o Senhor falasse assim: "Talvez, se você sentasse com uma ideia, e trabalhasse em uma canção por mais de dez minutos de cada vez, ela poderia se tornar algo que realmente gostasse".

Quando me lembro desse momento, isso sempre me faz rir. Aquela palavra foi simples, mas eu realmente precisava ouvi-la. O que eu estava esperando: que Deus soberanamente fizesse um download de canções [na minha mente]? Será que eu estava pensando que poderia deixar de lado o processo exaustivo de encontrar e escavar a canção que estava bem lá no fundo? Eis o que penso: Deus me levou em uma viajem para encontrar e desenvolver um processo de composição que funcionasse pra mim, e estou convencido que Ele fará o mesmo por você.

Deixe-me compartilhar mais algumas coisas sobre a minha experiência.

COLABORAÇÃO

Katie e eu somos coautores da maioria de quase todas as nossas canções, e ao longo do caminho, temos aprendido a dançar mais suavemente juntos. Não há uma fórmula única para compor uma canção. Cada uma delas surge de uma maneira diferente e única. Quanto mais você compõe, mais o seu método irá variar.

Esteja pronto para escrever canções ruins – muitas canções ruins. Você vai trabalhar duro nelas e então vai jogar [no lixo]. Mas, quanto mais canções ruins você escrever, melhores serão suas chances de fazer boas canções.

Tenho uma relação de amor e ódio com a coautoria. Uma coisa que eu adoro sobre processo de coescrever com Katie é que eu tenho um nível de confiança e vulnerabilidade com ela, que não tenho com mais ninguém. Nosso processo é auxiliado pela honestidade de cada um e pela habilidade que temos de pegar as ideias um do outro.

Recentemente, também fizemos algumas composições com outras pessoas. Escrevemos canções com os nossos heróis, com os nossos amigos e até mesmo com pessoas que nós nunca vimos antes. Por exemplo, nosso selo de gravação programou uma semana para nós em Nashville, durante a qual tivemos duas ou três sessões de composição por dia. Foi exaustivo! Era nossa primeira vez com alguns dos coautores e parecia um monte de encontros às cegas embolados no mesmo dia. A agenda estava apertada e desafiadora, mas aprendemos muito naquela semana. Com alguns dos coautores tivemos uma conexão instantânea em coisas como conteúdo das letras, melodias, estilo e gosto. Com outros, trabalhamos duro e não chegamos a lugar nenhum. Aprendemos que você irá se identificar muito com alguns compositores, o que não irá acontecer com outros. E, mesmo assim, tudo bem.

Hoje, cada vez mais e mais canções estão sendo compostas como esforços colaborativos. Algo que valorizo sobre compor com outras pessoas é que melhoramos como compositores e como [seres] humanos. Aprendemos a partir das experiências um do outro. Os processos que eles têm de interpretar alguma coisa, e transformar isto em letras e contar uma história, é geralmente muito diferente do meu; e ainda assim nós achamos que somos fortes [quando estamos] juntos. Aposto que você pode fazer algumas canções realmente muito boas por si mesmo, mas se você souber lidar com a dificuldade e os desafios de trabalhar com outros compositores; há grandes chances de você sair [dessa experiência] com algumas ótimas músicas e com amizades fabulosas.

INSPIRAÇÃO

Quando nos perguntam sobre compor canções, uma das dúvidas mais frequentes é sobre nossa inspiração. Como as ideias surgem, e como nós transformávamos a inspiração em letras e em uma história? Para ser honesto, não creio que sejamos bons contadores de história. Um dos meus compositores favoritos, é um amigo nosso, John Mark McMillan, que talvez seja mais conhecido por sua música, *Me ama*.[15] As canções [que ele] compõe são repletas de belas metáforas e histórias brilhantes. [Já] Katie e eu temos a tendência a ser mais diretos em nossas letras. De um jeito ou de outro, é preciso que [a inspiração] venha do coração.

Aprendemos a cantar e expressar apenas aquilo que estamos sentindo e pensando no momento, mesmo que não saia muito perfeito. Deixamos que a ideia "saia", e então voltamos e começamos a trabalhar a canção. Quase nenhuma canção fica boa e é concluída logo na primeira vez.

Mantenha-se reunindo suas ideias para compor, não importa quão inspirado ou não as pessoas achem que você está. É assim que funciona para nós. Algumas vezes, quando Katie e eu estamos juntos, no carro, por exemplo, começamos a cantar uma melodia que eu penso ser legal ou fácil de ser lembrada, eu pego meu iPhone gravo estes versos. Mais tarde, ouvindo os meus antigos áudios, eu talvez cruze com uma canção de meses atrás que está incompleta. Uma vez que, pessoalmente estou em um momento novo, pode ser que desperte algo inteiramente novo em mim. Subitamente, eu descobrirei que Deus está falando conosco de um jeito novo usando algo que foi gravado há meses atrás. É por isso que nunca tenho medo de guardar alguma ideia pelo tempo que for, e voltar à ela mais tarde.

---

15   Música gravada no Brasil pelo ministério Diante do Trono.

Algumas músicas levam mais tempo do que outras. Nossa canção, *God With Us*, é um exemplo de música que levou um longo tempo para ser terminada. Ela foi iniciada quando a filha de nossos melhores amigos, que tinha apenas três semanas de vida, Penélope, contraiu meningite bacteriana. O diagnóstico dos médicos era sombrio, e isso era assustador para todos nós. Katie e eu estávamos em uma pausa entre viagens, então era possível passar muito tempo com eles no hospital. Uma noite, Katie voltou pra casa, vindo do hospital e disse: "Quando eu estava impondo as mãos e orando pela Penélope, recebi este coro. Talvez você possa escrever algo sobre isso". O coro era bem simples. *God with us, God for us, nothing could come against, no one could stand between us.* Aquela mensagem era algo que todos nós precisávamos naquele momento. Nós cantamos com convicção. Para a surpresa dos médicos e para glória do nome de Jesus, depois de um mês na UTI, Penélope terminou se recuperando completamente!

Esse coro era muito pessoal para nós por causa da história de Penélope. Toda vez que tentávamos escrever uma canção com esse coro, não conseguíamos encontrar palavras para expressar nossos sentimentos e gratidão a Deus. A história significava tanto para nós, que estávamos prontos a esperar pacientemente pelas palavras certas para combinar com este simples e precioso coro. Quando os versos e a ponte finalmente afloraram, esta se tornou uma das minhas canções favoritas. Nos primeiros meses, eu chorava quase todas as vezes em que cantava a canção. Eu ficaria honrado se outras pessoas quisessem cantá-la, mas para ser honesto, não era isso com o que eu realmente me importava. Ela significava muito para mim, mesmo que ninguém [mais] a cantasse. A canção marcava a história da fidelidade de Deus manifesta na vida de nossos melhores amigos, e ninguém poderia tirar isso de nós.

Essa é a minha opinião: encontre inspiração em sua vida e em sua jornada. Encontre [inspiração] na sua comunidade e na sua família; escreva com honestidade e cante essa história.

ORIGINALIDADE X ACESSIBILIDADE

Katie e eu temos lutado através dos anos com a tensão entre originalidade e acessibilidade. Originalidade é a qualidade que faz [com que] nossas canções sejam únicas, carregando a impressão digital que distingue o nosso toque criativo. Acessibilidade é a qualidade que torna uma canção fácil de se gostar, fácil de se conectar e fácil de ser cantada mais e mais [vezes]. Uma música prova ser acessível quando o grande corpo de Cristo a toma para si e canta entusiasticamente.

Por um lado, você pode ser "tão você mesmo" que ninguém queira cantar sua música. Por outro lado, você pode compor músicas que sejam fáceis de cantar, mas que são apenas mais do mesmo que todo mundo está fazendo. Eu não quero nenhum dos dois extremos. Quero ser original e verdadeiro comigo mesmo, mas também quero fazer canções que se conectem facilmente com todo o corpo de Cristo. Esta é uma tensão que temos que administrar.

Você tem sua própria história pessoal com Deus, e quanto mais você confia nela em seu processo de composição, mais autêntico suas canções de adoração serão. Instrua-se em teologia, medite nas Escrituras, leia outros livros que estimulem sua caminhada com Deus, e você ira compor com originalidade.

Contudo, você também quer acessibilidade. E isso quer dizer que as pessoas são tocadas pela canção, são conectadas a ela e se alegram com ela. Quando as pessoas querem tocar sua música centenas de vezes, é por que você tornou esta canção acessível. Às vezes, no meio da semana eu me pego ainda cantando ou cantarolando uma das canções da lista de cânticos de domingo. Ela foi escrita de forma tão talentosa que encontra eco na minha canção interior.

Este é, afinal, o objetivo de todos os compositores. Queremos ser autênticos e originais, mas na prática queremos que nossa música não saia da sua cabeça. Queremos que ela [seja] acessível.

IDENTIDADE

A última coisa que quero dizer neste tópico pode não parecer muito prática, mas tem tudo a ver com compor canções. Pessoas criativas lutam com a insegurança. Nos tornamos tão ligados às canções que criamos, que quando alguém as critica, levamos para o lado pessoal.

Deus é perfeito e tudo o que Ele criou é perfeito. Mas isso não se aplica a nós. Nós somos humanos, e nossas criações são imperfeitas.

Portanto, aprenda a ser vulnerável permitindo que outros falem a respeito do seu trabalho. Corra o risco de compor com outras pessoas. Você se beneficiará com a visão deles e isso vai fazer você crescer. Vamos encontrar nossa identidade em Deus, de maneira que possamos receber as ideias de outros sem tomar isso como um ataque pessoal.

Encontrar nossa identidade não é nosso destino final, mas um processo contínuo. À medida que permanecemos em Cristo e vivemos em Sua palavra, nossa identidade em Deus é continuamente fortalecida. Quanto mais confiantes nos tornamos em quem Deus nos criou para ser, mais confiantes nos tornamos naquilo que fazemos.

Após quinze anos escrevendo canções, descobri que compor uma boa canção não confirma quem eu sou. Minha identidade foi comprada pela cruz de Cristo. Eu não componho para ganhar a aprovação d'Ele. Eu componho porque já tenho o Seu amor e aceitação, independentemente da qualidade da minha criação.

Vou continuar compondo canções ruins que ninguém jamais irá ouvir ou cantar. Ha, ha! Mas também sei de uma coisa: pela graça de Deus, haverá algumas boas músicas no meio delas. Eu vou apenas insistir em compor canções. No fim das contas, apenas fazer isso é o que vai fazer de você um compositor melhor.

Cresça no conhecimento da teologia, conheça seu público, não tenha medo de ser vulnerável, confie nas outras pessoas, e acima de tudo, apenas continue compondo.

CAPÍTULO DOZE

MODELO DE ADORAÇÃO HARPA E TAÇA
Por Jaye Thomas

Jaye Thomas é um cantor indicado ao prêmio Dove (prêmio oferecido pela Gospel Music Association). Ele é cantor, compositor, professor e líder de adoração. As suas canções são tocadas em dezenas de álbuns e ele viaja consideravelmente tanto dentro dos EUA quanto para o exterior. Jaye e sua esposa Nayomi são os fundadores de *songofhopministries.org* e vivem em Kansas City, no estado do Missouri, com seus três filhos, Mahan, Justice e Addison. Ele serve atualmente como Diretor da Academia de Música Precursora na International House of Prayer (ihopkc.org).

Minha esposa, Nayomi, viveu em alguns países antes de se estabelecer nos Estados Unidos. Inteligente e viajada, ela fala vários idiomas. E eu sou só eu. Um garoto americano do sul. Embora o inglês que falamos aqui possa ser considerado um idioma em si mesmo, há apenas duas línguas nas quais eu afirmo ser fluente: inglês e cristianês. Você provavelmente sabe o que eu quero dizer com cristianês – a linguagem que nós, os crentes, falamos quando nos referimos a todas as coisas cristãs.

Como líder de adoração de conferência por mais de duas décadas, eu perdi a conta do número de eventos cristãos dos quais já participei onde os temas da conferência eram tão semelhantes que quase se tornaram clichês:

> Trazendo o Céu à Terra
> Na Terra como é no Céu
> Venha o Teu Reino

O que estas frases querem dizer? Normalmente elas expressam um desejo sincero por cura divina, milagres e o que todos queremos por natureza: *reavivamento*. Este desejo é válido? Sim. Foi o próprio Jesus que nos ensinou a buscar estas coisas:

Portanto, orareis assim: Pai nosso, que estás nos céus, santificado seja teu nome; venha teu reino; seja feita tua vontade, assim na terra como no céu; (Mt 6.9-10).

Portanto, baseado nesta oração, nós pedimos uma *adoração no céu como é na terra*. Embora estas palavras possam soar como cristianês para você, elas são muito mais do que isso. Elas representam um clamor autêntico pelo reino do céu ser manifesto aqui em nosso meio na terra.

ADORAÇÃO COMO É NO CÉU

Quando desejamos adorar na terra para refletir o modelo do céu, precisamos saber como é a adoração do céu. Se não, como vamos imitá-la aqui na terra? Felizmente, João nos deu um vislumbre no livro de Apocalipse do que ele ouviu e viu quando foi levado ao próprio trono do céu. Olhe mais uma vez esta passagem incrível:

Imediatamente fui arrebatado em espírito, e eis que um trono estava posto no céu e alguém assentado nele. O que estava assentado era, no aspecto, semelhante à pedra de jaspe e de sardônica. O arco celeste estava ao redor do trono e era semelhante à esmeralda. Ao redor do trono havia vinte e quatro tronos; e vi assentados nos tronos vinte e quatro anciãos, com vestes brancas e coroas de ouro sobre a cabeça. Do trono saíam relâmpagos, trovões e vozes; e diante do trono ardiam sete lâmpadas de fogo, as quais são os sete Espíritos de Deus. Havia diante do trono um mar de vidro, semelhante ao cristal. No meio do trono e ao redor dele, quatro seres viventes, cheios de olhos, na frente e atrás.

O primeiro ser vivente era semelhante ao leão; o segundo, ao boi; o terceiro, tinha o rosto como de homem; e o quarto, era semelhante a uma águia quando voa. Os quatro seres viventes tinham cada um seis asas, cobertas de olhos em volta e por baixo, e não descansam nem de dia nem de noite, dizendo: Santo, Santo, Santo é o Senhor Deus, o Todo-poderoso, que era, que é e que há de vir. Quando os seres viventes davam glória, honra e ações de graças ao que estava assentado no trono, ao que vive para todo o sempre, os vinte e quatro anciãos prostravam-se diante do que estava assentado no trono, adoravam o que vive para todo o sempre e lançavam suas coroas diante do trono, dizendo: Digno és, Senhor, de receber glória, honra e poder, porque tu criaste todas as coisas, e por tua vontade são e foram criadas. (Ap 4.2-11)

Entre os mistérios celestiais revelados aqui, ficamos sabendo da natureza *eterna* da adoração do céu. Daqui a um milhão de anos, estaremos profundamente engajados num culto de adoração que não tem começo nem fim. Se nossa adoração na terra deve refletir esta realidade eterna, o que isto quer dizer para nós? Para começar, eu acredito que deve querer dizer que os dias de cantarmos três músicas rápidas e duas lentas na adoração coletiva vão acabar.

Um modelo de adoração coletiva entrou silenciosamente na igreja no qual adoramos quase como um jantar de pratos variados, no qual o primeiro prato, ou aperitivo, é a adoração e o prato principal ou entrada da reunião é o ensino da palavra. Em outras palavras, desenvolvemos o conceito de que a adoração é algo que "cria a atmosfera para que a palavra de Deus seja proclamada". Entretanto, o modelo celestial de adoração contradiz a noção de que a adoração é um meio para um fim. No céu, a adoração não precede nada e é independente. Glorificar a Deus é revelado como um fim todo em si mesmo.

Não é de se estranhar que a adoração no céu seja eterna. Quando contemplamos a Deus em Sua glória, algo espontâneo acontece. Nossos corações são despertados com afeição fervorosa. Há algo sobre contemplar os atributos de Deus que desperta em nós uma resposta natural de adoração. Para ilustrar isso, imagine uma fogueira. Você já ficou ao redor de uma fogueira por qualquer período de tempo? Seus olhos ficam fixos no fogo e torna-se difícil até piscar. Fica difícil até conversar com aqueles ao redor porque estamos fixados no fogo. Por quê? Porque fomos criados para sermos fascinados por coisas lindas.

O fogo pode ser perigoso, mas considere sua beleza. Ele se move constantemente e toma nova forma. Na verdade, ele nunca toma a mesma forma duas vezes. É imprevisível. Razão pela qual somos naturalmente fascinados por suas chamas e não conseguimos desviar o olhar. A Bíblia nos revela que Deus é fogo consumidor (Dt 4.24). Olhar para Ele é completamente cativante. *Para sempre.*

João disse que os quatro seres viventes que ele viu eram "cheios de olhos, na frente e atrás" (Ap 4.6). Isto implica que sua ocupação básica é olhar para o Pai com grande espanto e, então, sua resposta natural é clamar continuamente "Santo, Santo, Santo é o Senhor Deus, o Todo-poderoso, que era, que é e que há de vir" (Ap 4.8).

O que eles estão vendo? O que os faz dizer tais coisas? E por que *esta* é a canção que escolheram? Eu acredito que eles clamam *Santo* porque cada vez que abrem seus olhos, eles vêm um aspecto diferente de quem Ele é e do que Ele está fazendo. Ficam fascinados pela beleza de Jesus! E isto faz com que responda com a única palavra que você pode usar quando todas as palavras parecem insuficientes: *Santo, Santo, Santo*. Eles são paralisados pelo fogo; eles não conseguem desviar o olhar. Então a adoração irrompe em resposta, vinda das profundezas de seus seres sem esforço. É a única resposta adequada ao contemplar tanta beleza e uma vez que a beleza é eterna, também o será a adoração.

Esta descrição de adoração celestial é nosso modelo para adoração aqui e agora na terra. Desejamos contemplar a beleza do Senhor, ser fascinados por Sua glória e, portanto, sermos capacitados para adorá-lo dia e noite com a extravagância que Ele merece.

A ADORAÇÃO E A INTERCESSÃO

Nos últimos anos, o Senhor levantou muito ministros que se dedicaram a oração e adoração dia e noite. De muitos pontos da terra, a adoração e a intercessão agora sobem ao trono de Deus 24 horas por dia. Eu adoro isso! Um dos lugares é a International House of Prayer, em Kansas City, no Missouri, EUA (chamada de IHOP-KC). Em 1999, a IHOP-KC iniciou a adoração 24 horas por dia num encontro de oração que continua incessantemente desde então.

Enquanto escrevo, tenho sido abençoado por ser um líder de adoração de tempo integral na IHOP-KC por uma década. Eu tenho a alegria de participar deste ministério, no qual equipes de adoração inteiras ministram ao Senhor em blocos de duas horas, sem parar, oferecendo a fragrância da adoração espontânea a Jesus em treze idiomas. A transmissão ao vivo traz a sala de oração para uma audiência global. É uma maravilha para a igreja global e um testemunho da graça de Deus que a IHOP-KC tenha sido capaz de sustentar este encontro de oração por tanto tempo.

A IHOP-KC é um dos ministérios que tornou famosa a expressão *adoração de harpa e taça*. Em sua essência, ela é a ideia de combinar adoração e intercessão enquanto ministramos incessantemente diante do trono de Deus. Permita-me explicar.

Ao descrever a adoração do céu, Apocalipse 5.8 fala de Jesus, "Assim que tomou o livro, os quatro seres viventes e os vinte e quatro anciãos prostraram-se diante do Cordeiro, tendo todos eles harpas e salvas de ouro cheias de incenso, que são as orações dos santos". Os seres viventes e os anciãos tinham duas coisas em suas mãos: uma harpa e uma taça dourada cheia de incenso. A harpa representava a adoração; a taça dourada com incenso representava a oração e intercessão. Em sua ministração diante do Senhor, os seres viventes e os anciãos atuavam simultaneamente tanto na adoração (harpa) quanto na intercessão (taça). Daí o termo *harpa e taça*. Ele aponta para o poder sinergético e catalizador de combinar a adoração e o canto com oração e intercessão.

Quando Deus, em Sua soberania, chamou a IHOP-KC para adorar e interceder 24 horas por dia, Mike Bickle (fundador e diretor da IHOP-KC) percebeu, junto com seu pequeno bando de líderes, que eles precisavam desenvolver um modelo de adoração de harpa e taça que os capacitasse a manter a adoração 24 horas por dia, 7 dias por semana, 365 dias por ano. O desafio era a sustentabilidade. Como você mantém a música quando você não tem mais nada para dar? Mike e a equipe perceberam que precisavam desenvolver um modelo que mantivesse o fogo ardendo no altar (Lv 6.13) quando o encontro estivesse "não ungido", chato e ninguém quisesse estar mais ali. Este foi o laboratório que deu luz ao modelo harpa e taça, pelo qual a IHOP-KC é conhecida e amada.

O MODELO DE HARPA E TAÇA DE KANSAS CITY

Deixe-me explicar o modelo de harpa e taça da IHOP-KC. Um momento de adoração consiste tipicamente de cinco partes: adoração coletiva, cânticos espontâneos no Espírito, introduzir uma passagem bíblica, isolar frases e então desenvolver a passagem através de canções antifonais e coros espontâneos.

1. Adoração Coletiva

A maior parte dos períodos começa com um momento de adoração coletiva. As canções ao redor do mundo são cantadas neste segmento: cânticos novos, cânticos velhos. Buscamos cânticos que sejam fáceis de cantar e promovam o foco para Deus. Embora não seja errado cantar canções que olhem para dentro, para nosso quebrantamento e as coisas que nós desejamos de Deus, na IHOP-KC buscamos o foco no trono e nos atributos de Deus. Para ser sustentável por 24 horas, a adoração tem que erguer os olhos para Deus. Nós podemos reconhecer nossos problemas, mas não permanecemos ali. Assim como Davi, retornamos rapidamente à fidelidade de Deus em meio aos problemas e provações (por exemplo, veja Sl 3.1-3).

Uma das minhas coisas favoritas para fazer quando lidero a adoração coletiva é ser criativo com os cânticos. Por exemplo, quando cantamos "eu te amo", eu às vezes mudo a palavra para "Nós te amamos". Mudanças simples como esta podem levar uma sala de adoradores a irem de espectadores para participantes. Eu também gosto de alternar cânticos novos com cânticos velhos, sendo o tempo todo cuidadoso para manter a consistência com o tema. Alguns dos antigos hinos da igreja (que são ricos em teologia e conhecidos de muitos) podem ser intercalados com cânticos novos, que acabaram de ser lançados. Medidas criativas como esta podem galvanizar a adoração.

2. Canto Espontâneo

Depois de cantar canções escritas, as equipes seguem o modelo de harpa e taça da IHOP-KC, que então farão a transição para o cântico espontâneo. Neste segmento pequenas frases serão frequentemente repetidas, sendo frases que foquem na natureza de Deus. Frequentemente, as frases são baseadas num texto bíblico ou numa ideia bíblica. Algumas vezes eles cantarão com linguagem espiritual (outras línguas). Veja aqui três versículos que apoiam este tipo de canto espontâneo.

"Que farei, pois? Orarei com o espírito, mas também orarei com o entendimento; cantarei com o espírito, mas também cantarei com o entendimento" (2Co14.15).

"A palavra de Cristo habite em vós abundantemente, em toda sabedoria, ensinando-vos e admoestando-vos uns aos outros, com palavras, hinos e cânticos espirituais, cantando ao Senhor com graça no vosso coração" (Cl 3.16).

"Falai entre vós com salmos, hinos e cânticos espirituais, cantando e salmodiando ao Senhor no vosso coração" (Ef 5.19).

Quando Paulo disse "cantarei com o espírito", eu acredito que ele quis dizer que ele cantará em outras línguas e quando ele disse "também cantarei com o entendimento", creio que ele quis dizer que cantará em sua língua nativa (tal como hebraico ou grego). Portanto, canções espirituais podem ser cantadas tanto na sua língua nativa (tal como o inglês) ou numa linguagem espiritual (outras línguas).

Quais são as distinções entre salmos, hinos e canções espirituais? Usando as definições de Bob no capítulo sete eu definiria salmos como o cantar da Bíblia, hinos como o cantar canções de composição humana e canções espirituais como os cânticos espontâneos dos crentes naquele momento.

Poucas igrejas têm tipicamente as três expressões – salmos, hinos e cânticos espirituais – no seu culto de domingo. A maioria das igrejas usa predominantemente os hinos. Por exemplo, Quão Grande É o Meu Deus, de Chris Tomlin, é um hino, dentro da minha definição de hino – uma canção composta por um homem. Eu amo que as igrejas usem hinos de maneira tão vasta, mas o Senhor levou a IHOP-KC a explorar, além dos hinos, o campo dos salmos e das canções espirituais. Nós cantamos muito a Bíblia (salmos) e exploramos cânticos espontâneos (cânticos espirituais) todos os dias da semana. Eu acredito que uma razão pela qual o Senhor nos levou para este caminho é para que pudéssemos ajudar as igrejas a incorporar os salmos e cânticos espirituais às suas práticas regulares. Realmente não é difícil e na verdade milhares de igrejas ao redor do mundo estão usando cânticos espontâneos em seus ajuntamentos de maneiras nunca vistas antes.

Eu notei que quando a equipe de adoração pratica o modelo de harpa e taça, depois de um tempo os cânticos espontâneos se tornam sua segunda natureza.

Cânticos espontâneos podem facilmente ser incorporados em uma canção que já é conhecida. Depois de cantar as letras no nosso idioma, os músicos continuam tocando os mesmo acordes e melodia enquanto os adoradores iniciam suas canções espontâneas, todos simultaneamente, junto com a equipe de adoração. A maioria dos cânticos espontâneos são pequenas frases que são repetidas e algumas vezes expandidas a partir daí. Os adoradores vão desenvolver melhor os cânticos espontâneos quando perceberem que podem simplesmente repetir uma linha. A frase pode refletir o tema da canção que acabou de ser cantada, ou pode refletir um texto bíblico. Para outros que têm a liberdade, podem até cantar em outras línguas.

Cantar canções espirituais em outras línguas não é um lugar espiritual elevado que devemos alcançar, mas é um lugar prontamente disponível a todos que desejarem. Se assim não fosse, por que Colossenses 3.16 daria tal ordem? Todo crente é capaz de adorar em espírito e em verdade (Jo 4.24). Alguns creem que as línguas não deveriam ser cantadas ou faladas no contexto público e eu entendo esta posição. Mas vejo que há espaço para divergência de opinião. Se alguém fala em línguas em voz alta numa voz de comando e não há interpretação, então acho que isto está fora de contexto. Mas se um grupo de crentes, num encontro de crentes, canta em línguas juntos no espírito de 1Coríntios 14.2, eu vejo isso como uma linda canção coletiva no Espírito do Senhor.

3. Apresentar um texto da Bíblia

Às vezes quando uma equipe está entre duas canções, eles dão uma pausa e se demoram por alguns momentos num verso específico. Um certo pensamento ou frase pode ser cantado por um dos cantores e então toda a equipe pega a frase e canta junto. Quando os cantores estão meditando num certo texto bíblico e eles querem cantar algo baseado nele, um dos objetivos é cantar de um modo que envolva todo o ambiente. Tentamos manter as frases espontâneas que são cantadas simples e fáceis de cantar, para que todos possam unir-se a nós. Depois que o texto bíblico foi explorado por alguns minutos através do cântico espiritual, seguimos para a próxima canção que todos conhecem.

Porém, algumas vezes quando a equipe de adoração está seguindo o modelo de harpa e taça, eles dedicam apenas meia hora para cantar uma passagem específica das Escrituras. Vários versos da Bíblia podem ser colocados na tela e então a equipe de adoração canta tal passagem. Muitas vezes o primeiro passo neste processo é um dos cantores cantar uma passagem inteira enquanto uma progressão de acordes é repetida pelos músicos.

Depois que a passagem foi apresentada desta maneira, então a equipe começa a *desenvolver a passagem.*

4. Isolar frases

A maneira básica pela qual os cantores *desenvolvem uma passagem* é *isolando uma frase*, que é então explorada. Eles começam a cantar frases desta passagem, junto com frases espontâneas inspiradas pelo texto bíblico, além de buscar, todo o tempo, uma frase que pode ser isolada para ser desenvolvida.

Quando as frases são cantadas espontaneamente, muitas vezes fica aparente que uma das frases sendo cantadas tem uma energia ou uma clareza extra sobre si. Esta frase é isolada através da repetição. Em primeiro lugar, esta frase simples é repetida um número de vezes. Então, o cantor busca maneiras de desenvolver a frase com ideias relacionadas. Desta maneira, um texto é explorado de todos os ângulos cabíveis. Versos de outras passagens das Escrituras podem vir à mente e serem trazidos para o meio. Alguns de nossos momentos mais agradáveis na IHOP foram quando uma equipe começou a desenvolver uma passagem, o Espírito Santo soprou sobre ela e todo o ambiente se acendeu quando a congregação entrou na canção junto.

5. Canção Antifonal

A canção antifonal é normalmente expressada de duas maneiras. Primeiro, uma frase pode ser cantada por um grupo de cantores e então repetida e ecoada alternadamente por outro grupo de cantores. Outro termo para isto é o canto *chamada e resposta*. Essencialmente, os cantores entoam a mesma frase, indo e voltando, de um para o outro. Este tipo de canto antifonal era praticado no tabernáculo de Davi e também nos dias de Neemias, como registrado nas Escrituras Sagradas: "Os líderes dos levitas foram: Hasabias, Serebias e Jesua, filho de Cadmiel; e seus colegas, que ficavam *em frente* deles quando entoavam louvores e ações de graças; um grupo *respondia ao outro* conforme prescrito por Davi, homem de Deus" (Ne 12.14 – NVI).

A base para este tipo de canto antifonal parece ter sido a adoração do céu conforme vivenciado por Isaías. O profeta foi levado até o trono e viu os serafins adorando ao redor do trono. Isaías testificou a respeito dos serafins: "E clamavam uns aos outros: Santo, santo, santo é o Senhor dos Exércitos; toda a terra está cheia da sua glória" (Is 6.3). Os serafins cantam em antífona, indo e voltando, de um para o outro, enquanto exaltam a santidade de Deus. É um lindo padrão que somos convidados a seguir – *na terra como é no céu*. Que delícia refletir a própria adoração do céu!

Outro exemplo de como o canto antifonal pode acontecer é cantar simultaneamente duas frases isoladas diferentes. Veja como isso acontece. Os músicos estabelecem uma certa progressão de acordes e então repetem-na várias vezes. Enquanto estes acordes são repetidos, os cantores isolam uma certa frase e começam a cantá-la. Então, quando desenvolvem esta passagem, posteriormente outra frase isolada será identificada. Uma vez que ambas as frases escolhidas são cantadas na mesma progressão de acordes, suas melodias são compatíveis. Um grupo de cantores pode cantar uma frase e outro grupo de cantores canta a outra frase. Ao mesmo tempo. Isto cria interesse, mas mais do que isso, fortalece a dinâmica e os louvores tornam-se mais intensos.

O canto antifonal tem uma história interessante na minha própria herança espiritual. Sendo um crente negro, eu cresci numa congregação Batista predominantemente negra. Como parte de nosso culto de domingo padrão, havia um momento específico que chamávamos de *leitura responsiva*. Um líder lia a Bíblia e toda a congregação respondia em uníssono, entoando uma resposta já escrita. Eu olho para trás e percebo que isto era uma forma de antífona – uma chamada e resposta. Mais tarde, quando eu encontrei o canto antifonal na adoração harpa e taça, eu percebi que isto era parte da minha herança espiritual de gerações passadas. Durante a escravidão, o canto antifonal era comum entre os escravos enquanto trabalhavam nos campos. A maioria era analfabeta e o canto antifonal era usado para ensinar verdades bíblicas. Pronto, você já sabe uma parte de minha história étnica!

No modelo harpa e taça, o canto antifonal muitas vezes dá a luz ao que decidimos chamar *coros espontâneos*. Eles são frases bastante simples com melodias simples que são facilmente repetidas pela congregação. Eles cumprem seu propósito por causa da energia ou clareza espiritual que carregam, e então quando todas as pessoas começam a cantá-los, a sinergia produzida eleva o nível de intercessão no ambiente. Algumas vezes estes coros espontâneos são memorizados e mais tarde usados pelos compositores para criar canções de adoração poderosas. Eu acho que é isto que os salmistas dos dias de Davi devem ter experimentado.

Tudo isto é possível pelos músicos proféticos que são habilidosos em sua arte, ouvem cuidadosamente os cantores e uns aos outros e servem com graciosa humildade.

Para saber mais sobre o modelo de adoração harpa e taça, visite o site www.ihopkc.org. Você pode assistir a transmissão da sala de oração (Prayer Room) vinte e quatro horas por dia e acessar um sem-número de recursos.

Como ministérios de adoração, temos diante de nós uma porta de oportunidade hoje que eu penso ser de algum modo semelhante à porta que se abriu para João, que escreveu: "Depois destas coisas, olhei, e eis que havia uma porta aberta no céu; e a primeira voz, que como de uma trombeta ouvira falar comigo, disse: Sobe aqui, e te mostrarei as coisas que depois destas devem acontecer" (Ap 4.1). Eu creio que o Senhor tem muito mais que Ele quer que experimentemos com Ele em nossos momentos de adoração, mas como João, nós devemos aceitar o convite. Nós somos convidados para experimentar agora, em parte, o que vamos experimentar com Ele integralmente para sempre. Eu sinto como se o Senhor me desse uma escolha. Eu poderia cantar canções populares agora que não tem valor ou peso eterno, ou eu poderia entrar na realidade da eternidade e verdadeiramente experimentar o que significa adorar aqui na terra como é no céu. Eu escolho a segunda opção.

CAPÍTULO TREZE

O USO DA TECNOLOGIA NA ADORAÇÃO
Por Joseph Zwanziger

Joseph e Tosha Zwanziger são pastores de adoração na igreja *The Father's House*, em Vacaville, Califórnia; onde lideram mais de 100 músicos e cantores em vários locais diferentes. Como compositores, músicos e líderes de adoração, Joseph e Tosha têm lançado muitos álbuns, incluindo *Pursuit*. Joseph é coautor do livro *Lessons for the Worship Team*[16], com o pastor David Patterson. Joseph e Tosha, pais de Cohen e Iver, têm paixão por treinar, preparar e lançar a próxima geração para usar a criatividade no contexto da adoração dirigida pela Presença.

A adoração congregacional foi tomada de assalto pela tecnologia! E a nossa utilização das novas tecnologias só cresce. Na verdade, a tecnolo-

---

16   N.T.: "Lições para Equipes de Adoração" – tradução livre. Versão não disponível em português.

gia está avançando tão rapidamente que, no momento em que este livro for impresso ele já estará ultrapassado. Portanto, para ser tão atemporal quanto possível, o foco desse capítulo não será sobre tecnologias específicas, mas princípios gerais e abrangentes.

O livro de Salmos menciona instrumentos tais como harpas e liras, mas eu nunca usei nenhum dos dois em minha equipe de adoração. Os tempos mudaram. Hoje, usamos instrumentos como baterias, violões e teclados. E a isso adicionamos as tecnologias – coisas como loops[17], multitracks, e click[18] tracks.

Ainda que as expressões musicais das equipes de adoração variem de acordo com a cultura e com a época, de tudo, o mais importante permanece ser fiel ao chamado davídico original de ministrar sinceramente ao Senhor.

A maioria das igrejas usa tecnologia em seus cultos de adoração. No momento em que escrevo [estas linhas], multitracks se tornaram uma ferramenta popular. E o que são multitracks? Depois de gravar uma canção de adoração, produtores vão especificar os diversos vocais e instrumentos tocados para seus próprios canais (tracks) individuais. Com um computador ou outro dispositivo para play-back, uma equipe de adoração pode selecionar os canais que eles querem usar em uma determinada canção e então tocar junto com eles. Por exemplo, se a equipe de adoração tem um baixista e um guitarrista competentes, eles podem complementar o som através da seleção de bateria e teclado e sinteticamente programá-los baseados na gravação original – e até os vocais – e ter, assim um som completo tocando junto com os canais originais. O Multitrack permite as equipes de adoração complementar o som de uma forma que seria difícil de se atingir apenas com os músicos do altar.

---

17   N.T.: Loops – efeito sonoro
18   N.T.: Click Track é um amplificador de fone de ouvido, ligado à mesa de som, que conecta até 6 músicos com a mesma batida de um metrônomo digital. No Brasil é conhecido entre os músicos como Power Click, e às vezes chamado apenas de "clique".

O CASO DA TECNOLOGIA NA ADORAÇÃO

Os entusiastas declaram que os multitracks têm capacitado as equipes a fazerem o que eles não podiam fazem antes. Os críticos argumentam que os multitracks e outras tecnologias podem ficar no caminho da autenticidade na adoração. Contudo, os ventos do futuro estão ao lado da tecnologia. Cada equipe tem que decidir por si mesma como irá usá-la para somar à adoração coletiva.

Em Colossenses 1.16, lemos: "todas as coisas foram criadas por Ele e para Ele". Todas as coisas! Tudo foi criado *por* Deus e *para* Deus. O que inclui todos os instrumentos e todos os estilos de música. Quando o rock-and-roll surgiu em cena na década de 1960, iniciou-se um debate na igreja a respeito do uso de coisas como baterias e guitarras na adoração. Estes instrumentos eram associados a bandas seculares, como por exemplo o KISS (*Knights In Satan's Service*), que flertavam com práticas ocultistas. A batida da bateria era concebida para ser algo demoníaco. "Como instrumentos usados por bandas mundanas *poderiam* ser associadas com a casa de Deus?" Alguns acreditavam que os instrumentos, em si mesmo, eram malignos.

Felizmente, aqueles que eram sábios trouxeram corajosamente estes instrumentos para a igreja. Deus foi glorificado através do progresso dessa expressão musical e a igreja de hoje é melhor por causa disso. Estou feliz que não tenhamos ficado limitados a meramente ao acompanhamento com piano ou órgão. Assim como Deus é infinito, certamente há infinitas maneiras [as quais] podemos usar para glorificar a Ele e pintar um quadro Ele é para o mundo. Embora tenhamos progredido sobre o debate [a respeito] do rock and roll, enfrentamos novos desafios hoje, em relação a coisas como, iluminação, vídeo, sons instrumentais sintetizados, e outros mais. Enquanto muitas coisas podem potencialmente nos distrair, devemos voltar a Colossenses 1.16 e lembrar que: "todas as coisas foram criadas por Ele e para Ele". Então, a questão para cada igreja é: *o que nós devemos usar? E, como devemos usar?*

Essa é a minha opinião: a tecnologia é uma ferramenta apropriada para a adoração corporativa quando é usada – como Bob disse neste livro – para proporcionar a melhor oportunidade possível para as pessoas se encontrarem com Deus. Não adoramos a tecnologia. Nós adoramos Jesus. A tecnologia é simplesmente uma ferramenta para ajudar.

OS BENEFÍCIOS DA TECNOLOGIA NA ADORAÇÃO

Aqui estão três benefícios que eu acredito que a tecnologia traz a adoração.

1. Amplia a expressão musical

O uso de multitracks, loops ou samples, etc, traz grande diversidade musical à equipe, além do que eles produziriam por si mesmos. Por exemplo, se uma equipe é fraca na área dos teclados e loops de bateria sintetizada, pode usar esses canais em particular da gravação original e gravar a canção e expandir o som do grupo significativamente – tudo no tom e no tempo certo. Quanto mais inovações tecnológicas encontrarem seu caminho em gravações profissionais de adoração, mais os multitracks podem trazer do som original para a congregação experimentar, ajudando a canção a "soar" como a versão que todos conhecem. Na verdade isso intensifica o entrosamento congregacional.

Um ponto negativo em potencial é que os adoradores podem vir a depender [destes dispositivos] e esperar a [mesma] qualidade de áudio das gravações originais nos cultos. Entretanto, com cuidado, podemos ajudar as pessoas a aprenderem a adorar independentemente da qualidade musical. A verdadeira adoração não é dependente de elementos superficiais como tecnologia, som, ou a temperatura ambiente, mas o foco está na coisa principal – *o próprio Deus*.

2. Aumenta a unidade musical

Os multitracks, os loops e os "cliques" (metrônomo) são digitalmente criados, portanto são perfeitos na tom e no tempo. Eles são um "guia" perfeitamente exato que uma equipe de adoração pode usar para manter o ritmo e o tom. Quando usados habilmente, eles realmente aumentam a coesão de uma equipe.

Quando eu, inicialmente, comecei a usar os "cliques" com a nossa equipe, comecei usando apenas durante os ensaios. Depois que [a utilização se tornou] confortável, começamos a usar [também] em canções rápidas durante os cultos; mas não nas canções lentas para podermos fluir mais facilmente entre as canções e o tocar espontaneamente. Eu fiquei muito surpreso quão rapidamente nossa equipe ficou *mais* confortável *com* o "clique" do que *sem ele*. E qual é o motivo? Porque isso nos tornou mais unidos ritmicamente. Durante um *crescendo*[19] *musical*, é fácil apressar o tempo – mas os "cliques" solucionam isso para nós. Breaks[20] e pausas: todos recomeçavam exatamente ao mesmo tempo. O nosso som se tornou mais poderoso, preciso e expressivo. O desempenho de nossa arte ficou mais intenso. Essas pequenas mudanças aumentaram nossa confiança, nossa energia emocional, e a sinergia entre a equipe. E eles têm um forte efeito sobre a congregação, intensificando nosso desempenho coletivo em ministrar ao Senhor.

Apesar disso, esteja alerta para aqueles momentos não planejados quando ocorre uma falha tecnológica, e subitamente uma canção pode se tornar totalmente impossível de ser tocada (em razão de a equipe ser dependente dos "cliques"). Já estive em cultos onde a tecnologia falhou e nós tivemos que descartar uma música inteira. Foi uma tremenda distração! Líderes de adoração atentos estão sempre prontos para fluir com o inesperado.

3. Aumenta a criatividade

Um grande benefício de gravações com multitracks é que eles podem dar a cada músico uma visão por trás dos bastidores, em relação às canções que eles estão tocando. Cada um pode ouvir, na gravação original, o instrumento individual que estão tocando. O canal funciona como um professor e ajuda os músicos a se tornarem até mais criativos. Por exemplo, como um tecladista pratica sua parte individual, sua precisão aumenta e sua proficiência cresce.

Através da cuidadosa audição dos canais, os músicos podem aprender através das melhores músicas cristãs ao vivo de hoje. Músicos profissionais e produtores trabalham sobre as partes, os voicings[21], os efeitos e a equalização de todo o som. Acredito que nós deveríamos ser sábios e aprender com eles. Antes de você estar habilitado para isso, sua equipe deverá incor-

---

19 N.T.: um "crescendo" é um dos tipos intensidade com a qual nota deve ser tocada, se mais fraca ou mais forte, podendo alterar a dinâmica de uma música.
20 N.T.: Trecho da música onde tocam só a voz e percussão ou só a percussão.
21 N.T.: Voicing é a disposição das notas de um acorde escolhidas a partir de um acorde cifrado.

porar técnicas semelhantes em seu instrumental. A criatividade que está dentro deles será destravada.

FAÇA A TECNOLOGIA TRABALHAR PARA VOCÊ

Há uma curva íngreme de aprendizado quando incorporamos a tecnologia nos cultos de adoração. O líder tem que dominar vários programas e integrações, e então estar apto para encontrar e corrigir as falhas quando algo der errado. Se você não tomar cuidado, ao invés da tecnologia servir a você, você pode tornar-se escravo dela. Aqui vão algumas sugestões para assegurar que a tecnologia permaneça sua escrava e não [seja] seu mestre:

1. Domine a tecnologia

Como o líder de tecnologia da sua equipe, gaste tempo para dominar a tecnologia. Seu zelo em fazer isso irá liberar e capacitar todo o ministério de adoração. Se, por outro lado, nós não dominamos os programas e as interações, estaremos constantemente desconcertados e distraídos a respeito das coisas que são verdadeiramente importantes – liderar a congregação, seguir o Espírito, e unificar a banda. Gaste tempo. Domine a tecnologia. Faça isso por você, não pelos outros à sua volta.

2. Defina o seu propósito

Consulte sua equipe e seu pastor, e determine o papel e o propósito da tecnologia no seu ministério de adoração. Você pretende usar os multitracks em todas as canções? Por quê? Você usará o multitrack somente em ocasiões especiais para certas músicas, ou vai usá-los semanalmente? Eis aqui o motivo de você querer uma filosofia prática para utilização da tecnologia.

Primeiro, *sua expressão musical será mais eficaz* se você tem, em primeiro lugar, uma visão definida de por que está usando a tecnologia. Por exemplo: suponha que uma guitarrista venha a participar da sua equipe com efeitos digitais em que ela gastou muito dinheiro, e suponha que você tenha escolhido construir o som de sua equipe usando pedais e amplificadores analógicos. Você provavelmente, irá encontrar certa frustração por que ela estaria em uma direção criativa diferente da sua equipe.

Segundo, um propósito definido para o uso da tecnologia irá *garantir a eficiência do seu orçamento*. A falta de clareza do propósito pode levar a aquisições desnecessárias, e geralmente tecnologia não é [algo] barato! Não adquira cada interface, computador ou programa – e toda a parafernália – que você puder achar. Defina que [tipo] de som vocês buscam como equipe, e orce seus recursos adequadamente. A tecnologia é um grande investimento, por isso gaste com sabedoria. Vamos ser bons mordomos dos valores reservados ao nosso ministério. Afinal, são os dízimos e as ofertas que estamos usando.

3. Adapte-se ao ambiente

Esteja certo que o uso que você faz da tecnologia é apropriado ao seu contexto. A sua visão para tecnologia é compatível com a visão do seu pastor para a adoração? Em outras palavras, existe apoio para a maneira como você usa coisas como os canais (tracks), loops, e sons sintetizados? Haverá uma tensão constante e desunião em sua equipe se o pastor "sofrer" com a adoração e a equipe sentir reprimida pelo pastor. Afinal, a unidade conduz para a benção ordenada de Deus (Salmos 133).

Se você tem três músicos no altar e os multitracks que vocês usam fazem com que eles, a cada música, soem como uma orquestra; *isso ajuda* ou *causa distração*? Responder questões como estas vai ajudar a adaptar a tecnologia para o seu ambiente. Nós queremos que a tecnologia seja uma ajuda – e não um estorvo – para os adoradores à medida que eles envolvem com o Senhor.

4. É uma fatia do bolo

Use a tecnologia [em função da] força que ela tem. Tire vantagem do tempo e do tom perfeito. As introduções das músicas estarão sempre no tempo correto. Isto vai ampliar o som da sua equipe. É ótimo ter a tecnologia na equipe, portanto a inclua como você faria com outro membro da equipe.

E como qualquer outro membro da equipe, a tecnologia tem suas fraquezas. Ela pode não funcionar. Ela é insensível. E como já foi dito, nos preparamos para trabalhar com e ao redor de suas limitações, ao invés de nos tornarmos seus prisioneiros.

Os workshops sobre adoração falam frequentemente a respeito de *O Princípio do Um*. Deixe-me explicar o que eles querem dizer. Imagine sua equipe como [se ela fosse] uma torta, que e cada membro representasse uma fatia dessa torta. Quando você coloca o som de todos os membros juntos, você quer finalizar com uma torta completa. Se algum dos membros está tocando ou cantando demais, desse modo pode estar levando muito dessa torta; assim você poderá terminar com o som de duas tortas. E isso significa que estamos exagerando na execução da canção. Queremos que todos os sons somados não resultem em mais do que uma torta.

Quando sons tecnológicos são adicionados ao mix, eles começam a fazer parte da torta. O que significa que nós temos que criar espaço em nosso som para a tecnologia. Por exemplo, se um loop sintetizado é acrescentado ao som, os músicos têm que recuar um pouquinho para criar espaço no som geral para o loop. Lembre sua equipe para tocar *com* a tecnologia, e não por cima dela. Há o momento para os músicos darem lugar para os sons tecnológicos, e há o momento para que os sons sintetizados sejam reduzidos e então os músicos possa seguir em frente.

5. Os métodos não são sagrados

A tecnologia é uma ferramenta. Não a estamos usando para parecer legal, mas para capacitar a congregação a juntos glorificarem a Deus e a exaltá-lo. Como já mencionei, o objetivo dos líderes de adoração é dar às pessoas a melhor oportunidade possível de adorar ao Senhor. Por isso, se alguma coisa está impedindo isso, trate de mudar. Talvez você sempre tenha feito uma certa canção com multitracks, mas no próximo culto você irá, intencionalmente, fazê-la sem [usar] nenhum canal. Por que fazer tudo sempre do mesmo jeito o tempo todo? E se houver certos aspectos da tecnologia que não estão trabalhando a seu favor, não use mais.

NUNCA PARE DE APRENDER

Os integrantes da minha equipe de adoração têm se posicionado como eternos estudantes. Eu adoro essa característica deles! Na verdade, esse é um valor que permeia toda a nossa igreja. Quem quer estar na companhia de alguém que acha que já sabe tudo? Existe algo de cativante a respeito das pessoas que estão sempre aprendendo, sempre procurando novas ideias, sempre se esforçando por mais. Se músicos profissionais que estão no topo de sua arte praticam oito horas por dia, nós também não deveríamos buscar mais continuamente?

A presunção impedirá o fluir do Espírito e a vida criativa da sua equipe. Permita que os estilos musicais da sua igreja evoluam conforme a cultura da igreja mundial evolui. No que se refere à música, nunca "chegamos lá". Os estilos de hoje estarão obsoletos amanhã. Líderes de adoração são pastores musicais que pastoreiam o rebanho através de mudanças constantes. Além disso, a criatividade de Deus nunca termina. Para permanecer em sintonia com Ele, nós temos que estar continuamente seguindo em frente à medida que atraímos um mundo caído para a Sua presença. Quando permanecemos eternos estudantes, atraímos novas pessoas, novas ideias e novos movimentos do Espírito Santo.

Deus está em movimento, os estilos musicais estão se movimentando e a tecnologia está em mudança constante. Inovações surgem todos os dias! É surpreendente a rapidez com que as tecnologias de ontem se tornam obsoletas. Encontre maneiras de manter-se informado do que está acontecendo no mundo da tecnologia musical. Como você pode saber se quer incorporar alguma coisa à sua equipe, se nem mesmo sabe que tal coisa existe?

Até mesmo os canais de aprendizado sobre as últimas tecnologias estão mudando. Sempre esteja à procura de conferências, publicações e sites que vão mantê-lo informado.

Aprenda com seus amigos que estão um passo à sua frente para que ajudem a guiá-lo em seu processo de aprendizagem. Observe as tendências. Faça perguntas do tipo: "Como isso pode ajudar a aliviar fardos na minha equipe?", "Como isto vai ajudar a expandir nossa criatividade?" ou "Quais são as novas áreas que nós podemos explorar?" NUNCA PARE DE APRENDER.

E SOBRE A ILUMINAÇÃO E VÍDEO?

Deus criou *tudo* (Gn 1.1), e então Ele nos criou segundo a sua própria imagem (Gn 1.27). Tendo sido criados à sua imagem significa que Ele colocou sua própria criatividade em nós. Portanto, quando nós criamos, refletimos Seu caráter e imagem. É como eu digo: deixe os pintores pintarem, os artistas desenharem, os poetas escreverem e os jogadores jogarem. Seja o que for que fizermos, vamos fazê-lo com excelência e *ofereçam a Ele louvores gloriosos* (Sl 66.2 – NTLH).

Em Êxodo 36.8 lemos: "E assim os *homens mais habilidosos* entre os trabalhadores (...). Eles a fizeram dez cortinas de tecido feito de linho fino e de fios de lã azul, púrpura e vermelha". Deus tem dotado artesãos em todas as épocas e em todas as culturas. Nos dias de Moisés, os artesãos criavam com linho, madeira e outros materiais. No ambiente tecnológico dos dias de hoje, talentosos artesãos criam com ferramentas nunca antes vistas – coisas como vídeos, iluminação, design gráfico, mídia social, aplicativos e muito mais. Desde que todas as coisas foram criadas "por Ele e para Ele" (Cl 1.16), toda nova forma de criatividade foi dada *por* Cristo e *para* Cristo – para declarar Seu caráter e glória para toda humanidade. *A maior expressão de toda a forma de criatividade é encontrada quando tornamos Seu nome glorioso.* Iluminação, vídeo, gráficos, e outras "novas" formas de criatividade trazem uma variedade de expressão para os nossos tempos de adoração que complementam a música e o canto.

A adoração não é dependente do som, do vídeo e das luzes; contudo, o som, o vídeo e a iluminação existem para intensificar a adoração do povo de Deus.

A questão para os líderes de igreja não é, portanto, se estas formas de criatividade *devem* ser usadas, e sim *como*, *onde* e *em qual* contexto [devem ser usadas].

MANTENHA A COISA PRINCIPAL [COMO] A COISA PRINCIPAL

Equipes de adoração existem para que a adoração congregacional se torne um tempo em que nós glorificamos a Deus, para fazer um lugar para que Ele esteja em nosso meio, para conduzir as pessoas a Ele e para seguir Sua liderança. Vamos usar todos os recursos possíveis para glorificar a Deus e ver o Seu povo envolvido em encontros com Ele.

A tecnologia abriu uma nova temporada de criatividade na adoração que continuará a aumentar, mas ela tem que permanecer uma ferramenta e não se tornar um fim [em si mesma].

Quando penso em *manter a coisa principal como a coisa principal*, eu me recordo da história por trás da canção de Matt Redman, *A essência da Adoração*. Redman trabalhou ao lado de Mike Pilavachi (fundador da Soul Survivor no Reino Unido) como líder de adoração para o movimento e para sua igreja local. Em um determinado ponto na vida de da igreja, eles sentiram que a adoração congregacional tinha se tornado muito dependente de recursos externos tais como instrumentos, luzes, sons e cantores líderes. Se as pessoas gostassem das canções, elas adorariam. Se não gostassem, não adorariam. Se as luzes, o som, e o ambiente estivessem intensos eles adorariam, caso contrário, não.

Ao constatar que a adoração havia se tornado dependente demais de [recursos] externos, Pilavachi decidiu retirar todas as luzes, todo o reforço do som e instrumentos; e se voltou para o coração, [o centro] de tudo – Jesus. Em meio àquele retorno a simplicidade da adoração, Matt se surpreendeu escrevendo essa letra em seu tempo pessoal de oração:

> Quando a música esmorece
> E o resto desaparece
> Simplesmente a Ti me achego
> Ansiando oferecer algo de valor
> Pra abençoar o Seu coração...
> Estou voltando a essência da adoração
> Ó me perdoa pelo que eu fiz dela
> Quando a essência és Tu, a essência és Tu, Jesus.
> (A essência da Adoração[22], autor: Matt Redman)

Ele ensinou esta canção à sua congregação com apenas voz e um violão acústico – sem nenhum outro recurso. A simplicidade da mensagem despertou a igreja porque expressava exatamente o que Deus estava falando com eles naquela temporada. À medida que a igreja voltou ao centro da

---

22 N.T.: *A Essência da Adoração* – versão gravada em português por David Quilan e Mari Rocha. Álbum "Um lugar pra 2", Gravadora Som Livre, 2012.

verdadeira adoração, outros instrumentos e sons de apoio foram gradualmente reintegrados, e desta vez eles não estavam distraindo, mas sim capacitando. [A congregação] havia retornado à essência da adoração. Dali, a canção explodiu ao redor do mundo.

Eu oro para que cada igreja, hoje, possa preservar essa essência em tudo que faz – especialmente na adoração. Não devemos colocar nossa dependência em *ferramentas* de adoração, mas manter nossos olhos focados no *objeto* da adoração – Jesus. Existem outros grupos que se apresentam e atuam em turnês e que, provavelmente, usam a tecnologia melhor do que nós. Porém, temos o privilégio único de nos associarmos com o Espírito Santo para glorificar a Jesus, que disse: "Eu, quando for levantado da terra, atrairei todos a mim" (João 12.32). Esta é a coisa principal. Vamos exaltá-lo em tudo que nós fizermos.

Gostou?

Você foi abençoado por este livro? A leitura desta profunda obra foi uma experiência rica e impactante em sua vida espiritual?

O fundador da Editora Atos, que publicou este exemplar que você tem nas mãos, o Pastor Gary Haynes, também fundou um ministério chamado *Movimento dos Discípulos*. Esse ministério existe com a visão de chamar a igreja de volta aos princípios do Novo Testamento. Cremos que podemos viver em nossos dias o mesmo mover do Espírito Santo que está mencionado no livro de Atos.

Para isso acontecer, precisamos de um retorno à autoridade da Palavra como única autoridade espiritual em nossas vidas. Temos que abraçar de novo o mantra *Sola Escriptura*, onde tradições eclesiásticas e doutrinas dos homens não têm lugar em nosso meio.

Há pessoas em todo lugar com fome de voltarmos a conhecer a autenticidade da Palavra, sermos verdadeiros discípulos de Jesus, legítimos templos do Espírito Santo, e a vermos o amor ágape, como uma família genuína. E essas pessoas estão sendo impactadas pelo *Movimento dos Discípulos*.

Se esses assuntos tocam seu coração, convidamos você a conhecer o portal que fizemos com um tesouro de recursos espirituais marcantes.

Nesse portal há muitos recursos para ajudá-lo a crescer como um discípulo de Jesus, como a TV Discípulo, com muitos vídeos sobre tópicos importantes para a sua vida.

Além disso, há artigos, blogs, área de notícias, uma central de cursos e de ensino, e a Loja dos Discípulos, onde você poderá adquirir outros livros de grandes autores. Além do mais, você poderá engajar com muitas outras pessoas, que têm fome e sede de verem um grande mover de Deus em nossos dias.

Conheça já o portal do Movimento dos Discípulos!

www.osdiscipulos.org.br